インド
企業法務
実践の手引

設立からM&A・合弁契約、運営まで

森・濱田松本法律事務所
弁護士

小山洋平

中央経済社

はしがき

　本書は，日本企業がインドへの進出時や進出後に実務上直面することが多い法律上の問題点について，時系列に沿って分かりやすく説明したものです。日常的にインド案件に携わる中で感じることは，日本国内の案件に比べて知識と経験が不足する中，企業の実務担当者が，必ずしも法律上の論点に限らない「実務的な解決方法」を必要としている点です。弁護士という職業柄，法律上の論点に特化した分析を行うのが得意であり，法律論だけを述べることに安心感を覚える面があるのですが，依頼者に対して法的サービスを行う局面においては，サービスの受け手である依頼者が満足する説明やサポートを行うことが大切になります。

　本書も同じような観点から，著者がこれまでに執筆してきたインド法に関する論文とは一線を画して，読者に分かりやすい解説書を志向したものです。そのため，案件が本格化する前の準備段階から解説を始めました。また，本来は個別の案件ごとに異なる株式譲渡契約や合弁契約について，あえて英語の条文例を載せて解説することによって，実際の案件でインド企業を相手に株式譲渡契約や合弁契約を検討する際に，条文を理解して必要な論点を検討できるように工夫しています。さらに，労働紛争の原因についてはインド人気質も踏まえた問題の対処法を紹介しています。このような特色のため，テーマによっては，著者の経験に基づく偏った見解が含まれている可能性もありますが，ご容赦頂ければ幸いです。他方で，企業法務の解説書である以上，法的根拠は重要と考えていますので，文中や脚注において，なるべく法令の名称や条文番号を盛り込むように心がけました。

　著者がインド案件を扱い始めた頃に比べるとインドの企業法務に関する解説書が増えてきましたが，依然として，表面上の法制度の紹介にとどまってい

り，論点を体系的に理解できる程度に法制度を網羅した書籍は少ない印象があります。

　本書は，インドの企業法務に関して問題となることが多い論点をなるべく網羅しつつ，法律論にとどまらない実務上の留意点やノウハウについても触れることによって，実務担当者に役立つ分かりやすい解説書を目指したものです。この試みが奏功しているかは皆様のご判断に委ねるほかありませんが，インド案件に従事される一人でも多くの実務担当者の皆様が，諸外国に見られないユニークな法規制と度重なる改正によって複雑さを増すインド企業法務を理解される一助となれば幸甚です。なお，本書中意見にわたる部分は著者の私見であり，その所属する事務所の見解ではありません。

　　2015年11月

弁護士　小山　洋平

目　次

第1章　インド経済の動向と新政権の特徴 ――― 1

第2章　最適な手法選択とチーム作り ――― 3

Ⅰ　最適な手法選択 ……………………………………… 3
1　単独進出と合弁進出～メリット・デメリット／3
2　グリーンフィールド投資とブラウンフィールド投資／5

Ⅱ　アドバイザーの選定 ………………………………… 6
1　フィナンシャル・アドバイザー起用のメリット／7
2　財務・税務・法務アドバイザーに期待される役割／8
3　有能な現地弁護士の見極め方／8
4　日本の弁護士は必要か／9

第3章　会社設立と増資の手続き ――― 13

Ⅰ　会社設立の手続き …………………………………… 13
1　電子署名認証（DSC）の取得／13
2　取締役識別番号（DIN）の取得／15
3　商号の申請／15
4　基本定款（MoA）と附属定款（AoA）の作成／16
　(1)　基本定款／16
　(2)　附属定款／17
5　会社設立の申請／18

6 各書類作成時の留意点／18
　(1) 書類の公証及び認証／18
　(2) 取締役会決議の必要性／19

Ⅱ 会社の増資手続き……20
1 株主割当増資（Rights Issue）の手続き／20
2 第三者割当増資（Preferential Allotment）の手続き／21

Ⅲ Form FC-GPR……22
1 Form FC-GPR の提出／22
2 RBI から付与される Registration Number／23

Ⅳ 投資に用いられる主な資本性証券……24
1 新株予約権，部分払込株式／25
　(1) 部分払込株式／26
　(2) 新株予約権／26
2 強制転換社債（CCD）／26
3 強制転換優先株式（CCPS）／28

第4章　守秘義務契約，基本合意書 ── 31

Ⅰ NDA 及び MOU の重要性……31
Ⅱ 準拠法……32
Ⅲ 紛争解決方法……33
1 インドの仲裁調停法による仲裁／34
2 インド国内における機関仲裁／35
3 インド国外における機関仲裁／36
4 国内仲裁と国外仲裁の優劣／36
　(1) インド裁判所の関与の度合い／37

(2) 暫定的救済措置の利用可能性／38
(3) まとめ／38

第5章　案件初期に検討すべき事項 〜インド特有の論点 ―― 41

Ⅰ　公開会社と非公開会社の選択 ―― 41

Ⅱ　政府の許可が必要となるスキーム ―― 46
1. 株式対価の後払いスキーム／46
2. エスクロー口座の利用／47
3. クロージング調整のための対価の後払い／48
4. 持株会社を用いた投資スキーム／50
5. 株式交換を用いたスキーム／51
6. 外国企業からインド企業への貸付け／51

Ⅲ　株式に関する価格規制 ―― 52
1. 出資及び株式取得時の価格規制／52
   (1) 価格規制の内容／52
   (2) 上場株式に適用される基準価格／52
   (3) 価格規制の適用範囲／54
2. 非居住者が行使するプット・オプションに適用される規制／54
3. 価格規制が問題となる具体的な場面／56
   (1) 株主間でプット・オプション又はコール・オプションを行使する場合／56
   (2) ダウンストリーム・インベストメントにより，同じ株式を居住者と非居住者から購入する場合／57
   (3) 2段階に分けて株式を取得する場合／58
   (4) 近接する取引において売主に居住者と非居住者が存する場合／59

Ⅳ　インドの外資規制の概要 ―― 60

1　規制の概要／60
　　　(1)　外国為替法とインド準備銀行（RBI）／60
　　　(2)　産業政策促進局（DIPP）と外国投資促進委員会（FIPB）／61
　　2　統合版FDIポリシーの内容／62
　　　(1)　概　要／62
　　　(2)　外国直接投資が全面的に禁止される場合／62
　　　(3)　政府の事前承認が必要な場合（政府ルート）／62
　　　(4)　政府の事前承認が不要な場合（自動ルート）／63
　　3　事業分野ごとの外資規制の内容／63
　　　(1)　総合小売業（51％まで政府ルート）／63
　　　(2)　単一ブランド小売業（49％まで自動ルート，100％まで政府ルート）／64
　　　(3)　保険業／64
　　　(4)　製薬業／65
　　　(5)　鉄道インフラ事業／65
　　　(6)　防衛産業／65

V　ECB規制（外資による貸付規制）の概要 ………………… 66

　　1　規制の概要／66
　　2　自動ルートと承認ルート／67
　　3　自動ルート／68
　　　(1)　借入人資格／68
　　　(2)　貸付人資格／68
　　　(3)　借入金額と期間の制限／69
　　　(4)　金利を含むコストの上限／69
　　　(5)　資金使途／70
　　　(6)　保証提供の制限／71
　　　(7)　ECBのリファイナンス／71
　　4　承認ルート／72
　　　(1)　借入人資格／72
　　　(2)　貸付人資格／72

(3)　借入金額と期間の制限／73
　　(4)　金利を含むコストの上限／73
　　(5)　資金使途／73
　　(6)　保証提供の制限／73
　5　ECBの報告義務／73
　6　貿易信用取引（trade credit）／74

Ⅵ　インド居住者による対外直接投融資に関する規制（ODI規制） …… 74
　1　概　要／74
　2　海外投融資の上限額／75
　3　継続的報告義務／76
　4　証券譲渡時に適用される価格規制／76

Ⅶ　合併等の組織再編を伴う取引 …… 76
　1　インドにおける組織再編／76
　2　組織再編の手続き／77
　3　組織再編を伴う取引の注意点／78
　　(1)　上場会社を当事者とする場合／78
　　(2)　各当事者が異なる州に存する場合／79

Ⅷ　上場会社特有の法規制 …… 79
　1　上場会社に適用される規制／79
　2　Listing Agreement／81
　3　公開買付規制／82
　　(1)　概　要／82
　　(2)　共同保有者（PAC）／82
　　(3)　公開買付けの流れ／83
　　(4)　みなし直接取得と純粋間接取得／86
　4　インサイダー取引規制／88
　　(1)　取引及び情報伝達の禁止／88

(2) 内部者の定義／89
　　　(3) 未公表の価格感応情報の定義／89
　　　(4) 取引及び情報伝達の禁止の例外／89
　　　(5) 違反の効果／91
　　　(6) 会社法上のインサイダー取引規制／91

　Ⅸ　競争法上のファイリング ………………………………………… 92
　　1　企業結合の類型／92
　　2　事前届出を要する企業結合の数値基準／93
　　3　取得対象会社の規模による免除／94
　　4　ファイリング書類の作成上の留意点／95

第6章　デューディリジェンスを行う際の留意点 — 97

　Ⅰ　DDの進め方 ……………………………………………………… 97
　　1　DDのスコープ／97
　　　(1) 不動産の調査／97
　　　(2) 贈賄行為の調査／98
　　2　バーチャル・データルームの活用／99
　　3　ROC（会社登記局）等の公開情報の活用／100
　　4　各専門家にDDを依頼する際の注意点／100

　Ⅱ　DDにおける典型的な検出事項と対応策 ………………… 101
　　1　案件のストラクチャーに関する事項／101
　　2　売主（又は売主グループ）が提供する便益に関する事項／103
　　3　コンプライアンス違反に関する事項／104
　　4　人事労務に関する事項／105
　　5　訴訟，財務，税務に関する事項／106

第7章 株式譲渡の進め方 ―――――― 107

Ⅰ 株式譲渡契約作成のポイント ……………………… 107

1 株式譲渡契約の構造／107
(1) 表題,当事者／107
(2) 前　文／109
(3) 第1条（定義）／110
(4) 第2条（株式譲渡の合意）／115
(5) 第3条（実行日までの行為）／115
(6) 第4.1条（前提条件）／117
(7) 第4.2条（Long Stop Date）／120
(8) 第5条（取引の実行）／121
(9) 第6条（実行日後の義務）／125
(10) 第7条（表明保証）／126
(11) 第8条（補償）／129
(12) 第9条（競業避止義務,勧誘禁止義務）／133
(13) 第10条（守秘義務）／135
(14) 第11条（通知）／135
(15) 第12条（準拠法,紛争解決方法）／136
(16) 第13条（解除権）／138
(17) 第14条（一般条項）／139

2 前提条件に関する規定（第4条関連）／141
(1) DDで発見された問題事項の解決／141
(2) 政府からの許認可の取得／141
(3) 優先株式の普通株式への転換／142
(4) 電子化株式口座の開設／142
(5) 公開会社から非公開会社への変更／143
(6) 関連契約の終了及び新契約の締結／143
(7) 利害関係者からの同意の取得／144
(8) 前提条件が充足しない場合に備えた規定／144

3 売主の表明保証に関する規定（第7.1条関連）／145

(1) 表明保証の内容について留意すべき事項／145
　　(2) その他の留意事項／146
　　(3) 表明保証の除外事項の追加／147
　4　補償に関する規定（第8条関連）／149
　　(1) インド法における「損害」の概念／149
　　(2) 売主がPEファンドの場合の特殊性／149
　　(3) 補償の金額及び期間の制限／151
　　(4) 補償の執行方法／154
　5　源泉税の取扱い／154
　　(1) インドにおける源泉税の問題／154
　　(2) 買主を保護するための方策／156

Ⅱ　契約交渉，締結，製本の実務 …………………… 158
　1　契約交渉の進め方／158
　　(1) インド人と互角に交渉できる体制を作る／158
　　(2) 主要論点から交渉する／159
　　(3) 譲歩できる項目を残しつつ交渉する／159
　　(4) ゴールを意識しつつ交渉する／160
　　(5) 日程に間に合わせるように進める／160
　2　契約締結実務／161
　3　契約書製本の実務／162

Ⅲ　株式譲渡実行実務 …………………………………… 163
　1　前提条件の充足確認／163
　2　前提条件を放棄する場合／164
　3　クロージングの遅延要素／164
　　(1) 取引実行に当局（RBI, FIPBなど）の許可が必要となる場合／166
　　(2) 合併等の組織再編を伴う場合／166
　　(3) その他／166
　4　電子化株式口座の開設（電子化株式の譲渡の場合）／167
　　(1) PANの取得／167

(2)　Demat 口座申請フォームの記入と添付書類の提出／168
　　　(3)　PAN の取得や Demat 口座開設手続きにおける留意点／169
　　5　株式の移転／169
　　　(1)　株券が発行されている場合／169
　　　(2)　電子化された株式の場合／170
　　6　Valuation Report の準備／172
　　7　源泉税の計算／172
　　8　対価の送金／173
　　9　Form FC-TRS の提出と株主名簿の変更／174
　　　(1)　Form FC-TRS の提出／174
　　　(2)　株主名簿の変更／176

　Ⅳ　株式譲渡実行日以降の実務 ……………………………… 176
　　1　商号変更／176
　　2　取締役の交代，DIN の取得／177
　　　(1)　DIN の取得／177
　　　(2)　就任承諾書／177
　　　(3)　取締役の選任／177
　　　(4)　旧取締役の辞任／177
　　3　株主総会の開催／178
　　4　登録事務所の移転／178

第8章　株式会社の運営実務 ── 179

　Ⅰ　新会社法の施行状況 ……………………………………… 179
　　1　制定経緯／179
　　2　NCLT の整備を含む今後の展望／180

　Ⅱ　公開会社と非公開会社の分類 …………………………… 181
　　1　基本的な性質／181

2　みなし公開会社／*182*
　　　⑴　旧会社法下での議論／*182*
　　　⑵　新会社法下での議論／*183*

Ⅲ　株式会社の運営実務 ·· *183*
　　1　株主総会の運営／*183*
　　　⑴　定足数／*183*
　　　⑵　出席方法／*184*
　　　⑶　法人株主による株主総会への出席／*184*
　　　⑷　開催方法／*185*
　　　⑸　開催頻度／*186*
　　　⑹　決議要件と決議方法／*186*
　　　⑺　招集通知と添付書類／*187*
　　2　取締役会の運営／*188*
　　　⑴　取締役の選任方法／*188*
　　　⑵　定足数／*188*
　　　⑶　出席方法／*189*
　　　⑷　開催方法／*189*
　　　⑸　書面決議／*189*
　　　⑹　開催頻度／*191*
　　　⑺　決議要件と決議方法／*191*
　　　⑻　招集通知／*191*
　　3　各種委員会に関する規制／*192*
　　　⑴　概　要／*192*
　　　⑵　CSRに関する義務／*193*
　　4　関連当事者取引に適用される規制／*194*
　　　⑴　規制の概要／*194*
　　　⑵　取締役会の承認を要する取引／*195*
　　　⑶　株主総会の承認を要する取引／*195*
　　　⑷　関連当事者の定義／*196*
　　　⑸　承認方法／*197*
　　　⑹　適用除外／*197*

5　取締役に関する規制／198
 (1)　取締役の数／198
 (2)　取締役の責任／198
 (3)　居住取締役の選任義務／199
 (4)　取締役の兼任／200
 (5)　主要役職者の選任と居住要件／200
 (6)　独立取締役の選任義務／202
 (7)　女性取締役の選任義務／203

6　監査役／203
 (1)　監査役の選任資格／203
 (2)　監査役の役割／204

7　会社秘書役／204

Ⅳ　合弁会社の運営 …………………………………………… 205

1　合弁契約の役割／205
2　合弁契約の締結時期／206
3　合弁契約の当事者に合弁会社を含めることの意味／207
4　合弁契約の構造／208
 (1)　表題，当事者／208
 (2)　前　文／209
 (3)　第1条（定義）／210
 (4)　第2条（契約期間）／215
 (5)　（参考条項）合弁会社の設立に関する規定／215
 (6)　第3.1条（取締役会の構成等）／216
 (7)　第3.2条（取締役会の開催）／219
 (8)　第3.3条（株主総会）／222
 (9)　第4条（マイノリティ株主の拒否権）／224
 (10)　第5条（株式譲渡制限）／225
 (11)　（参考条項）株式譲渡制限に関連する規定／226
 (12)　第5.3条（残存株主の優先権〜優先交渉権を与える場合）／228
 (13)　第5.3条（残存株主の優先権〜先買権を与える場合）／231
 (14)　第5.4条（残存株主の売却参加権）／234

⒂　第5.5条（共同売却請求権）／*235*
⒃　第 6 条（新株引受権）／*237*
⒄　第7.1条（デッド・ロックの発生事由）／*238*
⒅　第7.3条（デッド・ロックの解消方法）／*239*
⒆　第 8 条（契約終了事由）／*241*
⒇　第 9 条（契約違反時のコール・プットオプション）／*242*
㉑　第10条（情報アクセス権）／*244*
㉒　第11条（競業避止義務，勧誘禁止義務）／*246*
㉓　第12条（表明保証）／*248*
㉔　第13条～第16条（準拠法，紛争解決方法，守秘義務，通知，一般条項）／*249*

第 9 章　労働法と労務管理 ―――――― *253*

Ⅰ　労働紛争の概要 ································· *253*

1　労働紛争の近時の傾向／*253*
2　労働紛争の原因と対策／*254*
⑴　労働紛争の原因／*254*
⑵　労働紛争の対策／*255*

Ⅱ　労働法の概要～連邦議会と州議会の二層構造 ········ *256*

Ⅲ　労働者及び使用者に適用される具体的なルール ····· *258*

1　就業規則の作成義務／*258*
⑴　就業規則の作成義務／*258*
⑵　就業規則の作成方法／*258*
2　労働組合／*260*
⑴　概　要／*260*
⑵　労働組合を登録するための要件／*260*
⑶　登録労働組合に認められる免責／*261*
⑷　留意点／*261*
3　労働者の労働条件（工場法と店舗施設法）／*262*

(1)　概　要／262
　　　(2)　工場法の適用範囲／262
　　　(3)　工場法の規制内容／263
　　　(4)　工場法の州政府による修正／263
　　　(5)　店舗施設法／264
　　4　労働者の解雇に関する規制／264
　　　(1)　概　要／264
　　　(2)　ワークマンの定義／265
　　　(3)　普通解雇の定義／266
　　　(4)　みなし解雇規制／268
　　5　解雇規制を踏まえた対策／269
　　　(1)　試用期間の活用／269
　　　(2)　短期の契約を更新する方法／269
　　6　請負労働に関する法律／270
　　　(1)　概　要／270
　　　(2)　適用範囲／270
　　　(3)　請負業者の義務／271
　　　(4)　主たる使用者の義務／272
　　　(5)　留意すべき事項／272
　　7　セクハラ防止法／273
　　　(1)　概　要／273
　　　(2)　雇用者の義務／273
　　　(3)　罰　則／273

　Ⅳ　インドにおける労働契約 ……………………………………… 274

第10章　個人情報保護法制 ─────── 277

　Ⅰ　個人情報保護法制の概観 ……………………………………… 277
　　1　2011年個人情報保護規則／277

2　2011年8月通達／278
　　　3　個人情報保護法制の遵守状況／278
　Ⅱ　2011年個人情報保護規則の内容 ……………………………… 278
　　1　個人情報とセンシティブ個人情報／278
　　2　プライバシーポリシーの作成・公表義務／279
　　3　個人情報を取得する際の義務／279
　　　(1)　取得時の本人からの使用目的に関する同意／279
　　　(2)　取得の制限／280
　　　(3)　取得の際に講じるべき措置／280
　　　(4)　保持期間及び目的の制限／280
　　　(5)　取得した情報の正確性の確保／281
　　　(6)　情報提供者による同意を撤回する権利／281
　　　(7)　苦情担当役員の設置等／281
　　4　センシティブ個人情報の第三者への開示についての
　　　同意取得／281
　　5　法人等へのサービス提供者に対する同意取得義務の適用／282
　　6　センシティブ個人情報を第三者へ移転する場合の規制／282
　　7　合理的安全措置の内容／282

第11章　贈賄規制 ───────────────── 285

　Ⅰ　贈賄規制の動向 …………………………………………………… 285
　Ⅱ　贈賄規制の概要 …………………………………………………… 286
　　1　汚職防止法／286
　　2　ロクパル・ロカユクタ法／286

索　引 ……………………………………………………………………… 289

第1章
インド経済の動向と新政権の特徴

　2014年4月から5月にかけて実施されたインドの連邦下院選挙において，ナレンドラ・モディ氏（Narendra Damodardas Modi）率いるインド人民党が過半数の議席を獲得し，現職与党の国民会議派に圧勝した結果，インドで10年ぶりに政権交代が起きました。インドのGDP成長率は，2000年代後半はリーマンショックの影響を受けた2008年度と2009年度を除き9％以上を維持していましたが，2011年度からは伸び悩み，2012年度には5％未満にまで落ち込みました。近年は高いインフレ率も大きな懸念となり，外国投資家が投資を躊躇せざるを得ない状況に至っていました。

　このような中，インドの経済再生を公約に掲げて2014年5月に首相に就任したモディ氏は，ビジネス重視の改革を打ち出しています。製造業については，外国投資家に"Make in India"を呼びかけるとともに，行政手続きの効率化，腐敗防止，税制度の明確化等に向けた施策を打ち出しています。同政権が発足してから1年半が経過しましたが，世論調査の結果では，モディ政権はインドのビジネス環境及び経済環境の向上のために適切な施策を講じてきたとの見方が多いようです。それを裏付けるかのように，2014年度のGDP成長率は7.3％に達し[1]，アジア開発銀行が公表する最新の経済見通しにおける2016年度のGDP成長率は8.2％と予想され，中国を上回る数字となっています。

　日本との関係に目を向けると，モディ首相は2014年5月まで10年以上にわたってインド西部グジャラート州の首相を務めましたが，その間に積極的に訪

---

[1]　もっとも，インド政府は2015年1月にGDPの算出方法と基準年の変更を行っています。なお，2015年度第1四半期のGDP成長率は7.0％でした。

日し日系企業との交流を深めるなど，親日家として知られています。このことは，首相就任後に近隣諸国への訪問に続いて日本を訪問していることからもうかがえます。この訪問で実現した安倍首相とモディ首相の会談終了後，「日インド特別戦略的グローバル・パートナーシップのための東京宣言」と題する共同声明に署名し，その中で，今後5年以内に，日本の対インド直接投資とインドに進出する日系企業数を倍増する目標が設定され，3.5兆円規模の日本からの官民投融資を実現する意図が表明されました。この目標の実現に向けた取組みとして，経済産業省は，①2014年11月28日にアンドラプラデシュ州[2]との間で産業開発に関する協力覚書に署名し，同州への日本企業の進出や同州における工業団地整備についての支援等を合意し，②2015年4月6日にはラジャスタン州[3]との間で同様の協力覚書に署名し，同州へのさらなる日系企業の進出支援やニムラナ工業団地及びギロット工業団地への日本企業の誘致に尽力することに合意し，③同年9月11日にはムンバイを首都とするマハシュトラ州との間で同様の協力覚書に署名し，スパ工業団地への日本企業の誘致を支援することに合意しました。

　さらに，日印間の良好な関係を背景として，2014年10月8日付で，インド商工省傘下の産業政策促進局（後記第5章Ⅳ1(2)参照）に日印首脳会談で合意された日本特別チーム（Japan Plus）が設置され，日本からインドへの投資促進及び投資の迅速な実現をサポートする体制が整えられました。インド市場に高い関心を持ちつつも，永らくfeasibility study（実行可能性調査）に留まっていた日本企業にとって，アベノミクスとモディノミクスが後押しする投資環境が整いつつある現在，投資を実行に移す好機が到来しているといえます。

2　アンドラプラデシュ州は，チェンナイへのアクセス，良好な港湾，行政対応の良さ等の理由から日本企業の投資先及び輸出拠点として注目を集めています。

3　ラジャスタン州のバスンダラ・ラジェ（Vasundhara Raje）州首相は，前回の同州首相時代に日本企業専用工業団地であるニムラナ工業団地の整備を行うなど産業集積に向けた取組みへの評価が高い人物です。2015年4月から第2の日本企業専用工業団地であるギロット工業団地の分譲が開始され，様々なインセンティブが用意されています。

第2章
最適な手法選択とチーム作り

I　最適な手法選択

　日本企業によるインド進出案件にも様々な種類があります。例えばインド企業に対して技術やノウハウを提供して商品を生産・販売させて，販売量に応じてロイヤリティを受領する場合は，現地法人などの拠点をインドに置く必要はなく，インド企業との間で，技術供与の方法やロイヤリティの支払い等に関する契約を締結すれば足ります。他方で，そのようなインド企業との関係を発展させてインド企業と合弁関係を築いて現地で製造会社を共同で運営する場合や，既存の会社を買収するような場合は，合弁契約や株式譲渡契約を締結してインド法人の株式を取得して現地拠点を持つことになります。

　現地法人を持つ場合，①その現地法人を単独で運営するのか現地パートナーと共同で運営するのか（後記1），また，②新たに現地法人を設立するのか既存の法人を買収するのか（後記2）について，様々な選択肢があるため，目的に応じて最適な手法を選択する必要があります。

1　単独進出と合弁進出〜メリット・デメリット

　現地拠点としてインド法人を保有する場合，自らが100％出資する形態（単独進出）を採るのか，現地パートナーと組んで合弁会社を運営する形態（合弁進出）を採るのかは，進出目的によって異なります。

　単独進出する場合は，既に日本にある取引先のインド進出に伴って自らもイ

ンドに進出したり，進出済みの日本企業を対象としたサービスを提供したりする等，インドで対象とする顧客層が既に決まっている場合や，そもそもインド市場を対象とせずに単なる製造拠点として位置付ける場合が多いです。

　合弁進出の場合は，外資規制により合弁進出しか行えないような場合を除き，インドの企業や消費者を顧客層として取り込む目的や，既に構築されたインドにおける人的ネットワークや物流網が必要となる場合など，自社単独では対応しがたい問題についてノウハウを持つ現地企業の協力を仰ぐ目的がある場合が多いです。

　単独進出と合弁進出のいずれが適しているかは事案によりますが，一般的なメリットとデメリットを比較すると以下のようになります。

	単独進出	合弁進出
メリット	・意思決定が早い。 ・合弁相手との意見調整が不要（合弁契約が不要）。 ・配当，新規投資，事業計画の策定，新規事業の開始などの決断を単独で迅速に行うことが可能。	・労務管理，当局対応その他インド特有の問題について合弁相手の知恵を活用できる。 ・（合弁相手の敷地を使える場合は）工場用地の確保が容易。 ・（特に州特有のものなど）複雑な許認可や税制等について，合弁相手からのノウハウ提供が期待できる。
デメリット	・工場用地が必要な場合，土地の権利関係の調査が困難な場合がある（工業団地の利用が考えられる）。 ・（特に州特有のものなど）複雑な許認可や税制等について独自の調査が必要（有能な現地人を雇用することで対応する必要あり）。 ・労務管理，当局対応その他インド特有の問題について単独で解決する必要あり。	・意思決定に時間がかかる（出資割合や取締役会の構成が50％：50％の場合は，特に時間がかかる）。 ・当方がマジョリティを確保しても，現地の事業運営を事実上支配される可能性や日々の業務や金銭の流れを把握することが困難な場合がある。 ・事業方針について意見が異なる場合，事業運営が困難となる可能性がある。 ・将来的に合弁相手から株式を買い増すことを検討している場合，価格に合意できずに達成できない可能性がある。

2 グリーンフィールド投資とブラウンフィールド投資

　インドに限らず海外に企業が進出する際に，一から拠点を作り上げる方法をグリーンフィールド投資といい，既存の会社を買収する方法をブラウンフィールド投資といいます[1]。

　ブラウンフィールド投資の場合は，既存の会社の資産・設備，人材，顧客層，物流網，許認可等を利用できる上に，自社が保有する新たな技術を導入して価値を高めたり，会社の買収と同時に増資を行って設備の拡張を図ることも考えられます。その意味で，一から会社を立ち上げる時間を節約し，インド市場にすぐに参入できるメリットがあります。他方で，適当な会社が売却対象として売りに出されていない場合や買収金額について売主と合意に至ることができない場合は，グリーンフィールド投資を行うことになるでしょう。

　グリーンフィールド投資のうち，日本の会社が現地パートナーと組まずに単独で進出する場合，株式譲渡契約や合弁契約は不要で，主な作業は会社の設立手続きになるので，手続きは比較的シンプルです。他方で，同じグリーンフィールド投資であっても，現地パートナーと組む場合は，新会社の設立時期，名称，設立形態，両株主の役割等を規定した合弁契約を締結した上で合弁会社の設立を進めるのが一般的なため，少なくとも弁護士の関与が不可欠になります。

　ブラウンフィールド投資の場合，既存の会社の持分全てを買い取る場合（単独進出）と，持分の一部のみを買い取り現地パートナーと共に運営する場合（合弁形態）があります。さらに，既存の会社に資金需要がある場合は，増資を伴うスキームが用いられることがあります。いずれの場合も既存の会社を前提とするため，デューディリジェンスによりその会社を調査した後に株式譲渡

1　グリーンフィールド投資とは，外国に投資するに際して，一から拠点を作り，設備や従業員を確保する投資方法で，何もない更地（greenfield）に投資することからグリーンフィールド投資と呼ばれます。他方で，既存の現地企業を買収することで，その設備，従業員及び販売網等を利用する投資をブラウンフィールド投資と呼びます。

契約や出資契約（又はその両方）を締結することになるため，デューディリジェンスの実施，契約作成，株式価値の評価等が必要になり，より多くのアドバイザーの関与が必要になります。

◆ グリーンフィールド投資 ◆

◆ ブラウンフィールド投資 ◆

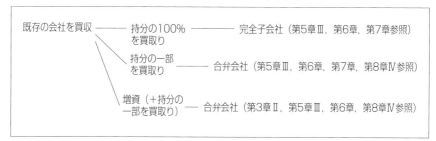

Ⅱ　アドバイザーの選定

　案件をスムーズに進めるためには，案件の規模と複雑さに応じて適切なアドバイザーを選定した上でチームを組成することが重要です。特に，インドの法制度は複雑に入り組んでおり，インド特有のルールや習慣が多く，また，確立した解釈が存しない場合も多いため，インド案件に精通したアドバイザーの起用がとても重要です。さらに，このようにルールが明確でないインドにおいてビジネスを行う以上，一定程度のリスクはつきものです。そのようなリスクの度合いについて，ある程度踏み込んでリスクの大小をアドバイスすることもア

ドバイザーの役割として求められるといえるでしょう。

1 フィナンシャル・アドバイザー起用のメリット

　フィナンシャル・アドバイザー（以下「FA」といいます）は，クライアントである企業の経営戦略・事業戦略・資本政策等についての助言，特定の案件についてのストラクチャーの検討，デューディリジェンス・契約作成・取引実行についての助言，買収対象とする企業（以下「対象会社」といいます）の価値評価等，広い役割を担います。

　インド案件で最も重要なFAの役割は，インド特有の制度に精通した上で，予めクライアントが陥ることの多い問題点を早めに指摘し，スムーズな案件遂行を確保する点にあるといえます。例えば，インドでは，当局や代金の決済を行う銀行に対して提出する書類に当事者が署名をする場合，たとえその書類が些細なものであったとしても，署名者の正当な権限を証明する文書としてその権限付与を決議した取締役会議事録が求められることがよくあります。これは，インドの商慣習ですが，日本の株式会社では，取締役会は通常はそれほど柔軟に開催できるものではありませんし，また，明らかに日本の会社法によって代表取締役に授権されているような些細な事項をあえて決議する商慣習はありません。

　このような事情に精通したFAの場合，当該事案において当事者の署名が必要となりそうな書類を検討し，予め取締役会での決議が必要な旨を注意喚起しておくか，署名権限を証する他の方法で代替できないかを考える役割が期待できます。他にも，当該案件がインド当局（例えば外国投資促進委員会）の許可を必要とする案件の場合，許可を得るための申請書類の準備や許可の取得に要する時間を勘案した上で現実的な取引実行のタイミングの設定を助言する役割が期待でき，クライアントである企業の実務担当者が予期せぬ事態に遭遇する可能性を低減してくれます。さらに，案件全体の調整役として，財務・税務・法務の各アドバイザーに対して適切な指示を出しつつ，案件遂行の過程で必要な作業と検討すべき論点を網羅する役割が期待できます。

このように，インド案件においてFAを起用するメリットは，スケジュールに沿った円滑な案件遂行を期待できる点にあります。FAを起用しない場合は，クロージングに向けたスケジュールが二転三転したり，書類の不備や予期せぬ事態の発生により，予定されたクロージング日を延期せざるを得ない場面も多くあります。かかる観点からすると，インド案件においては，特に，当該案件において予想される遅延要素を過去の経験に照らして把握した上で円滑な案件遂行をサポートできるか，という点がFAを選定する上でのチェックポイントとなります。

2　財務・税務・法務アドバイザーに期待される役割

　財務・税務・法務アドバイザーの主な役割は，対象会社を財務，税務及び法務のそれぞれの見地から調査し，財務・税務・法務リスクを発見した上でその対処法を提案することにあります。インド案件において特に重要なのは，単に調査の過程で発見された事項を指摘するに留まらず，リスクの軽重やリスクが顕在化する可能性について一歩踏み込んだアドバイスを行うことです。インドの会社の順法精神は，残念ながら日本の企業ほどは高くなく，また，インドの会計原則（インドGAAP），税制及び各種法規制自体が明確でないことや，インド当局（特に税務当局）による規制の恣意的運用の結果，対象会社を調査すると数多くの問題点が発見されます。

　重要なのは，それらの問題点について，案件の検討を中止せざるを得ないほど深刻なもの，取引の実行前に解決できるもの，重要性が低い割に解決には時間がかかるため取引の実行後に解決すれば足りるものについて専門家の立場から助言を得られるか否かです。調査を担当した専門家の立場からは保守的なアドバイスにならざるを得ない場合は，FAが過去の経験に照らしてリスクの対処法を助言することも考えられます。

3　有能な現地弁護士の見極め方

　日本の弁護士と同様に，インドの弁護士の能力も個人によって大きな差があ

ります。特に日本企業の実務担当者が苦労するのは，質問に対して的確な回答を得るまでに相当の労力を要する点と思われます。依頼者の立場からすれば，依頼者が検討している問題の背景を踏まえて質問の意図をとらえることを期待しますが，そのような背景を踏まえずに送られてきた質問に対する一般的な回答をしたり，質問の趣旨を十分に確認せずに検討を進めた結果，関係のない論点に関する回答が多くなされる例もよく見られます。また，インド人の一般的な特徴として，時間にルーズであったり，議論好きという点が挙げられることもありますが，それは弁護士も例外ではありません。案件のスピード感や交渉の経緯を踏まえて柔軟なアドバイスを行うことができる弁護士かという点も重要になります。

可能であれば，正式に案件を依頼するに先立ち，依頼候補となる弁護士との間で，何度かメールをやり取りして，簡単な案件の見通しや初歩的な論点について無償対応が可能な範囲で質問をしてみて，対応の早さや回答内容の的確度を比較したり，実際に話してみて相性を確認することが望ましいといえます。

4　日本の弁護士は必要か

インドを含む海外の法律が絡む案件において，現地法のアドバイスという点に限れば，本来は現地の弁護士のみで対応できるはずです。しかし，法制度や規制当局による法の執行が不透明であることが多い国への進出案件を日常的に手掛ける一部の企業を除き，その国の案件について経験豊富な日本の弁護士を関与させるメリットは実はかなり大きいものといえます。

まず，日本の企業がインドの弁護士を直接雇用する際に最も困難に感じるであろうことは，インドが予想もしない特殊な法制度や商慣習を有する国であるにもかかわらず，それを適切なタイミングでインドの弁護士から説明を受けることができるとは限らない点です。

例えば，インドでは少なくとも2名の株主が必要とされるため，外国企業がインドに完全子会社を有する会社であっても，必ず1株以上は他の法人か個人が保有していますが，そのような法制度があることを知らない日本企業は，当

然に現地法人が全ての株式を保有する前提で検討を進めてしまい，インドの弁護士も明確に聞かれない限りは特に触れることなく，契約締結の直前で，名目的に1株を保有する株主が誰かを質問してくることがあります。

また，後記第3章Ⅰ6(2)のように，インドでは，商慣習として，細かい事項について契約の相手方や政府が取締役会決議を求めることが多く，それに慣れているインド企業にとっては大したことではありませんが，通常は日本企業にとって取締役会決議は柔軟に開催できるものではありません（特に社外取締役がいる場合など）。

日常的に日本企業と接する機会の少ないインドの弁護士より，日本企業へのアドバイスの経験を通じてその意思決定プロセスや内部事情に精通した日本の弁護士が，その案件の戦略的位置づけを理解した上でアドバイスする方が，案件の本質を踏まえた助言と案件遂行が期待できることになります。インド人の専門家もクライアントである日本企業の利益を意識したアドバイスを行いますが，しばしば，交渉の場面で論点の重要性を踏まえずに網羅的に強固な主張を繰り返し，重要性の低い些細な論点についての議論に時間を費やす結果，日本企業が希望するようなスピード感で案件が遂行されない場面も見られます。

さらに，インドは非常にユニークな法制度や法律用語を有しますが，それを日本企業に理解しやすい方法で説明できるインドの弁護士は必ずしも多くはなく，照会事項の背景にある日本企業の事情を踏まえずに表面的な回答や必ずしも関係のない論点についての回答を行ってしまう事例がよく見られます。その結果，インドの弁護士との間で何度もやり取りを行っているにもかかわらず，日本企業の担当者が求める的確な回答が得られない場面も多いです。

言語や法制度の違いは，海外のどの国に投資する際にも不可避ですが，インド案件の場合は，逐一依頼しなくても意を汲んだアドバイスをすることを期待する日本企業の担当者と，基本的には明示的に照会された事項のみ関心を払う姿勢のインドの弁護士との間に認識のギャップがあることが，双方のコミュニケーションを困難にしている要因といえます。他の海外案件と比べて，法制度が複雑なインド案件の場合はこの傾向が強く見られます。

このような問題点を理解し，インドの法制度に精通する日本の弁護士が間に入り，インド人の専門家との窓口となることにより，コミュニケーション不足に起因する時間と費用の浪費を節約することが可能になります。

第3章
会社設立と増資の手続き

I　会社設立の手続き

　アジアの国によっては，外国法人や外国人が会社を設立する場合，外資による出資比率規制の有無にかかわらず一律に政府の許可を要するものとする国がありますが，インドでは，このような外資規制が存しない業種については，特に外国法人や外国人が会社を設立する際に当局の許認可は必要とされず，事後的にForm FC-GPR（後記Ⅲ参照）という書面をインド準備銀行[1]（以下「RBI」といいます）に提出すれば足ります。

　インドでは頻繁に法規制が変更されるため，詳細な会社設立の手続きや必要書類は，その都度確認する必要がありますが，一般的には，以下の流れをたどることになります。会社設立手続きはオンライン化されており，特に当局の裁量に左右されることはありません。

1　電子署名認証（DSC）の取得

　電子署名認証とは，Digital Signature Certificate（DSC）と呼ばれ，会社に関する様々な情報を会社登記局（Registrar of Companies：ROC）に登録したり更新したりする際に必要となる証明書です。インドでは，会社登記局への申請はオンラインで行われるため，手書き署名に代えてDSCが用いられていま

1　Reserve Bank of India。インドの中央銀行にあたります。

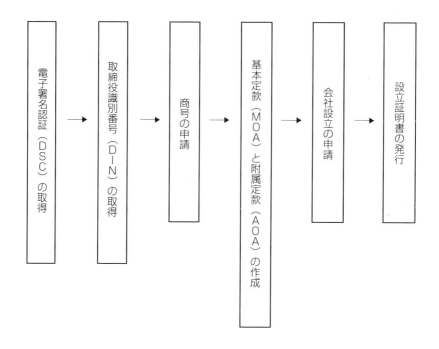

電子署名認証（DSC）の取得 → 取締役識別番号（DIN）の取得 → 商号の申請 → 基本定款（MOA）と附属定款（AOA）の作成 → 会社設立の申請 → 設立証明書の発行

す。DSCの取得は，2000年IT法のもとで政府が認定した認証業者（Certification Agency）のみが手続きを代行することができます[2]。

DSCの取得申請書に添付すべき書類やその必要通数は，認証業者に確認する必要がありますが，通常，非居住者である個人がDSCを取得しようとする場合，①本人確認書類としてのパスポートのカラーコピー，②住所確認書類としての住民票や運転免許証等のカラーコピー，③これらの書類の英訳，④パスポートサイズの写真等を用意する必要があります。さらに，各書類の正確性について宣誓する書面を作成の上，公証人による公証及びインド大使館による認証（詳細については，後記6(1)参照）を行う必要があります。

前記のとおり，DSCは，ROCへの登録等に常に必要となるため，会社の取

---

[2] DINの紹介及び認証業者のリストについては，インド企業省（Ministry of Corporate Affairs：MCA）のウェブサイト（http://www.mca.gov.in/MCA21/dca/dsc/certifying-new.html）にて確認することができます。

締役のほか，会社秘書役（後記第8章Ⅲ7参照）も保有していることがあります。DSC の有効期間は，通常1年間又は2年間であるため，都度更新する必要があります。

2　取締役識別番号（DIN）の取得

　取締役識別番号は，インドの会社の取締役になろうとする者の全てに必要とされる，取締役個人を識別するための番号で，MCA から付与されます。DIN の取得申請書（Form DIR-3 というフォーム）を提出する際は，DSC と同様に，本人確認書類，住所確認書類，これらの書類の英訳（公証及び認証付き），写真等が必要になります。さらに，本人が同フォームの内容が正確であることや取締役として選任されるために会社法上の不適格事由がないことや過去に DIN を付与されたことがないこと等を宣誓する書面（Form DIR-4 というフォームの Affidavit）の提出が義務付けられます。DIN には有効期限はなく，更新等もありません。

3　商号の申請

　商号の申請は，ROC に所定の申請書（FORM INC-1：Application for reservation of Name）を提出することによって行います。同申請書を用いて，これから使用しようとする商号を最大6候補まで記載し，ROC の審査を受けることができます。申請された商号は，ROC による審査を経た後，60日間確保することができます（会社法第4条5項(i)）。

　他人が商標登録しているか登録申請がなされている商標を含む商号は，権利者の同意がない限り，望ましくないとされています（Companies (Incorporation) Rules, 2014第8条2項(a)(ii)）。よって，他人の商標を含む商号を申請しようとする場合，権利者から，かかる商号の使用について異議がない旨の NOC レター（No Objection Certificate）及びその旨を決議した取締役会の議事録の写しを得る必要があります。

　例えば，グループ傘下に多くの国内・海外企業を有する XYZ 株式会社が，

インドに"XYZ India Private Limited"という商号の会社を設立する場合，インド法人の規模が小さいためその設立自体はXYZ株式会社における取締役会決議事項でない場合であっても，このようなインドの規制により，わざわざ取締役会を開催しなければならないことになります。特に，XYZ株式会社の子会社であるXYZ産業株式会社がインドに子会社を設立しようとする場合に（直接の設立主体ではない）XYZ株式会社のNOC及び取締役会決議が必要とされてしまう場合，その取得に向けた手配に時間を要すると思われるため，特に注意が必要です。このNOCの要請は，既存の会社の商号を変更する場合も同様です。

4　基本定款（MoA）と附属定款（AoA）の作成

　日本と異なり，インドの定款は，基本定款（Memorandum of Association：MoA）と附属定款（Articles of Association：AoA）の2部構成です。

(1)　基本定款

　基本定款（MoA）には，会社の商号，登録事務所（registered office）が所在する州，会社の目的に関する事項，株主の責任に関する事項，授権資本の額，株式の引受人が引き受けることを約束した株式の数等の法定事項を記載する必要があります（会社法第4条1項）。

　会社の商号は，公開会社の場合は商号の最後に"Limited"と付ける必要があり，非公開会社の場合は，商号の最後に"Private Limited"と付ける必要があります（会社法第4条1項(a)）。これにより，インドでは，会社の商号の記載から，その会社が公開会社であるか非公開会社であるかを判別することができます。

　会社の目的（事業目的）については，旧会社法の下では，「主たる目的」，「付随的な目的」及び「その他の目的」の3つの欄に分けて非常に長い目的事項が列挙されるのが通例でした。新会社法の下では，「会社法の目的事項」と「その目的を実現するために必要な事項」の2つの欄に分けた比較的簡潔な内

容に改められました。

基本定款（MoA）の内容は，会社の種類に応じて，会社法 Schedule I の Table A から Table E の形式によるものとされています。

(2) 附属定款

附属定款（AoA）には，株主総会及び取締役会の運営及び決議要件などの会社運営に関する法定記載事項（会社法第5条1項）に加えて，会社が優先株式を発行している場合の優先株式の内容や合弁会社である場合の各株主が保有する株式の処分に関する取決め等が規定されるのが一般的です。

附属定款（AoA）の内容は，会社の種類に応じて，会社法 Schedule I の Table F から Table J の形式によるものとされています（会社法第5条6項）[3]。これらは附属定款のモデルであり，標準附属定款と呼ばれます。一般的な会社の附属定款においては，必要な規定を漏らさずに規定するために，附属定款の冒頭に，明示的に規定がない限り標準附属定款の規定が適用され，標準附属定款の内容と矛盾する内容について，定款の規定が優先されるべき旨[4]を記載するのが一般的です。

日本の株式会社が定款を作成する場合，全国株懇連合会の雛形や他社事例等を参照しつつ，定型的な内容で作成するのが一般的ですが，インドの定款は，意味が明確である限り，比較的柔軟に文言を選択して作成されます。例えば，合弁会社の定款には，株主間で締結した合弁契約の条項がそのまま移記されるのが一般的です。また，基本定款（MoA）も附属定款（AoA）も会社法に雛

---

[3] もっとも，旧会社法下で設立された会社は，定款変更を行うまでは会社法第5条の規定が適用されないとされています（同条9項）。これを踏まえて，会社秘書役協会FAQ（後記第8章Ⅰ2参照）においては，附属定款（AoA）の変更があった場合には，新会社法において予定されるこれらの形式に変更することが推奨されると規定されるに留まっています。

[4] 例えば "The regulations contained in Table "F" of the First Schedule to the Companies Act, 2013 shall apply to the Company except so far as otherwise expressly incorporated hereinafter in these Articles, which shall be the regulations for the management of the Company. Any inconsistency in Table F and these Articles shall be resolved in favour of these Articles." のような記載です。

形が添付されている点が特徴的です。

5 　会社設立の申請

　会社設立の申請は，所定の申請フォーム（FORM INC-7：Application for Incorporation of Company）を用いて，会社登記局からの商号を承認する旨のレターと定款（MoA と AoA）を添付することにより行います。なお，2015年5月1日より施行された Companies（Incorporation）Amendment Rules, 2015 により，取締役識別番号（DIN）の取得，商号の申請及び会社設立の申請を1つのフォーム（FORM INC-29：Integrated Incorporation Form）によって行うことが可能になりました。同フォームによる場合，商号候補は1つしか記載できませんが，会社設立手続きに要する期間を短縮できます。日本の会社の場合，予め発起人の口座等に払込みを行ってから会社の設立申請を行いますが，インドの場合は，会社が設立され，会社の銀行口座が開設されてから資本金が払い込まれます。

　会社設立に際して支払う登録免許税は，授権資本金の額によって決まるため，通常は，近い将来において株式を発行する等の予定がない限り，設立時における払込済資本金の額を大きく超えて設定する必要はありません。

　会社の設立手続きは，会社登記局から設立証明書（Certificate of Incorporation）が発行されることにより完了します。設立証明書には，会社識別番号（Corporate Identity Number）が付されています。

6 　各書類作成時の留意点

　インドにおいて前記の公的な書類を作成する場合には，以下の点に注意する必要があります。これらの点は，M&A の相手方，合弁パートナー及び出資対象会社との間で書類をやり取りする場合にもあてはまる場合があります。

(1) 書類の公証及び認証

　インド政府に個人のパスポートや住民票の写しを英訳とともに提出する場合

や，日本の会社の履歴事項全部証明書や定款の写しを英訳とともに提出する場合，それらの書類について，公証人の公証及びインド大使館による認証を取得するよう求められることがあります。

　日本とインドはいずれも認証不要条約の加盟国であるため，通常は，このような大使館認証に代えて，アポスティーユ[5]が用いられます。アポスティーユを用いる場合，私文書の場合は，公証役場での公証人の認証，（当該公証人が所属する）法務局での公証人押印証明，及び，外務省によるアポスティーユの3段階の手続きが必要になりますが，東京都，神奈川県及び大阪府にある公証人役場においては，これらの3段階をワンストップで行うサービスを行っています。実務上は，いずれかの都府県の公証人役場においてアポスティーユを取得することが一般的です。

(2) 取締役会決議の必要性

　前記3記載のNOCの場合のように，日本の会社がインド政府に書類を提出する場合，日本の会社の取締役会議事録を求められることが多くあります。日本の会社法では，株式会社の代表取締役に広範な権限が付与されていますが，インドの会社法に同様の規定は存しないため，インドでは会社のManaging Director（MD）の権限を示す資料として，取締役会決議が好まれることが背景にあります。

　よって，インド当局に提出する書面（会社法関連や競争法関連）について日本の会社の代表者が何らかの署名を行う場合，必ず，取締役会議事録が必要かを確認する方が無難です。なお，前記のとおり，インドの会社法上はMDの包括的な権限が付与されていないため，取締役会決議を経る際には，当該書類やその他の必要となる書類に署名をする代表取締役（又はその他の担当者）にその権限を付与する旨を明確にしておいた方が混乱が少ないです。このような

　5　認証不要条約（外国公文書の認証を不要とする条約）に基づく付箋（＝アポスティーユ）による外務省の証明のこと。詳細は，外務省のHPで説明されています（http://www.mofa.go.jp/mofaj/toko/page22_000548.html）。

授権を明示した取締役会議事録は，株式譲渡契約や合弁契約や出資契約を締結する場合に相手方から求められる場合も多いため，注意が必要です。

日本の会社の規模によっては，案件の過程で生じる些細な事項について逐一取締役会決議を経ることが現実的でない場合もあります。そのような場合には，日本の会社法における代表取締役の権限を当局又は取引の相手方に説明し[6]，代表取締役の署名や代表取締役名義の授権証明書で代替する方法などを考える必要があります。

II 会社の増資手続き

会社が増資を行う手続きとしては，新会社法は，既存株主に新株を割り当てる方法（Rights Issue）と既存株主に新株を割り当てずに第三者に割り当てる方法（Preferential Allotment）の2種類の方法を規定しています。なお，いずれの場合も，定款上の授権資本の額（前記Ⅰ4(1)参照）が不足している場合は，まずそれを拡大する旨の定款変更を行う必要があります。

1 株主割当増資（Rights Issue）の手続き

株主割当方式による新株発行（会社法第62条）を行う場合，会社は，取締役会決議に基づき各株主に対して，その持株数に応じた数の株式を割り当て，割当てを受けた株主は，所定の期間（15日以上30日以内で会社が指定する期間[7]）内に申込みを行うか否かを決めます。この期間内に申込みを行わなかった場合，株主は払込みをする権利を失います。

株主割当方式による場合，最初から特定の株主のみに対して割り当てることは予定されていませんが（そのような割当ては，第三者割当増資による必要があります），特定の株主以外の全ての株主が前記期間内に申込みを行わなかっ

---

6 場合によっては，日本の弁護士の意見書や説明文を添えることも考えられます。
7 2015年6月改正通達（後記第8章Ⅰ1参照）により，非公開会社の場合，90％以上の株主の賛成があれば，15日間より短い期間を設定することも認められるようになりました。

た場合は，結果的には特定の株主のみに対する割当てが実現することになります。

割当てが行われた後30日以内に，所定のフォーム[8]により割当結果をROCにファイリングします（Companies（Prospectus and Allotment of Securities）Rules, 2014第12条）。株主割当増資の場合，株主は既に会社に関する情報を把握していることから，第三者割当増資（後記2）とは異なり，Private Placement Offer Letterを作成する必要がなく，また，全ての株主が割当てを受ける権利があることから，株価についての算定書を作成する必要もありません。

2 第三者割当増資（Preferential Allotment）の手続き

株主全員に新株を割り当てるのではなく，一部の株主や株主でない第三者に新株を割り当てようとする場合，会社は，Companies（Prospectus and Allotment of Securities）Rules, 2014に定める手続きに従い，50名を超えず（会社法第42条2項）かつ1年間に200名を超えない者に対して（同Rules 第14条2項(b)），第三者割当増資方式による新株発行（会社法第42条）を行うことができます。

第三者割当増資方式による新株発行を行うためには，まず，発行価格や割当先について株主総会の特別決議を得る必要があります（同Rules 第14条2項）。その上で，割当先である第三者に対して，割当対象となる株式の種類，発行価格，株式価値の算定者の情報，発行の条件，会社による割当提案の有効期間等を記載したPrivate Placement Offer Letter[9]を送付します。このLetterには，株式価値の算定書を添付する必要があります（Companies（Prospectus and Allotment of Securities）Rules, 2014第12条7項）。なお，第三者割当増資の場合であっても，割当先が株主の場合，Private Placement Offer Letterは不要とされています（Companies（Share Capital and Debentures）Amendment Rules, 2015第3条5項）。

---

8 同RulesのForm PAS-3というフォーム。
9 同RulesのForm PAS-4という所定のフォーム。

割当てを受ける第三者は，Private Placement Offer Letter に添付された Application Form[10]を用いて，割当てに応じる意思表示をします。その上で，Application Form に記載された払込口座に対して，同 Form 記載の条件に従って払込みを行うことによって増資が完了します。割当てが行われた後30日以内に，所定のフォーム[11]により割当結果を ROC にファイリングする点は，株主割当増資の場合と同様です。

Ⅲ　Form FC-GPR

1　Form FC-GPR の提出

インド企業が非居住者に対して株式を発行した場合，RBI への事後報告を行う義務があります。具体的には，インド企業が株式を新規に発行した場合，発行日から30日以内に Form FC-GPR と呼ばれる報告書を所定の添付書類[12]とともに AD Category-I Bank[13]を通じて RBI に提出する必要があります（非居住者による証券の移転・発行規則[14]（以下「FEMA 証券移転発行規則」といいます）別紙1第9条(1)(B)）[15]。Form FC-GPR の報告書フォームは，2015年版 FDI ポリシー（後記第5章Ⅳ2参照）に別紙1として添付されています。

10　各 Application Form には，株主ごとにシリアル番号が付され，名宛人とされた株主以外が使用することができないようになっています。
11　同 Rules の Form PAS-3 という所定のフォーム。
12　Form FC-GPR には，①会社法の規定や外資規制を遵守している旨の会社秘書役の証明書，及び②株式の価格算定書を添付する必要があります。
13　Authorized Dealer Category-I Bank。RBI から，外国為替取引を含む広い業務権限を付与された銀行をさします。後記第5章Ⅲ1(1)に記載する SEBI registered Category-I Merchant Banker は SEBI が管轄するのに対して，Authorized Dealer Category-I Bank は RBI が管轄するものであり，それぞれの役割は異なります。もっとも，規模の大きい銀行は，異なる部署を通じて両方の機能を果たす場合が多いです。
14　Foreign Exchange Management (Transfer or Issue of Security by a Person Resident Outside India) Regulations, 2000.
15　モディ政権は，様々な行政サービスを電子化する取組みを進めており，その一環として，Form FC-GPR 及び Form FC-TRS がオンラインにより提出することが可能になっています。

インド居住者と非居住者間の売買の際に提出される Form FC-TRS（後記第7章Ⅲ 9 参照）については，同 Form に AD Category-I Bank の受領印が押印されなければ，対象会社が株主名簿（Register of Members）上に新しい株主名を記載することができませんが，Form FC-GPR は株式の発行体が提出するフォームであるため，特にこのような受領印が押印されなくても，対象会社の株主名簿上に新しい株主名を記載することが可能です。また，Form FC-TRSと異なり，Form FC-GPR に非居住者の署名は必要ありません。

なお，非居住者に対して株式を発行したインド企業は，対価を受領した日から30日以内に，RBI に対して対価を受領した旨の報告書[16]を所定の添付書類[17]とともに AD Category-I Bank を通じて RBI に提出する必要があります（FEMA 証券移転発行規則別紙 1 第 9 条(1)(A)）。通常は，対価を受領した日に株式が発行されるため，この報告書は Form FC-GPR とともに提出されることが多いです。

2　RBI から付与される Registration Number

Form FC-GPR が AD Category-I Bank を通じて RBI に提出された場合，RBI は，同 Form に紐づく FC-GPR Registration Number（以下「FC-GPR 登録番号」といいます。実務上，RBI acknowledge number と呼ぶこともあります）を付与します。FC-GPR 登録番号が RBI から付与されなくても，株式発行そのものには特に影響はありませんが，FC-GPR 登録番号は，RBI がその株式の発行を正式に認めたことの証明であり，将来の株式譲渡に際して Form FC-TRS を提出する場合に必要となります。例えば，インド企業から新株式の発行を受けた非居住者が，Form FC-GPR を提出した後に FC-GPR 登録番号を取得していない場合，その株式を居住者に対して譲渡しようとしても，株式の

16　実務上は Advance Reporting Form や FIRC Form などと呼ばれます。
17　同報告書には，①非居住者からの払込みがなされたことの証明書（Foreign Inward Remittance Certificate：FIRC），②出資者たる非居住者に関する基本情報を記載した "Know Your Customer" フォーム，及び③政府の承認の詳細（投資について承認が必要な場合）を添付する必要があります。

譲渡が実行できない（具体的には，FC-GPR 登録番号がなければ，居住者側の銀行が送金できない）可能性があり，その時点で過去に取得しておくべきであった FC-GPR 登録番号を取得すべく RBI に働きかける必要が生じることになります。

RBI は，Form FC-GPR の記載に不備があったり，同 Form の提出が期限に遅れたりすると FC-GPR 登録番号を発行しない場合があります。FC-GPR 登録番号が発行されなくても，株式の発行自体には支障ありませんが，将来における譲渡に際して支障となりうるため，必ず取得しておくことが必要です。

Ⅳ　投資に用いられる主な資本性証券

インド企業に投資を行う場合に重要な視点として，その投資に用いられる手法が外国直接投資（Foreign Direct Investment：FDI）に分類される投資なのか，それに分類されずに外貨による貸付規制である ECB 規制（後記第 5 章 V 参照）に服する投資なのか，という論点があります。

インド企業が非居住者に対して発行する，普通株式（equity shares），強制転換優先株式（Compulsorily and Mandatorily Convertible Preference Shares：CCPS）及び強制転換社債（Compulsorily and Mandatorily Convertible Debentures：CCD）については資本性の証券として FDI ポリシーに定められる外資規制を遵守すれば足りますが，非居住者がインド企業に対してローンを提供したり，優先株式や転換社債等などの普通株式に転換されうる証券を発行する場合にその証券が将来において強制的に普通株式に転換される仕組みが盛り込まれていない場合（例えば，強制的に転換されるのではなく株主が転換権を持つに留まる Optionally Convertible Preference Shares：OCPS など）は，ローンと同様に ECB 規制に服するものとして整理されています（ECB 規制については，後記第 5 章 V 参照）。

さらに，資本性の証券の中でも，発行時に全額が払い込まれない株式や新株予約権が非居住者に発行される場合は，RBI が特別な規制を定めています。

1 新株予約権,部分払込株式

　一般的に,インドの基本政策として,外国投資家が株式資本を払い込むことを推奨する傾向にあり,以前は,FDI ポリシー上,発行時に全額を払い込まない株式(partly paid shares)や,将来に払込みが行われることになる新株予約権を非居住者に対して発行する場合,FIPB の承認が必要とされていました(2014年版旧 FDI ポリシー第2.1.5条の Note)。FIPB がこれらの証券の発行自体を許可しないことはそれほど想定されませんでしたが,許可の条件として,

証券の種類	対価の払込時期	価格規制	事前承認の要否	議決権	その他の条件
普通株式	証券発行時。	発行について適用あり。	外資規制業種でない限り,不要。	あり。	特になし。
新株予約権	25%は新株予約権の発行時。残りは18か月以内。	行使について適用あり。	外資規制業種でない限り,不要。	なし。	特になし。
CCD	証券発行時。	転換について適用あり。	外資規制業種でない限り,不要。	なし。	清算時において,普通株式やCCPSより優先的に弁済を受ける。発行から20年以内に普通株式に転換される必要あり。
CCPS	証券発行時。	転換について適用あり。	外資規制業種でない限り,不要。	原則なし,例外的場面のみあり。	優先配当等の定めが可能。発行から20年以内に普通株式に転換される必要あり。

これらの証券の発行時に全払込価額の一定割合を払い込むことを要求したり，残りの払込金額の払込時期や新株予約権を行使すべき時期を証券の発行から一定期間内に制限するなど，早い段階で全額を払い込むことを要求することがありました。

部分払込株式や新株予約権の非居住者に対する発行については，2014年7月14日付のRBIの通達[18]（以下「2014年RBI通達」といいます）によりルールが明確化され，一律にFIPBの承認が必要とされることはなくなりました。この改正内容は，2015年9月15日付で2015年版FDIポリシー（後記第5章Ⅳ2参照）の内容にも反映されています。

(1) 部分払込株式

2014年RBI通達によれば，部分払込株式の発行価格は発行時に決定され，そのうち少なくとも25％が発行時に払い込まれる必要があります。残りの対価は12か月以内に払い込まれる必要がありますが，発行額が50億ルピーを超える場合には一定の例外が設けられています。

(2) 新株予約権

2014年RBI通達によれば，新株予約権の行使価格（新株予約権を行使して株式を得るために払い込まれる対価）及び条件は発行時に決定され，行使価額のうち少なくとも25％が発行時に払い込まれる必要があります。残りの行使価額は18か月以内に払い込まれる必要があります。行使価額の合計額は，新株予約権が発行された時点における普通株式の公正な価格を下回ってはいけません。

2　強制転換社債（CCD）

将来において新株の発行を受ける権利を予め確保する手法としては，強制転換社債（Compulsorily and Mandatorily Convertible Debentures：CCD）もあ

18　RBI/2014-15/123 A.P.（DIR Series）Circular No.3.

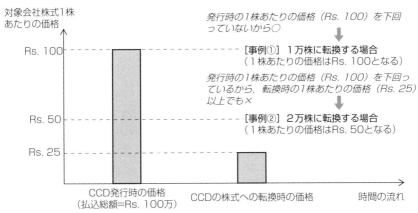

◆ 強制転換社債（CCD）に適用される価格規制のイメージ ◆

ります。もっとも、強制転換社債（CCD）は社債であるため、当初の発行時点において、全額を払い込む必要があり、新株予約権のように将来の株式への転換時に残額を払い込むことは想定されていません。

強制転換社債（CCD）を非居住者に発行する場合は、特にFIPBの承認は必要とされません。しかしながら、外資規制により、非居住者に発行された強制転換社債（CCD）の普通株式への転換については、価格規制が適用されます。また、非居住者に発行された強制転換社債（CCD）を普通株式に転換する比率は予め確定している必要はありませんが、比率の算定方法は発行時に確定している必要があります。

転換時における株式の価格（CCDの発行時に払い込んだ総額を転換される株式の数で除して得られる株式１株あたりの価格）は、強制転換社債（CCD）の発行時における株式の公正な価格を下回ってはいけません。例えば、強制転換社債（CCD）の発行時にその対価として100万ルピーを払い込み、発行時における対象会社の株式の公正な価格が100ルピーと仮定します。２年後に株式に転換する際、１万株の株式を発行することは、その時点における１株あたりの価格（100万÷１万＝100ルピー）が強制転換社債（CCD）発行時の１株あたりの価格を下回らないので許容されますが、２万株の株式を発行することは、

その時点における1株あたりの価格（100万÷2万＝50ルピー）が強制転換社債（CCD）発行時の1株あたりの価格を下回るため許容されません（仮に転換時における公正価格が25ルピーであり，それを上回るとしても許されません）。

　強制転換社債（CCD）が資本性の証券として（ECB規制ではなく）FDIポリシーの外資規制を遵守すれば足りるとされるためには，一定の期間内に強制的に普通株式に転換される必要があります。その期間については，RBIの規則に明確な規定はありませんが，次の強制転換優先株式（CCPS）と同様に，通常は最長で20年以内に普通株式に転換されることが必要と解釈されています。

3　強制転換優先株式（CCPS）

　強制転換優先株式（CCPS）も将来において普通株式に転換されることが予定されていますが，株式の形式である点で強制転換社債（CCD）と異なります。

　当初の発行時点において全額を払い込む必要がある点は強制転換社債（CCD）と同様です。強制転換優先株式（CCPS）を非居住者に発行する場合にFIPBの承認は不要ですが，外資規制により，非居住者に発行された強制転換優先株式（CCPS）の普通株式への転換について，前記2で説明した強制転換社債（CCD）と同様の価格規制が適用されます。また，強制転換社債（CCD）と同様に，非居住者に発行された強制転換優先株式（CCPS）を普通株式に転換する比率は予め確定している必要はありませんが，比率の算定方法は発行時に確定している必要があります。

　前記のとおり，強制的に普通株式に転換される仕組みが盛り込まれていない強制転換社債（CCD）や強制転換優先株式（CCPS）は，ローンと同様にECB規制に服するとされていますが，普通株式に転換されるべき時期については，明確な規則がありません[19]。この点，会社法上，強制転換優先株式（CCPS）は，

---

[19] これらの証券が強制的に普通株式に転換される必要がある旨を明らかにしたRBIの通達（RBI/2006-2007/435 A.P. (DIR Series) Circular No.74）においても，"only instruments which are fully and mandatorily convertible into equity, within a specified time would be reckoned as part of equity under FDI Policy"と規定するに過ぎず，明確な時期を定めていません。

原則として，20年以内に償還される必要があるとされていることから（会社法第55条2項），転換されるべき時期も一般的には最長で20年と考えられています。

第4章
守秘義務契約，基本合意書

　インド案件を進めるに際して，株式譲渡や合弁事業を行う相手方との間で検討を進めるに際して，通常各種情報を交換する前に守秘義務契約[1]（以下「NDA」といいます）が締結されます。

　さらに，NDAを前提に情報交換を行い，主にビジネスの観点からの初期的検討を踏まえて，案件を進めることについて支障がなければ，その時点で合意に至った大まかなストラクチャー，最終契約に盛り込むべき事項，スケジュール等を文書化するために，法的拘束力のない基本合意書[2]（以下「MOU」といいます）を締結することもよく行われます。

　NDAやMOUの内容については，インド案件であることを理由に特殊な規定が置かれる訳ではありませんが，準拠法と紛争解決方法はよく問題となります。

I　NDA及びMOUの重要性

　案件を進める上での秘密情報の管理のため，（遵守されるかは別として）NDAの重要性は比較的明らかです。それでは，MOUはどのような場合に必要となり，どの程度の重要性を有するのでしょうか。

　MOUは，案件の検討を前進させる旨を相互に確認し，その時点で合意され

---

[1]　Non Disclosure Agreement（"NDA"）やConfidentiality Agreement（"CA"）と呼ばれます。
[2]　Memorandum of Understanding（"MOU"）やLetter of Intent（"LOI"）と呼ばれます。

たストラクチャー，スケジュールその他の事項を書面で確認する手段として有効です。加えて，売主の立場からはブレークアップ・フィーの規定[3]を設けたり，買主の立場からは売主のデューディリジェンス（DD。後記第6章参照）への協力義務[4]や独占交渉義務の規定を設けることが考えられます。もっとも，MOUにおいては，これらの特別な規定や，準拠法，紛争解決方法，費用負担の合意等の一般条項を除いて，他の条項は法的拘束力がない旨が規定されることが一般的です。よって，MOUを締結しても直ちに取引実行の義務が生じる訳ではなく，MOUで想定していた内容と異なる内容で最終契約が合意されることも珍しくありません。

しかし，MOUに法的拘束力がないとしても，MOUの締結だけを優先して最終契約に規定される内容について安易に譲歩することには慎重であるべきです。というのも，MOUにおいて合意された内容は，それ自体は法的拘束力がなくても，最終契約の交渉のベースとなり，説得的な理由がない限り，後からその内容を覆すことは困難であり，場合によってはMOUと異なる主張を行うことが相手方の不信感を招来することもあるからです。逆に，最終契約において重要な論点となりそうな事項は早めに問題提起しておいてMOUに条項として盛り込むことができれば，将来の最終契約の交渉をスムーズに進めることができるでしょう。

II　準拠法

準拠法については，NDA及びMOUともに，インド側が日本法を拒否する傾向にあるため，シンガポール法又はインド法が採用されることが多いです。

---

[3] MOUの締結後，想定した期限内に最終契約の締結に至らなかった場合に，売主側で生じたDD対応や契約交渉に要した費用，売却機会の損失等を補てんする趣旨で買主が予め合意された金額を売主に対して支払う旨の規定。

[4] 買主の立場からは，DDを円滑に進めるために，ビジネス，法務，財務，税務等の観点からDDを行う旨とその方法（対象会社のマネジメントや主要従業員へのインタビューを含むか否か）を合意することが考えられます。

◆ MOUに規定されることが多い条項 ◆

法的拘束力を<u>持た</u><u>せない</u>ことが多い条項	(i) 想定する取引の基本条件（売主，買主，対象会社の特定，取得対象株式数，取引ストラクチャー等），(ii) 企業価値又は株式価値の算定方法，価格レンジ，算定の前提とした事項等，(iii) 株式譲渡契約，合弁契約等に規定される事項のうち基本となる事項，(iv) その他の付随する契約に関する事項（事業に関する合意等）
<u>売主の立場</u>から，法的拘束力を<u>持た</u><u>せるべき</u>条項	ブレークアップ・フィーの設定（仮に規定される場合，買主の立場からは，その金額をエスクロー口座（後記第5章Ⅱ2参照）に入れることを提案すべきです）
<u>買主の立場</u>から，法的拘束力を<u>持た</u><u>せるべき</u>条項	売主のDDへの協力義務，独占交渉権（通常は3か月から6か月間にしておき，必要に応じて更新することが多い）
<u>双方の立場</u>から，法的拘束力を<u>持た</u><u>せるべき</u>事項	一般条項（準拠法，紛争解決方法，費用負担の合意等）

いずれでも特に支障はありません。多少の考慮を要するとすれば，仮にMOUの準拠法をインド法にした場合，将来締結する株式譲渡契約や合弁契約についても，（論理必然ではありませんが）インド法を準拠法として採用するとの議論になりやすい点です。しかし，株式譲渡契約に定める株式譲渡や合弁契約に定める合弁会社の運営方法は，インドの会社法に従う必要がありますので，実務上は，インドの会社に関する株式譲渡契約や合弁契約の準拠法はインド法とされるのが一般的です。よって，NDA及びMOUの準拠法をインド法とすることで実質的な支障はないものと考えられます。

Ⅲ　紛争解決方法

紛争解決方法については，注意が必要です。日本の契約書では，当事者間の協議によって解決しない紛争について，裁判所を通じた解決を図ることが多い

ですが、インドの裁判所は、現実的な選択肢ではありません。なぜなら、通常の事案であっても第一審判決が得られるまでに5～10年程度を要するのが一般的ですし、第一審における裁判官の質は必ずしも優れておらず、公平な判断が下されないおそれがあるためです。他方で、日本の裁判所で得られた判決をインドでそのまま執行することはできないため[5]、仮に相手方が同意したとしても、日本の裁判所も通常は有効な紛争解決機関とは考えられません。

そこで、インド案件において圧倒的に用いられている紛争解決方法は、仲裁手続です。仲裁は、当事者の合意に基づく紛争解決方法であるため、当事者間の契約において、紛争が生じた場合にどの場所でどの仲裁ルールに沿って仲裁を行うのかを予め合意しておくのが一般的です。

紛争解決条項は、一般条項として、しばしば軽視されがちですが、実際に紛争が生じてから紛争解決方法を合意することは非常に困難であるため、契約締結段階できちんと検討しておくことが必要です。準拠法と同様に、NDAやMOUにおける紛争解決条項が（論理必然ではありませんが）そのまま将来締結する株式譲渡契約や合弁契約における紛争解決条項として利用されることが多いといえるでしょう。

1　インドの仲裁調停法による仲裁

インドにおいて仲裁の手続きや仲裁判断の執行方法等を規定した法律として、仲裁調停法[6]が存在しますが、契約における紛争解決条項において、仲裁調停法に基づく仲裁により解決する旨（後記文例参照）を規定するだけでは、十分ではありません。仲裁調停法は、仲裁廷が依拠すべきルールを当事者が合意することを認めていますが、別途合意しない場合には、仲裁廷が適切と考える方法により手続きを進める旨を規定しています（同法第19条3項）。これは、ア

---

[5] インドにおいては、インドが相互主義を採用しているとして告示した国を除き、外国判決に基づき執行を行うことができないところ（民事訴訟法第44A条）、日本はそのような国に該当しないためです。

[6] Arbitration and Conciliation Act, 1996.

ドホック仲裁と呼ばれ，予め仲裁手続きに関するルールが決まっていないため，手続き進行にかなりの時間を要します。契約において紛争解決条項を規定する際は，インドの国内又は国外における仲裁機関を通じた仲裁[7]によって行う旨を明確に規定しておく必要があります。

＜仲裁調停法に基づく仲裁の文例＞

> The Dispute shall be referred to and finally resolved by an arbitration in accordance with the Arbitration and Conciliation Act, 1996.

2 インド国内における機関仲裁

インド国内における有名な仲裁機関としては，India Council of Arbitration (ICA), London Court of International Arbitration India (LCIA India) などが挙げられます。ICA は，40年以上の長い歴史を有するインドの仲裁機関です。LCIA India は，ロンドンにおける仲裁機関として有名な London Court of International Arbitration (LCIA) が2009年4月にインドに作った子会社で，LCIA とは異なる LCIA India 独自の規則を制定しています。ICA の方が歴史が長いですが，LCIA が世界的には著名であるため，実務上は ICA 仲裁に比べて LCIA India 仲裁の方がよくみられます。

＜LCIA India 仲裁による場合の文例＞

> Any dispute arising out of or in connection with this contract, including any question regarding its existence, validity or termination, shall be referred to and finally resolved by arbitration under the LCIA India Arbitration Rules, which Rules are deemed to be incorporated by reference into this clause. The number of arbitrators shall be [one] [three]. The seat, or legal place, of arbitration shall be [City and/or Country]. The language to be used in the arbitration shall be [English].

---

7 このような仲裁は，アドホック仲裁に対する概念として，機関仲裁と呼ばれます。

3　インド国外における機関仲裁

インド国外における仲裁機関として有名なのは，Singapore International Arbitration Centre（SIAC）や International Chamber of Commerce（ICC）などのシンガポールの仲裁機関です。アジアにおける仲裁機関としては香港も有名ですが，香港は2012年3月までインドが認めたインド国内での仲裁判断の執行が可能な国ではなかったこと，シンガポールを経由したインドへの投資が多いこと，一般的にインド企業にとってシンガポールが身近なこと，シンガポールの仲裁地としての知名度の高さの点から，シンガポールでの仲裁が選択されることが多いようです。

インドにおける M&A や合弁事業に関して紛争が生じた場合，契約の相手方や合弁会社が実際に事業を行い資産を有するインドにおいて得られた仲裁判断を執行することが必要になりますが，シンガポールで得られた仲裁判断をインドで執行することは困難ではありません。なぜなら，シンガポール及びインドを含めて，ニューヨーク条約（外国仲裁判断の承認及び執行に関する条約）に加盟する国で得られた仲裁判断は，同条約に加盟する国において執行することが可能であり，執行のために改めて裁判を行う必要がないからです。

＜SIAC 仲裁による場合の文例＞

> Any dispute arising out of or in connection with this contract, including any question regarding its existence, validity or termination, shall be referred to and finally resolved by arbitration in Singapore in accordance with the Arbitration Rules of the Singapore International Arbitration Centre for the time being in force, which rules are deemed to be incorporated by reference in this clause. The tribunal shall consist of [one] [three] arbitrator(s). The language of the arbitration shall be [English].

4　国内仲裁と国外仲裁の優劣

前記のとおり，国内仲裁と国外仲裁について，仲裁判断の執行可能性という

点では大差はありません。しかし，インドの裁判所の関与の度合い及びインドにおける仮差止め等の暫定的救済措置の利用可能性の2点において両者の扱いが異なるため，その点を考慮して選択することが必要です。

(1) インド裁判所の関与の度合い

　仲裁調停法においては，仲裁判断がインド国内の公序良俗に反する場合（同法第34条2項(b)(ii)）等の一定の場合，インドの裁判所が仲裁判断を取り消すことを認めています。前述のとおり，仲裁手続きは上訴が認められていませんので，裁判所が取り消すことができる事由は必ずしも多くありませんが，不利な仲裁判断を受けた当事者がインドの裁判所に取消しを申し立てることによって，再度争いが蒸し返される可能性があります。この点，最高裁判所の判決（Bharat Aluminum 判決[8]）によって，国外仲裁の仲裁判断に対しては，国内仲裁と異なり，同条を含む仲裁調停法第Ⅰ編の規定が適用されない旨が判示された結果，仲裁判断が同条を根拠として取り消される懸念がなくなりました。この点では，仲裁において日本企業側に有利な仲裁判断がなされることを前提とすれば，国外仲裁の方がメリットがあるといえます。

　なお，仲裁の取消しとは別に，仲裁調停法には，仲裁判断の執行がインド国内の公序良俗に反する場合（同法第48条2項(b)）に裁判所が執行を拒否できる旨の規定もあり，同条は国内仲裁のみならず国外仲裁にも適用されます。もっとも，最高裁判所の判決（Shri Lal Mahal 判決[9]）によって，仲裁判断の執行を拒否できる旨を規定する同条の公序良俗の範囲は，仲裁判断を取り消すことができる旨を規定する第34条の公序良俗の範囲より限定的に解釈されるべき旨，また，第48条を根拠として事実に関する判断を蒸し返すことは認められない旨を判示しましたので，実際に執行が拒否される可能性はそれほど大きくありません。

　8　Bharat Aluminum Co. v. Kaiser Aluminum Technical Services Inc. (September 6, 2012).
　9　Shri Lal Mahal Ltd. v. Progetto Grano Spa (July 3, 2013).

(2) 暫定的救済措置の利用可能性

　国外仲裁の仲裁判断に対して仲裁調停法第Ⅰ編の規定が適用されない旨を判示した Bharat Aluminum 判決により，当事者が国外仲裁に合意した場合，仲裁調停法第Ⅰ編に規定される仮差止め等の暫定的救済手段を利用することができないこととされました。例えば，合弁契約において合弁会社が一定の重要な財産の処分を行う場合は全株主の同意が必要であるにもかかわらず同意を得ずに勝手に財産を処分しようとしている場合や，競業避止義務に反して合弁パートナーが競業行為を行おうとする場合に差止めの仮処分を行うことが考えられます。このような場合，紛争解決手段として国外仲裁を合意している場合は，仮処分を含む暫定的救済手段を利用することができません。この点では，契約違反を犯すのが主に契約の相手方であることを前提とすると，暫定的救済手段を利用できる国内仲裁の方がメリットがあるといえそうです。

(3) まとめ

　差止めの仮処分等の暫定的救済手段は，一方当事者が行う行為であるため，日本企業側が契約違反をしていなくても，紛争の場面になった場合に相手方が起こす可能性も否定できません。また，相手方が契約違反を犯した場合に実際に日本企業の側が暫定的救済手段を行使する可能性が大きいのかは別途の検討が必要です。というのも，前記のような違反行為が存する場合は，既に良好な合弁関係が破綻している場合ですから，後述するプット・オプション等（後記第8章Ⅳ4(20)）を行使することによって合弁関係を解消する方法がより現実的な場合があるからです。さらに，株式譲渡契約のように必ずしも継続的な契約関係を前提としていない契約においては，株式譲渡行為が完了した後は暫定的救済手段を行使すべき場面が少ないということもいえます。よって，個別の事案によるものの，差止めの仮処分等の暫定的救済手段が得られないことをもって国外仲裁が選択肢から除外されることはないものと思われます。

　このように考えると，あくまで個別の事案に応じた検討が必要ですが，日本からのアクセスも踏まえると，一般的にはシンガポール仲裁等の国外仲裁が望

◆ 国内仲裁と海外仲裁の比較 ◆

	インドにおける仲裁	海外における仲裁
効率性・スピード	・仲裁調停法に基づく仲裁はアドホック仲裁のため，かなり時間がかかる。 ・インドにおける機関仲裁（LCIA India等）は効率良く手続きが進む。	・シンガポール等の仲裁が盛んな国では，効率性の高い機関仲裁が期待できる。
公平性	・アドホック仲裁は，仲裁人次第。機関仲裁は公平性が期待できる。	・公平である（バイアスがかからない）。
インドにおける執行可能性	・問題なし。	・インド政府が仲裁調停法に基づいて執行が可能である旨を告示した国における仲裁判断はインドにおいて執行可能（日本，シンガポール，香港，ロンドンはこれらに含まれる）。
仲裁調停法第Ⅰ編の適用の有無－暫定的救済措置（第9条）の利用可能性，仲裁判断の取消しリスク（第34条）	・仲裁調停法第Ⅰ編の適用あり。 ・暫定的救済措置が利用可能。 ・インド裁判所による公序良俗違反を理由とする仲裁判断の取消可能性あり。	・仲裁調停法第Ⅰ編の適用なし。 ・暫定的救済措置が利用不可能。 ・インド裁判所による公序良俗違反を理由とする仲裁判断の取消可能性はない（ただし，執行裁判所は公序良俗に反する仲裁判断の「執行」を拒絶できる）。

ましいといえるものの，契約の相手方が拘る場合は，インド国内における機関仲裁に合意することもそこまで不合理ではないといえるでしょう。

第5章
案件初期に検討すべき事項
～インド特有の論点

　イギリスの影響を受けて法整備が進み，コモン・ローの法体系に属するインドの法制度は，日本と大きく異なります。文化の面でも大きな違いが見られます。例えば，当事者間の約束は，口頭の約束でも尊重しようとする日本のような考え方はなく，約束した内容はきちんと契約に規定しなければ遵守してもらえません。一方で，政府が制定する規則やルールが一義的に明確でなく，実務上異なる運用がなされている場合もあります。

　さらに，インドを含むアジアの多くの国においては，外資規制を通じて国内の産業や投資家を保護している場合が多いです。特に，インドは，株式の譲渡，会社に対する出資や貸付けなど投資の基本となる行為について多様な外資規制を及ぼしているため，日本の実務感覚でストラクチャーを組もうとしても，うまくいかないことが多いです。

　このように，インドに進出するに際しては，案件の初期的段階において，特殊な法制度と文化を持つインド市場をどのように攻略するのか，また，そのために採用すべきストラクチャーなどの検討が欠かせません。本章では，グリーンフィールド投資案件又はブラウンフィールド投資案件を問わず，案件初期の段階で検討されることが多い論点を説明します。

I　公開会社と非公開会社の選択

　インド会社法で予定される会社形態は，以下のとおりです。インドの外資規制を定めるFDIポリシー（後記Ⅳ）上は，LLP（Limited Liability Partner-

◆ 初期的段階で検討すべき論点一覧 ◆

論点	ポイント	参照項目
対象会社の法形式	公開会社は，非公開会社に比べて規制内容が厳しい。最低株主も7人必要。できれば，非公開会社がベター。	本章 I
現地パートナーの有無	ビジネスの観点からメリットとデメリットを比較する必要あり。	第2章 I 1
政府の許認可が必要となるスキーム		
居住者に対する株式対価の後払い	RBI の承認が必要となる。実務上はあまり用いられていない。	本章 II 1, 3
（居住者たる売主に対する将来の補償請求に備えた）エスクロー口座の利用	RBI の承認が必要となる。実務上はあまり用いられていない。売主と対象会社を当事者とするエスクロー口座を利用することが考えられる。	本章 II 2
持株会社を用いた投資スキーム	FIPB の承認が必要となる。	本章 II 4
株式交換を用いた投資スキーム	FIPB の承認が必要となる。	本章 II 5
新株予約権，部分払込株式	当初の払込金額に関する規則を遵守する必要。	第3章 IV 1
強制転換社債（CCD），強制転換優先株式（CCPS）の引受け	株式に転換される際の価格規制に注意が必要。	第3章 IV 2, 3
貸付けに関する規制		
外国企業によるインド企業への貸付け（ECB 規制）	貸出人資格，資金使途等の制限あり。純粋な貸付けでなくても，適用される場合がある。	本章 II 6, V
株式に関する価格規制		
出資及び株式取得時の価格規制	①非居住者の居住者に対する出資，②非居住者の居住者への株式の売却，③非居住者の居住者からの株式の取得の際に適用される，居住者に有利な価格規制あり。	本章 III 1, 3
非居住者が行使するプット・オプションに適用される規制	非居住者に付与されるプット・オプションに適用される規制あり。	本章 III 2
外資規制全般		
出資比率が規制される業種	業種ごとに，出資比率規制と外国投資家に適用される附帯条件の有無を要確認。毎年4月か5月に FDI ポリシーとして，一覧性のある外資規制が公表される。	本章 IV

ship) に対する外国企業の投資に関する規制も定められていますが，LLP は，会社ではなく組合なので，インド会社法ではなく LLP 法（Limited Liability Partnership Act, 2008）という別の法律に基づいて組成されるものです。

◆ インドの会社形態 ◆

```
┌ 株式有限責任会社（Company limited by shares）：日本の株式会社に相当する会社
│   ┌ 公開会社（Public company）    ┐ 最もよく用いられる形態
│   └ 非公開会社（Private company） ┘ （本章Ⅰで取り上げる会社）
│     小規模会社（Small company）
│     一人会社（One person company）
│ 保証有限責任会社（Company limited by guarantee）：株主が特殊な有限責任を負う会社
└ 無限責任会社（Unlimited company）：株主が無限責任を負う会社
```

　前記のうち，保証有限責任会社は，株主の責任が，会社の基本定款上，各株主が会社の清算の際に出資することを引き受けた金額に限定される会社であり，無限責任会社は，株主の責任に限定がない会社です。いずれも，通常あまり利用されることがないため，本書でも説明を割愛します。また，一人会社及び非公開会社のうち小規模会社も通常は外国投資家に利用されません[1]。

　公開会社と非公開会社の基本的な性質の違いは，前者は株式の譲渡に制限が課されていないのに対して，後者は株式を譲渡するに際して株主総会又は取締役会の承認が必要とされる点です。上場会社は全て公開会社ですが，上場していない公開会社も多く存在するので，注意が必要です。非公開会社は，その商号の中に非公開会社であることを表す"Private"や"Pvt."の文字が含まれる必要があるため，その会社が公開会社なのか否かは商号を見れば分かります。

　1　一人会社は，インド居住の自然人 1 人が株主になる場合しか利用することができません。また，小規模会社は，その会社自身が親会社又は子会社になることはできません（日本の会社の子会社としてインドに設立することができません）。よって，これらの形態は通常は利用されません。

◆ 公開会社と非公開会社の比較 ◆

適用される項目	非公開会社	公開会社
株主数	2人以上200人以下	7人以上（上限なし）
取締役数	2人以上。上限は15人（株主総会特別決議により16人以上も可）	3人以上。上限は15人（株主総会特別決議により16人以上も可）
商号	末尾に"Private Limited"が必要	末尾に"Limited"が必要
最低払込資本金[2]	なし	なし
株主総会		
定足数	2人以上。定款で要件加重可能	5人以上（ただし全株主が1,000人以下の場合）[3]。定款で要件加重可能
決議要件	普通決議は過半数，特別決議は75%以上の賛成。定款で要件加重可能	同左。ただし，特別決議事項の対象が非公開会社に比べて多い。
取締役／取締役会		
定足数	総数の1/3又は2人のいずれか多い方	同左
決議要件	定款で定める。標準附属定款では過半数の賛成とされるが，要件加重は可能	同左。なお，取締役会の決議のみで決定できる事項が非公開会社に比べて少ない。
取締役の任期	定款の定めによる。	全取締役が定時株主総会ごとに退任する旨定款で規定しない限り，2/3以上の取締役をローテーションにより退任する取締役とする必要あり。かかる取締役は，1/3ずつ定時株主総会にて退任する。
居住取締役	最低1名必要	同左
女性取締役	×（不要）	上場会社と以下の非上場公開会社は必要 ・資本金 Rs. 10億以上　又は ・売上高 Rs. 30億以上
独立取締役	×（不要）	上場会社と以下の非上場公開会社は必要 ・資本金 Rs. 1億以上 ・売上高 Rs. 10億以上　又は ・借入金・社債・預託金の総額が Rs. 5億超

2　従前，非公開会社は10万ルピー，公開会社は50万ルピーの最低払込資本金が必要とされていましたが，新会社法改正法により，最低払込資本金は要求されなくなりました（第8章Ⅱ1参照）。

3　全株主数が1,000人超5,000人以下の場合は15人以上の出席が必要とされ，5,000人超の場合は30人以上の出席が必要とされています（会社法103条）。

第5章 案件初期に検討すべき事項〜インド特有の論点

監査役／会社秘書役		
監査役	必要。勅許会計士法上の勅許会計士又は会計事務所が就任する。	同左
監査役のローテーション[4]	以下の会社は必要 ・資本金 Rs. 2億以上 又は ・借入金・社債・預託金の総額が Rs. 5億超	上場会社と以下の非上場公開会社は必要 ・資本金 Rs. 1億以上 又は ・借入金・社債・預託金の総額が Rs. 5億超
内部監査役	以下の会社は必要 ・前会計年度中の売上高 Rs. 20億以上 又は ・前会計年度中いずれかの時点で金融機関からの借入金残高が Rs. 10億超	上場会社と以下の非上場公開会社は必要 ・資本金 Rs. 5億以上 ・売上高 Rs. 20億以上 ・前会計年度中いずれかの時点で金融機関からの借入金残高が Rs. 10億以上 又は ・前会計年度中いずれかの時点で預託金残高が Rs. 2億5,000万以上
会社秘書役による監査	×（不要）	上場会社と以下の非上場公開会社は必要 ・資本金 Rs. 5億以上 又は ・売上高 Rs. 25億以上
常勤会社秘書役	資本金 Rs. 5,000万以上の会社は必要	同左。ただし、上場会社は常に必要
各種委員会（各委員会の説明は、後記第8章Ⅲ3参照）		
CSR委員会	以下の会社は必要 ・純資産 Rs. 50億以上 ・売上高 Rs. 100億以上 又は ・純利益 Rs. 5,000万以上[5]	同左（上場会社も同様の基準）
指名報酬委員会	×（不要）	上場会社と以下の非上場公開会社は必要 ・資本金 Rs. 1億以上 ・売上高 Rs. 10億以上 又は ・借入金・社債・預託金の総額が Rs. 5億超
監査委員会	×（不要）	指名報酬委員会と同様
利害関係委員会	会計年度のいずれかの時点で、株主1,000人超の株主、債務証書保有者、預託者、その他の証券保有者を有する会社	同左（上場会社も同様の基準）

---

4 自然人の場合は1期（5年間）、監査法人の場合は2期（10年間）監査役を務めた場合、5年間のクーリングオフ期間を置く必要があります（会社法第139条2項）。
5 非公開会社の場合、CSR委員会の構成員として独立取締役を選任する必要はありません。

その他の機関(主要役職者の説明は,後記第8章Ⅲ5(5)参照)		
主要役職者(KMP[6])	×(不要)	上場会社と以下の非上場公開会社は必要 ・資本金 Rs. 1 億以上

※ 上記表中の売上高や借入金等の額は,通常は直近の監査済財務諸表によって判断されますが,規則の内容が明確でないものもあります。

会社法上,公開会社は 7 人の株主が必要とされ,一定の公開会社には独立取締役の選任や各委員会の設置が義務付けられるなど多くのコンプライアンス規制の遵守が義務付けられるため,必要がない限り,日本の会社がインドの会社に出資する場合,非公開会社を利用するのが一般的です。

Ⅱ 政府の許可が必要となるスキーム

スケジュールを策定する上で,必ず留意する必要があるのが,インド政府やRBI 等の承認が必要となるスキームを予定している場合です。日本の実務感覚からすると当局の承認を要するとは到底考えられないような事項について,当局の承認が必要とされていることに留意が必要です。

1 株式対価の後払いスキーム

インドの外資規制上,非居住者(日本企業など)が居住者(インド企業やインド人など)から株式その他の資本性証券(capital instrument)を購入する場合,RBI の許可がない限り,その対価を後払い(deferment of payment)することは認められていません(2015年版 FDI ポリシー第3.4.5.1条)。居住者同士もしくは非居住者同士の取引,又は居住者が非居住者から資本性証券を購入する場合はこのような規制は適用されませんが,非居住者が居住者から購入する場合には,対価の後払いが認められていません。

具体的に問題となるのは,株式譲渡契約において,買主である日本企業が売

---

[6] Key Managerial Personnel(後記第8章Ⅲ5(5)の説明参照)。

主の居住者に対して将来求める可能性のある補償請求権を担保するために支払対価の一部を後払いしたい場合です。例えば，株式譲渡契約においては，売主が買主に対して，対象会社に関する様々な事項[7]が真実かつ正確であることを表明かつ保証し，買主がそれに依拠して株式を購入した場合において，事後的にその内容が真実かつ正確でないことが判明した場合，それによって買主が被った損害を売主が補償することがあります。特に，オーナーが実質的にワンマン経営を行っている企業を買収する場合，コンプライアンスの観点から対象会社に何らかの問題がないかが懸念されますので，このような手当てが重要になります。

また，売主が個人であって保有株式の全てを売却する場合，契約上に補償規定を置いたとしても，実際に請求する時点で売主の手元に資金が残っている保証はありません。そのような場面に備えて，買主である日本企業としては，株式の取得時に対価の一部を支払うに留めておき，表明保証の有効期間が経過後に表明保証違反が存しなかったことを確認した上で売主に残りの対価を支払う（その間に表明保証違反が存した場合は，対価から差し引く）ことがよく検討されます。しかしながら，インドのM&Aでは，売主たる居住者との間でそのようなアレンジを行うことができません。

2 エスクロー口座の利用

1で述べたスキームに類似する方法として，買主が，将来の売主に対する補償請求に備えて対価の一部を売主と買主から独立したエスクローエージェントの口座（エスクロー口座）に入金しておき，将来における補償義務の履行を確実にすることが考えられます[8]。この方法もクロージング日において売主に対価が支払われないという意味では厳密には対価の後払いの性質を有するため，売主たる居住者と買主たる非居住者の間で行う場合は，1で述べたRBIの承認が必要になります。

---

7 例えば，売主が開示し買主が株価算定の根拠とした計算書類の正確性や訴訟・紛争が対象会社に係属していないことなど。詳細は後記第7章Ⅰ3参照。

48

　さらに，インドにおいては，非居住者による出資や株式取得等に関して RBI が通達[9]を定めており，それにより，エスクロー口座の利用目的が制限されています。その結果，非居住者が株式譲渡代金の決済のためにエスクロー口座を利用することは認められますが，将来における補償請求権の確保のためにエスクロー口座を利用することは認められていません。

　このような規制を回避するために，海外のエスクロー口座を利用することも考えられますが，仮に RBI の通達の効力が直接には海外のエスクロー口座に適用されないとしても，前記対価の後払いの禁止規定の観点から，そのようなアレンジも RBI の承認を要する可能性があるでしょう。

3　クロージング調整のための対価の後払い

　インドに限らず，M&A においては，対象会社の流動資産，現金，流動負債，有利子負債など，サイニング（契約の締結）の時点からクロージング（取引の実行）の時点までに不可避的に変動する項目に相当する金額に応じて，クロージング後に対価の調整を行う場合があります。

　例えば，売主及び買主が，契約書上は，直近の決算日における流動資産や流動負債等の金額に基づいて対価を設定したり，クロージング日において対象会社に存在すると見込まれる流動資産や流動負債の金額に基づいて対価を設定したりした上で，クロージング日にその対価を支払うものの，クロージング後速やかにクロージング日における実際の流動資産や流動負債の金額を確認した上で，基準とした流動資産や流動負債の金額から変動があれば，その変動分をクロージング後の株式対価の調整として，売主と買主の間で精算することが考え

8　典型的には，以下のアレンジが想定されます。売主，買主及びエスクローエージェントがエスクロー契約を締結し，買主が対価の一部をエスクローエージェントに預託します。将来，株式譲渡契約に基づき補償請求を行おうとする買主は，売主及びエスクローエージェントに対して請求理由や請求金額を通知し，売主が争わなければその金額が買主に支払われます。争いのある請求については，当事者間で株式譲渡契約に定める紛争解決方法に沿って解決し，エスクローエージェントは確定した請求額を買主に支払います。

9　2011.5.2付 RBI 通達（A.P.（DIR Series）Circular No.58）。

第5章　案件初期に検討すべき事項〜インド特有の論点　　**49**

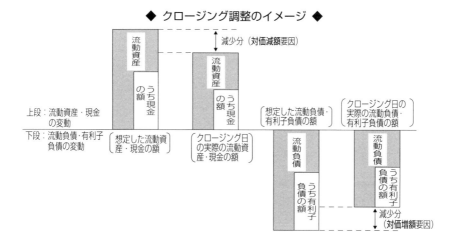

られます。

　クロージング調整を行う場合、クロージング日における流動資産の金額が基準とした流動資産の金額より大きい場合や、クロージング日における流動負債の金額が基準とした流動負債の金額より小さい場合は、対価の増額要因となるため、クロージング日後に買主から売主に対して追加の支払いが必要になります。クロージング日後の追加の支払いは、結果的には対価の後払いと捉えることも可能であるため、居住者である売主と非居住者である買主の間の取引においてクロージング調整を行う場合は、念のためRBIに対して、そのようなスキームが許されるか否かについて照会するのが無難です。

　もっとも、クロージング調整のための対価の後払いは、不可避的に生じる対象会社のBS項目の変動を適正に対価に反映させるものであり、売主が将来において責任を負う可能性のある補償義務の補てんを目的とするものではないため、RBIがその承認を不要と判断したり、承認を必要と判断する場合でも比較的容易に承認を付与する可能性があるため、実際の取引において、RBIの承認を前提条件とした上で用いられることがあります。

4 持株会社を用いた投資スキーム

　インドにおいて複数の事業を別法人を通じて展開する際、企業間の資金融通を容易にするため、インドに事業活動を行わない持株会社を設立した上で、持株会社を経由して複数の会社に投資するスキームが検討されることがあります。この場合、かかる外国投資家による持株会社を通じた投資については、インドのFIPBの承認が必要になります（2015年版FDIポリシー第3.10.3.1条）。持株会社を経由した最終的な投資対象となる会社の事業内容が外資規制に服する等の特段の事情がない限り、かかる承認を取得することは必ずしも困難ではないと思われますが、FIPBに対する申請書を作成したり、承認を取得する過程でFIPBから質問を受けることがあるため、時間を要します。

　後記第7章Ⅲ3(1)記載のとおり、FIPBに必要書類を提出してからその承認を取得するまでに通常は8週間から10週間程度を要するため、既にインドに事業活動を行う子会社を保有している場合は、まずはそのインド子会社を通じて持株会社の株式を取得しておき、FIPBの承認が得られ次第、日本法人がその

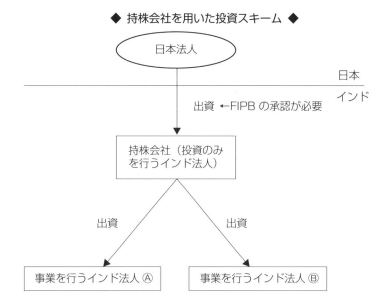

◆ 持株会社を用いた投資スキーム ◆

インド子会社から持株会社の株式を取得する方法が考えられます。

5　株式交換を用いたスキーム

　FDIポリシー上，株式交換を用いた投資（investment by way of swap of shares）を行うためには，金額の多寡に関係なくFIPBの承認が必要とされ，また，各株式の評価書を作成する必要があります（2015年版FDIポリシー第3.5.6条）。"swap of shares"の定義は置かれていないため，具体的にどのような取引が想定されているのか必ずしも明らかではありませんが，例えば，日本法人が90％の株式を有するインドの子会社を完全子会社化するために他のインド人株主から残り10％の株式を取得する対価として自らの株式を交付するスキーム[10]や日本法人がインドの会社に対して出資する際に自らの株式を対価として用いるスキームによる際には，FIPBの承認が必要となる点に留意が必要です。

　なお，FDIポリシーは，非居住者間の取引やインド居住者間の取引には適用されないため，これらの者の間で行う株式交換には，FIPBの承認は要求されないと考えられます。

6　外国企業からインド企業への貸付け

　インド案件を進める際に，対象会社に対する出資に加えて，当面必要な運転資金等を株主からの貸付けで手当てすることを検討する場合があります。しかしながら，インドのECB規制上，株主から借り入れた金銭については，資金使途が一定範囲に限定されることに注意が必要です（後記Ⅴ3(5)参照）。資金使途を限定しない資金を確保するためには，出資の方法（ただしECB規制に服する態様による出資を除く）により対象会社に資金を入れることを検討する必要があります。

　10　この場合，インド居住者による海外法人（日本法人）の株式の取得が行われることになるため，インド居住者による対外直接投資に関する規制（ODI規制。後記Ⅵ参照）も検討する必要があります。

III 株式に関する価格規制

1 出資及び株式取得時の価格規制

(1) 価格規制の内容

インドの外資規制の中でも有名なものとして、価格規制（Pricing Guideline）が存在します。これは、インド居住者がインド非居住者に対して株式を発行する場合や株式を譲渡する場合にインド非居住者が支払う対価が、公正な株式評価額を下回ってはならないとする一方で、逆にインド非居住者がインド居住者に対して株式を譲渡する場合にインド居住者が支払う対価が、公正な株式評価額を上回ってはならないとする、インド居住者を保護する規制です。

「公正な株式評価額」の算定方法は、新株発行の場合と株式譲渡の場合とで区別されておらず、いずれも、カテゴリーＩマーチャント・バンカー[11]又は勅許会計士（chartered accountant）による、「独立当事者間で用いられるのと同様の国際的に認められた価格算定方法[12]」とされています。従前は、DCF（Discounted Cash Flow）法により算定した公正な株式評価額とされていましたが、2014年7月15日にRBIが公表した通達によって、DCF法以外の算定方法も認められるようになりました。

(2) 上場株式に適用される基準価格

(1)で説明した価格規制は、上場株式であると非上場株式であるとを問わずに

---

11 インド証券取引委員会（SEBI）に登録されたカテゴリーＩマーチャント・バンカー（SEBI registered Category-I Merchant Banker）。インド証券取引委員会法により、マーチャント・バンカーはSEBIに登録しなければ証券を扱ってはならない旨規定されており、SEBIが定める規則上、マーチャント・バンカーはカテゴリーＩからカテゴリーIVに分類され、カテゴリーＩマーチャント・バンカーが最も多くの権限を付与されています。

12 原文は、"internationally accepted pricing methodology for valuation of shares on arm's length basis"。

第5章 案件初期に検討すべき事項〜インド特有の論点　53

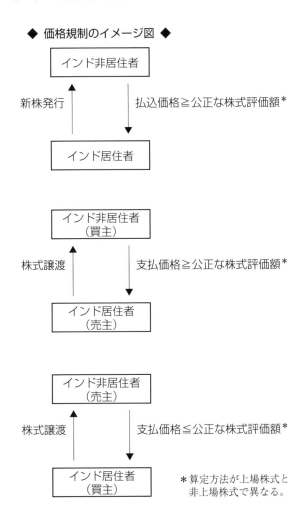

◆ 価格規制のイメージ図 ◆

＊算定方法が上場株式と非上場株式で異なる。

適用されますが，上場株式の場合は市場株価が存するため，基準となる価格は，過去2週間又は26週間の株価を参照した基準が別途設けられ，取引類型に応じてその価格を下回ってはならない（又は上回ってはならない）旨，規定されています。

具体的には，①基準日[13]から起算して過去26週間の売買高加重平均価格（volume weighted avarage price）の週ごとの最高値及び最安値の平均と②基

準日から起算して過去2週間の売買高加重平均価格の週ごとの最高値及び最安値の平均のいずれか高い方の価格とされています。

(3) 価格規制の適用範囲

価格規制が適用される典型的な場面は、前記(1)の各場合ですが、出資者や買主が形式的にはインド法人であっても、そのインド法人がインド非居住者によって支配されている場合は、そのインド法人が行う投資(「ダウンストリーム・インベストメント」と呼ばれます)について、価格規制が適用されることに注意が必要です。

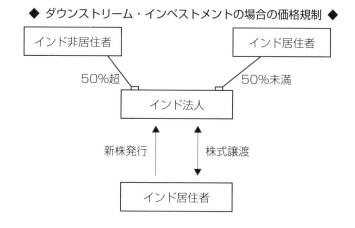

◆ ダウンストリーム・インベストメントの場合の価格規制 ◆

上の図において、インド法人がインド居住者との間で行う出資や株式譲渡等の取引に対して、インド法人をインド非居住者とみなして、前記(1)に説明する価格規制が適用されます(2015年版FDIポリシー第3.10.4.2条(iii))。

2 非居住者が行使するプット・オプションに適用される規制

インド非居住者が出資先のインド居住者に対して有するプット・オプション

---

13 基準日とは、株式譲渡の場合は譲渡実行日を指し、新株発行の場合は原則として新株発行を承認する株主総会の30日前の日を指します。

第5章　案件初期に検討すべき事項～インド特有の論点　　*55*

◆　インド非居住者のプット・オプションの条件　◆

(i)　インド非居住者に対して確約された投資リターンを保証しないこと
(ii)　1年間のロックイン期間（権利行使できない期間）があること　かつ
(iii)　ロックイン期間後の投資回収時の価格が，「独立当事者間で用いられるのと同様の国際的に認められた価格算定方法に基づき算定され，マーチャント・バンカー又は勅許会計士から適切であるとの証明を受けた価格」(※)を上回らないこと

（※）　上場会社の株式の場合は，「上場する証券取引所における実勢価格」が基準とされます。

（プット・オプションについては，後記3(1)参照）は無制限には認められず，以下の条件を満たすものでなければなりません（2014年1月9日付RBI通達[14]，2014年7月15日付RBI通達[15]）。

　前記通達は，直接にはインド非居住者が出資先のインド法人に対して有するプット・オプションを念頭においた規制ですが，インド非居住者がインド居住者との間で締結する合弁契約において，一定の事由に基づきプット・オプションを行使できるとされている場合にも適用されると考えられています。よって，そのようなプット・オプションの定めを置く場合，投資リターンを保証するような文言を避けるとともに，この規制によって，少なくとも契約締結日から1年間は権利を行使することができないと解釈される可能性がある点に注意が必要です。

　そもそも，インドの法規制は，インド非居住者がインド居住者に対して保有するプット・オプションについては，永らく否定的に捉えられていました。典型的には，インド非居住者である投資家がインド法人に出資した株式について，将来の一定時期（例えば，出資から3年が経過した時期）において，一定のリターン（例えば，内部収益率（IRR）が15％となる投資回収）が保証されるような条件でインド法人に売りつけることができる旨の合意は認められず，その

14　RBI/2013-2014/436 A.P.（DIR Series）Circular No.86.
15　RBI/2014-2015/129 A.P.（DIR Series）Circular No.4.

ような条件の出資は貸付けに類似するものとして、貸付けに適用される規制（ECB規制、後記Ⅴ参照）が適用されるとされてきました。

このような背景から、出資先の会社に対して有するオプション条項やインド非居住者がインド居住者との間で締結する合弁契約に規定される株式に関するオプション条項の有効性が議論されてきました。しかし、2014年1月9日付の前記RBIの通達によって、一定の条件のもとで、オプション条項の有効性が正式に認められました。なお、2014年1月9日付RBI通達においては、前記表中(ⅲ)の要件について、「ロックイン期間後の投資回収時の価格が、直近の監査済貸借対照表によるROE（株主資本利益率）に基づき算出される価格を上回らないこと」とされていましたが、2014年7月15日付RBI通達によって、非上場株式については、一般的な株式売買に適用される価格規制と同様の基準表中(ⅲ)の要件に統一されました。

3　価格規制が問題となる具体的な場面

インドの価格規制は、インド非居住者とインド居住者が株式を売買しようとする場合に当事者間で価格規制に反する合意ができないという点で支障になりますが、非上場株式の取引を前提とすると、そもそも算定方法が広く認められているため、比較的柔軟な運用が可能であり、実務上は、一般的な様式譲渡契約において当事者間で価格規制に反する合意ができないこと自体が大きな障害となることは多くありません。むしろ、将来予定される株式譲渡の価格を合意しようとする場合やダウンストリーム・インベストメントのスキームを用いる場合に問題となることが多いといえます。

(1)　株主間でプット・オプション又はコール・オプションを行使する場合

合弁契約において、いずれかの株主が重大な契約違反を犯した場合、合弁関係を継続することが困難になることが予想されるため、非違反当事者が、違反当事者に対して自らの保有する株式を買い取らせることができる権利（プット・オプション）や、違反当事者が保有する株式を買い取ることができる権利

（コール・オプション）を規定することがあります。このような場合，違反当事者に対する制裁として，違反当事者に買い取らせる株式の対価を公正な株式評価額より高い金額とし，違反当事者から買い取る株式の対価を同評価額より低い金額にする仕組みが考えられます。しかし，インド非居住者とインド居住者の合弁契約において，違反当事者がインド居住者である場合，インド非居住者によるプット・オプションやコール・オプションの行使は価格規制に従う必要があるため，このような仕組みが機能しない可能性があります。

また，インド非居住者が当初の投資では50％未満の株式を取得するに留めておき，将来において当初の投資時と同じ価格でインド居住者から株式を追加取得することができる権利（コール・オプション）を規定する場合があります。この場合，将来において企業価値が上がった場合，追加取得時の公正な株式評価額が当初の投資時の価格を上回っていることもあります。その結果，非居住者がこのようなコール・オプションを行使することが認められない可能性があります。

(2) ダウンストリーム・インベストメントにより，同じ株式を居住者と非居住者から購入する場合

非居住者である買主が，ダウンストリーム・インベストメントを用いて，インド居住者（次頁の図の売主1）である売主からインドの事業会社の株式を取得する場合，その事業会社に投資を行う直接の主体はインド法人であっても，前記1(3)記載のとおり，価格規制が適用される結果，売主1からは公正な株式評価額以上でしか買い取れません。

他方で，同時にダウンストリーム・インベストメントを用いて，インド非居住者（次頁の図の売主2）である売主から同じインドの事業会社の株式を取得する場合，価格規制により，インド居住者である買主は売主2からは公正な株式評価額以下でしか買い取れません。

これらの結果，売主1と売主2から同じ価格で株式を買い取ろうとする場合，公正な株式評価額で買い取ることが必要になると思われます。

◆ ダウンストリーム・インベストメントによる複数売主からの取得 ◆

```
                    ┌──────────┐
                    │  日本法人  │        日本
                    └──────────┘  ────────────
                         │             インド
                        出資
                         │
┌────────────┐    ┌──────────┐    ┌──────────────┐
│売主1(インド居住者)│    │買主(インド法人)│    │売主2(インド非居住者)│
└────────────┘    └──────────┘    └──────────────┘
         株式譲渡*    株式譲渡*
              ↘    ↙
          ┌──────────┐        ＊いずれの譲渡にも価格規制
          │ 買収対象の │          が適用される。
          │インド事業会社│
          └──────────┘
```

(3) 2段階に分けて株式を取得する場合

　非居住者である買主が居住者である売主から2段階に分けて株式を取得しようとする場合において，2段階目の取引における対価を予め合意（例えば，1段階目の取引時と同じ対価とする旨の合意）していたとしても，当該合意した対価より2段階目の取引時に取得した算定書に基づく公正な株式評価額の方が高い場合は，同評価額以上の対価にて2段階目の取引を実行しなければなりません。このように，予め将来の株式売買における対価を合意したとしても，価格規制に反する価格において取引を実行することができない点に留意が必要です。

　非上場会社の場合，比較的多様な算定方法が認められています。よって，居住者である売主側で選任した算定人に算定させると，売主に有利なように殊更に高い評価額の算定書を作成する懸念があります。よって，2段階目の取引を予め合意した価格により実行することを当事者間で合意している場合は，可能な限り，買主である非居住者が選任する算定人が算定書を作成することも含めて合意した方が望ましいでしょう。

　また，採用する算定手法にもよりますが，1段階目の取引と2段階目の取引

第5章 案件初期に検討すべき事項～インド特有の論点

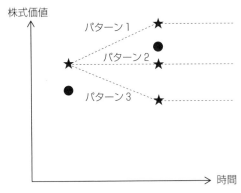

が近接している場合において，1段階目の取引に際して取得した算定書から大きく乖離した評価額の算定書を2段階目の取引で用いたり，1段階目の取引時に比べて2段階目の取引時の方が企業価値等を踏まえて明らかに株式の評価額が高くなるべきであるにもかかわらず，2段階目の取引に用いる算定書の価格が1段階目の取引時の算定書の価格より低い場合は，合理的な説明が困難になるように思われます。このように，2段階の取引を行う場合は，1段階目の取引の際に取得する算定書の価格にも留意しつつ取引を実行する必要があります。

(4) 近接する取引において売主に居住者と非居住者が存する場合

株式の売主の中に居住者と非居住者がいる場合において，予め非居住者の売主が居住者に株式を売却し，その後すぐに非居住者（日本企業）に株式を譲渡する場合，第2段階の取引の価格が第1段階の取引の価格を下回ることは許されません。なぜなら，近接する両取引には同じ価格算定書の公正価格を適用すべきところ，第2段階の取引の価格の方が下回ることは価格規制の観点から説明がつかないためです。

Ⅳ　インドの外資規制の概要

1　規制の概要

(1)　外国為替法とインド準備銀行（RBI）

インドにおける外資規制の基本となる法律は，Foreign Exchange Management Act, 1999（以下「インド外国為替管理法」といいます）です。同法において，資本勘定取引（capital account transaction）は経常勘定取引（current account transaction）と区別して厳しく規制され，RBIが許容する資本勘定取引のみ行うことができるとされています。これを踏まえてRBIは，実行可能資本勘定取引規則（Foreign Exchange Management (Permissible Capital Account Transactions) Regulations, 2000）において，インド居住者が行うことができる11類型の資本勘定取引とインド非居住者が行うことができる7類型の資本勘定取引を定めています。

RBIはインド非居住者によるインド企業に対する投資について規則を制定する権限を付与されており（インド外国為替管理法第6条3項(b)），外資規制に関する様々な規則を制定しています。

例えば，インド非居住者による証券の移転・発行規則（Foreign Exchange

Management (Transfer of Issue of Security by a Person Resident Outside India) Regulations, 2000) は，インド非居住者によるインド企業が行う事業に対する出資割合の上限や出資条件，出資後に RBI に提出すべき書類等について定めています。また，外国投資家が関与する特殊な取引について承認するか否かを判断する役割を担っています。

(2) 産業政策促進局（DIPP）と外国投資促進委員会（FIPB）

産業政策促進局（Department of Industrial Policy and Promotion：DIPP）は，商工省（Ministry of Commerce and Industry）に属する機関で，外資規制に関する方針を決定します。産業政策促進局は，過去に外国直接投資に関する多くの Press Note（以下「プレスノート」といいます）と呼ばれる通達を発行してきました。2010年3月までは，プレスノートが散発的に発行されていたため，外資規制の内容を体系的に把握するのが困難でしたが，2010年4月1日に産業政策促進局がそれまでのプレスノートを含む外資規制の内容を統合した統合版 FDI ポリシー（Consolidated FDI Policy）を作成したことにより，インドの外資規制の内容が体系的に把握できるようになりました。産業政策促進局は，外資規制に関する方針を策定しますが，RBI や後述の外国投資促進委員会（Foreign Investment Promotion Board：FIPB）と異なり，原則として，当事者からの申請に基づき取引を承認する役割を担いません。

外国投資促進委員会は，金融省経済局（Department of Economic Affairs, Ministry of Finance）に属する機関で，主に，外資規制によってインド政府の事前承認が必要とされる分野に対する投資やスキームについて，当事者からの申請に基づいて承認するか否かを判断しています[16]。外国投資促進委員会の議事録は，そのウェブサイトにおいて公表されていますが，それによれば，月にほぼ1回のペースで会合が開かれています。

---

16 200億ルピーを上回る投資案件については，内閣経済対策委員会（Cabinet Committee on Economic Affairs：CCEA）が最終的な承認権限を有します（2015年版 FDI ポリシー第5.2.2条）。

2 統合版FDIポリシーの内容

(1) 概　要

　統合版FDIポリシーは，2010年以降，半年ごとに改定されていましたが，2012年以降は1年ごとに改定されており，毎年4月か5月頃に，それまでのプレスノートの内容を反映したFDIポリシーが公表されます。平成27年9月時点で直近のFDIポリシーは，2015年5月12日に公表されたFDIポリシー（以下「2015年版FDIポリシー」といいます）で，即日効力を生じています。

　FDIポリシーにおいて，外国直接投資に関する方針は，(i) 外国直接投資が全面的に禁止されている場合，(ii) 政府の事前承認を得て事業分野ごとに設定された外資比率の上限まで所定の要件に従って投資が許容される場合，(iii) 政府の承認を要さずに事業分野ごとに設定された外資比率の上限まで投資が許容される場合の3つに分類されます。事業分野によっては，外貨比率の上限に加えて，付随的な条件が課されている場合があります。

　インド政府は，基本的には，外国直接投資の制限を緩和し，より多くの投資を呼び込む方針を有しているものといえます。

(2) 外国直接投資が全面的に禁止される場合

　2015年版FDIポリシー第6.1条において，外国直接投資が全面的に禁止される8つの事業分野が列挙されています。このうち，最も問題となることが多い分野は，不動産業です。製造業を行う会社が自社の製造工場を所有することは不動産業に該当しませんが，不動産を転売して利益を得ること等を目的とする会社に出資することは一律に禁止されます。

　2012年までは総合小売業も一律に禁止されていましたが，後記3(1)記載のとおり，現在は条件付で外国投資家に開放されています。

(3) 政府の事前承認が必要な場合（政府ルート）

　2015年版FDIポリシー第6.2条においては，事業分野ごとに，一定の外資比

率を上限とする外国直接投資が，政府の承認を条件として許容される旨が規定されています。外資比率の上限の数値としては，26％，49％，51％，74％，100％が設定されることが多いです。これは，会社法において，株主総会の普通決議の要件が出席株主の過半数の賛成とされ，株主総会の特別決議の要件が出席株主の4分の3以上の賛成とされていることと関連していると思われます。

　政府の承認を得て行われる外国直接投資は，「政府ルート（Government Route）」と呼ばれます。政府ルートの投資案件は，200億ルピー以下の案件については外国投資促進委員会の勧告に基づいて外国投資促進委員会の責任者である財務大臣が承認を付与し，200億ルピー超の案件については，外国投資促進委員会の勧告に基づいて内閣経済対策委員会（Cabinet Committee on Economic Affairs：CCEA）が承認を付与します。

(4) 政府の事前承認が不要な場合（自動ルート）

　政府の事前承認が不要な外国直接投資は，「自動ルート（Automatic Route）」と呼ばれます。2015年版FDIポリシー第6.2条においては，同条に列挙されていない事業分野については，100％の外資比率まで自動ルートによる投資が認められる旨が明らかにされています。一定の外資比率までを自動ルートとしつつ，それを超える比率の投資が政府ルートとして規定されている事業分野もあります。

3　事業分野ごとの外資規制の内容

(1) 総合小売業（51％まで政府ルート）

　インドでは，小売業の外資規制は単一ブランドの小売業と総合小売業（複数ブランドの小売業）に分けて規制されています。

　総合小売業は，2012年より前は外国直接投資が全面的に禁止される分野に指定されていましたが，2012年9月20日に産業政策促進局が公表したプレスノートにより，一定の条件を満たした場合に政府の事前承認を条件として51％まで外国直接投資が認められることとなりました。具体的には，①最低1億USD

の投資を行うこと，②1億USDの少なくとも50％を3年以内に物流，倉庫等のバックエンドインフラ（backend infrastructure）に投資すること，③製品・加工品の少なくとも30％はインド国内の小規模企業から調達すること，④店舗の設置は原則として人口100万人以上の都市又は各州政府が認めるその他の都市に限ること等の条件が付されています。

　総合小売業は，この条件により外国直接投資を認める中央政府の方針を認める旨を表明した州にのみ適用されるものとされており，2015年9月時点ではデリー，ハリヤナ州，カルナタカ州，マハラシュトラ州等を含む12の州及び連邦直轄地において承認されています。

(2)　単一ブランド小売業（49％まで自動ルート，100％まで政府ルート）

　単一ブランド小売業は，49％の出資比率までは政府の事前承認を要することなく外国直接投資を行うことが認められていますが，それを超える比率については，政府ルートによってのみ外国直接投資を行うことが認められています。

　51％を超える外国直接投資を行う場合，調達額の総額の少なくとも30％はインド国内から（しかもインド国内の小規模企業が望ましいとされる）調達する義務等が課されています。

(3)　保険業

　保険業は，2015年に上限が引き上げられるまで，自動ルートにより26％を上限とする外国直接投資が認められるのみでした。2015年3月2日に公表されたプレスノートにより，26％を上限とする自動ルートに加えて，新たに26％超49％以下の出資比率による政府ルートによる外国直接投資が認められるに至りました。かかる規制は，保険ブローカーにも同様に適用されます。

　付随的な条件として，インドの保険会社は，常にインド法人が過半数の資本割合と支配権を確保しなければならないという条件が付されています。

(4) 製薬業

製薬業への新規投資（グリーンフィールド投資）は100％の出資比率まで自動ルートによる外国直接投資が認められます。他方で、既存事業への投資（ブラウンフィールド投資）は政府ルートによってのみ100％の出資比率まで外国直接投資が認められ、政府は承認を付与する際に適切な条件を付すことができるとされています。

医療機器製造業は、2015年1月6日に公表されたプレスノートにおいて、100％の出資比率まで自動ルートによる外国直接投資が認められる旨が明記されました。よって、医療機器製造業の分野については、新規投資（グリーンフィールド投資）のみならず既存事業への投資（ブラウンフィールド投資）であっても、100％の出資比率まで自動ルートによる外国直接投資が認められます。

(5) 鉄道インフラ事業

鉄道事業は、従来より外国直接投資が全面的に禁止される事業に分類されていましたが（2015年版FDIポリシー第6.1条参照）、PPPによる郊外コリドー（suburban corridor）プロジェクト、高速鉄道プロジェクト、及び大量高速輸送システムを含む所定の鉄道インフラ事業については、100％の出資比率まで自動ルートによる外国直接投資が認められています（2015年版FDIポリシー第6.2.17条）。これによりインドの鉄道インフラの整備が進むことが期待されます。もっとも、安全保障の観点からの検討が必要な49％の出資割を超える外国直接投資案件については、鉄道省（Ministry of Railways）によって安全内閣委員会（Cabinet Committee on Security）に提出され、案件ごとの判断が行われます（同条）。

(6) 防衛産業

防衛産業の分野は、従前は26％の出資比率を上限として政府ルートにより外国直接投資が認められ、それを超える場合は安全内閣委員会（Cabinet

Committee on Security）が案件ごとに判断するとされていましたが，2014年8月26日に公表されたプレスノートにより，49％の出資比率を上限として政府ルートにより外国直接投資が認められるようになり，それを超える場合に安全内閣委員会が案件ごとに判断することとされました。

V ECB 規制（外資による貸付規制）の概要

1 規制の概要

ECB 規制（External Commercial Borrowings 規制）とは，対外商業借入と訳されます。FDI ポリシーは，出資や株式譲受けにより，インド非居住者がインド居住者に対して資本を提供する場合に適用される規制ですが，ECB 規制は，非居住者が居住者に対して貸付けを行う場合に適用される規制です。ECB 規制は，インドにおける外貨管理を目的としており，①ECB を行うことができる貸出人及び借入人の要件，②資金使途に関する制限，並びに③借入条件に関する制限がそれぞれ独立に定められており，インド居住者が ECB 規制を無視して非居住者から自由に借入れを行うことは認められません。

例えば，ECB 規制上，ECB により調達した資金をインド国内の会社の持分を取得するために用いることは許されません。なぜなら，これを許容すると，一旦インド国内の会社に貸し付けた資金を用いることにより，外資規制を潜脱することが可能になってしまうからです。

ECB 規制は，Foreign Management Act, 1999及びそれに基づく規則・通達によって規制されています。RBI は，毎年7月1日頃に，それまでの ECB 規制の概要をまとめた指針である Master Circular on External Commercial Borrowings and Trade Credits（以下「ECB ガイドライン」といいます）を公表しており，その内容は RBI のウェブサイトで確認できます。2015年7月1日に公表された内容は，https://rbidocs.rbi.org.in/rdocs/notification/PDFs/33MCAD 6 BE480AAFA 4 D 6 EA 8 C41C3475AFB 3 C1.PDF に掲載されてい

◆ FDI規制とECB規制の棲み分け ◆

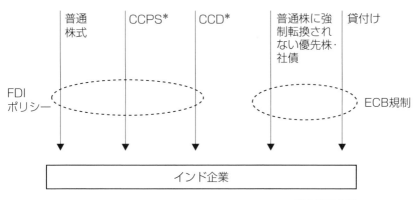

＊第3章Ⅳ参照。

ます。ECB規制は，非居住者による居住者に対する貸付けに適用される規制であるため，インド企業の海外子会社に対して行う貸付けには，ECB規制は適用されません。もっとも，非居住者による居住者に対する貸付けである限り，居住者が海外に保有する口座に入金する場合であっても，ECB規制が適用されます。

2 自動ルートと承認ルート

ECB規制の下で認められる対外商業借入については，外国直接投資規制（前記Ⅳ参照）と同様，資金使途や借入金額・期間に応じて，インド準備銀行の事前承認が不要な借入れと事前承認が必要な借入れに分類されます。RBIが公表するECBガイドライン上も，ECB規制に服する貸付けを行う場合は，ECB規制に定められた貸付人や資金使途の制限に照らして，自動ルートで行うのか，承認ルートで行うのかを検討する必要があります。

承認ルートによる場合，所定のForm ECBに貸付人及び借入人の詳細，並

びに借入条件の詳細を記載した上でRBIに提出し，その承認を求める必要があります。

3 自動ルート

(1) 借入人資格

借入人自体については特に厳しい要件は課されていませんが，貸付人の資格により，貸付人が借入人の株式等を一定割合以上保有している等の要件が課されることがあります。なお，個人（individuals）は，明確にECBを借り入れる資格がないとされています。

(2) 貸付人資格

ECBを行うことができる者の例として，国際銀行（international banks）や資本保有者（foreign equity holders）等が挙げられています。国際銀行（international banks）には，日本のメガバンクなどが含まれます。なお，日本のメガバンクはインド国内に支店を有し，ルピー建てでインド国内の日系企業に対してインドの市場金利を意識した金利による貸付けを行っていますが，この貸付けは対外商業借入に分類されませんので，ECB規制は適用されません。

資本保有者（foreign equity holders）は借入人の株式等を保有する貸付人を指します（典型的には，インド現地法人に貸付けを行おうとする日本企業など）。このような貸付人がECBに該当する貸付けを行う場合，貸付人の持株比率や借入人における負債資本倍率（liability-equity ratio）等によって，自動ルートで行うことができる貸付けか承認ルートで行う必要がある貸付けかに分類されます。資本保有者（foreign equity holders）が自動ルートにより貸付けを行うための要件は，次頁の貸付人資格のとおりです。

この払込済資本を構成する詳細な項目はECBガイドラインに規定されています。借入人の直近の監査済貸借対照表に基づいて判断することになります。ECB規制上，借入人の株式を保有する非居住者がECBの貸付人になるための要件が定められており，自動認可ルートにおいては，(i)500万USD以下の

ECBの場合，非居住者が借入人の株式の25％を直接保有することが必要とされ，(ii)500万USD超のECBの場合，かかる株式保有比率に加えて，ECBの金額が非居住者の出資額の4倍を超えないことが必要とされます。

◆ 自動ルートの貸付人資格 ◆

- 500万USD以下のECBを自動ルートで行う場合
  - 借入人の払込済資本の25％以上を貸主が<u>直接保有</u>していること
- 500万USD超のECBを自動ルートで行う場合
  - 借入人の払込済資本の25％以上を貸主が直接保有していること　かつ
  - 借入人の負債資本倍率（liability-equity ratio）が4：1を超えないこと[17]
- 貸主が借入人の払込済資本の51％以上を<u>間接保有</u>していること　又は
- 貸主と借入人が同じ親会社に属する兄弟会社であること

(3) 借入金額と期間の制限

ホテル，病院，ソフトウェアなど所定のセクターについては，2億USD相当額を上限として自動ルートにより借入れを行うことができるとされています。これら所定のセクター以外のセクターについては，7億5,000万USD相当額を上限として自動ルートによる借入れが認められています。

2,000万USD相当額までのECBについては，平均貸付期間が3年以上でなければなりません。2,000万USD相当額を超えて7億5,000万USD相当額までのECBについては，平均貸付期間が5年以上である必要があります。

(4) 金利を含むコストの上限

金利等についても，当事者が勝手に決めることはできず，RBIがECBガイドラインの中で規定した以下のルールに従う必要があります。なお，コストの算定には，金利の他，外貨建てで課される費用も含まれます。

---

17 ECBを行う貸付人からの借入れに限らず，全ての借入れが算定に含まれます。

◆ 金利を含むコストの上限 ◆

- 平均貸付期間が3年以上5年以下のECBの場合
  - 6か月LIBOR＋350bpが上限
- 平均貸付期間が5年超のECBの場合
  - 6か月LIBOR＋500bpが上限

(5) 資金使途

　資金使途は，ECB規制の中で最も重要な論点です。許容される資金使途は業種によっても異なるため，借主が行う事業内容及び資金使途を踏まえた上で，ECB規制に照らして自動ルートにより許容されるか否かを慎重に判断する必要があります。

　例えば，インド法人が行う海外法人への出資（後記Ⅵ参照）や，サービスや技術ノウハウの輸入，ライセンス料の支払いのために資金を用いることが許容されています。また，資本財（capital goods）[18]の購入や既存の工場設備等の拡張や近代化などを目的とする場合は，許容されます。他方で，他の法人への貸付け（転貸し）既存のルピー建てローンの返済資金としての利用[19]及び不動産購入目的での利用は認められていません。工場設備等の拡張に伴い不動産を購入する場合は，事案に応じてECBによる貸付けを扱う銀行等に確認が必要です。伝統的に，運転資本目的は認められていませんでしたが，近年の改正により，製造業を含むセクターにおいて，以下の要件を満たす場合に限り，運転資本を含む一般支出目的（general corporate purposes）のためにECBを使用できることとされています。

18　資本財（capital goods）の範囲は，インド商工省商業局（Department of Commerce, Ministry of Commerce and Industry）が5年ごとに制定する輸出入に関する規制であるForeign Trade Policyに記載されています（同Policy第9.08条）。同Policyの最新版は，http://dgft.gov.in/exim/2000/ftp2015-20E.pdf にて公表されています。

19　所定の要件を満たした場合，承認ルートにより，ECBによる借入れを既存ルピー建てローンの返済資金に充当することが許容されています。

◆ 一般支出目的に使用するための条件 ◆

- 直接の資本保有者（foreign equity holders）が行う ECB であること
- 直接の資本保有者（foreign equity holders）が払込済資本の25%以上を保有する貸付人による ECB であること　かつ
- 平均貸付期間が7年以上の ECB であること

(6) 保証提供の制限

　ECB による借入れに伴う保証や担保の提供についても ECB 規制を確認する必要があります。例えば，インド法人が ECB による借入れを行うに際して，インドの銀行その他の金融機関が保証や信用状を発行することは禁止されています。

　他方で，借入人の親会社が保証を提供したり，借入人が所有する動産，不動産及び預貯金に担保設定したり，借入人のプロモーターが所有する借入人の発行済株式に担保設定することは認められています。もっとも，仮に不動産や借入人の発行済株式に担保設定する場合であっても，外国投資家が子会社等を通さずに直接不動産を保有することは禁止されていますし[20]，借入人の業種によっては株式の取得に外資規制が適用される場合があるため，将来において担保権を実行する際の実効性を考慮した上で選択する必要があります。

(7) ECB のリファイナンス

　既存の ECB による借入れ（自動ルートか承認ルートかを問わない）は，新たな ECB による借入れによってリファイナンスすることが可能です。もっとも，新しい ECB は既存の ECB に比べて低いコスト（金利含む）で調達される必要があり，かつ，既存の ECB の返済期限の短縮は認められません。

20　非居住者が不動産を所有できる場合は，Master Circular on Acquisition and Transfer of Immovable Property in India by NRIs/PIOs/Foreign Nationals of Non-Indian Origin（July 1, 2015）に規定されており，支店等の事業拠点を有する非居住者がインドで事業を行うために所有する場面に限られています。

4 承認ルート

(1) 借入人資格

後述するように,自動ルートで認められる借入金額を超えて借入れを行おうとする借入人や,資本保有者(foreign equity holders)によるECBの場合において自動ルートで課される資本関係にない借入人は承認ルートによる必要がありますが,そもそも自動ルートにおいて借入人そのものの範囲は広く認められているため,通常の案件では,借入人資格そのものが障壁となって承認ルートを選択する場合は必ずしも多くありません。

(2) 貸付人資格

許容される貸付人として,国際銀行(international banks)や資本保有者(foreign equity holders)等が挙げられている点は自動ルートと同様ですが,資本保有者(foreign equity holders)が行おうとするECBの場合においては,貸付人の持株比率や借入人における負債資本倍率(liability-equity ratio)等について,以下のとおり,自動ルートとは異なる要件が設定されています。

◆ **承認ルートの貸付人資格** ◆

- 500万USDまでのECBを承認ルートで行う場合
  - 借入人の払込済資本の25%以上を貸主が<u>直接保有</u>していること
- 500万USD超のECBを承認ルートで行う場合
  - 借入人の払込済資本の25%以上を貸主が直接保有していること かつ
  - 借入人の負債資本倍率(liability-equity ratio)が7:1を超えないこと[21]
- 貸主が借入人の払込済資本の51%以上を<u>間接保有</u>していること 又は
- 貸主と借入人が同じ親会社に属する兄弟会社であること

---

21 自動ルートの場合と同様,ECBを行う貸付人からの借入れに限られず,全ての借入れが算定に含まれます。4:1の比率に収まる場合は,自動ルートによることが可能です。

(3) 借入金額と期間の制限

　ホテル，病院，ソフトウェアなど所定のセクターが自動ルートで認められている2億USDを超えてECBを行おうとする場合やこれら所定のセクター以外の借主が7億5,000万USDを超えてECBを行おうとする場合は，承認ルートによる必要があります。自動ルートにおいて必要とされる平均貸付期間の最低期間（貸付金額に応じて，3年以上又は5年以上が規定されています）を下回る期間の貸付けを行おうとする場合もRBIの承認が必要となりますが，一般的に最低期間の短縮についてRBIの承認を得るのは，困難であるとされています。

(4) 金利を含むコストの上限

　自動ルートと同様の規制が置かれています。

(5) 資金使途

　承認ルートによるべき資金使途のうち，比較的よく検討されるものは，借入人であるインド法人が海外法人である子会社又は合弁会社に出資や貸付けを行う場合です。この場合は，後記ⅥのODI規制を別途遵守する必要がある点に留意が必要です。

(6) 保証提供の制限

　自動ルートと同様の規制が置かれています。

5　ECBの報告義務

　ECBによる借入れを実行するためには，借入人はまず貸付登録番号（Loan Registration Number：LRN）を取得する必要があります。借入人は，貸付登録番号を付した所定のフォームにより，毎月RBIに対して，ECBによる借入れの残高や実際に使用された使途を記入し会社秘書役又は会計士が証明を付した書面を提出する必要があります。

よって、一旦 ECB により借り入れた資金を、ECB 規制上認められていない資金使途に事後的に用いることは、実務上も不可能です。

6 貿易信用取引 (trade credit)

2015年7月1日付 Master Circular on External Commercial Borrowings and Trade Credits は、貿易信用取引（trade credit）についても規定しています。貿易信用取引は、サプライヤーズクレジット（suppliers' credit）[22]とバイヤーズクレジット（buyers' credit）[23]に分類されます。

2,000万 USD を上限とするインドへの輸入取引については、1年を上限とする貸付期間の貿易信用取引が許容されます。その中でも資本財（capital goods）の輸入取引については、1年を超えて5年を上限とする貸付期間の貿易信用取引が許容されます。

貿易信用取引における、金利を含むコストは、貸付期間に関係なく、6か月 LIBOR ＋350 bp が上限とされています。

VI インド居住者による対外直接投融資に関する規制(ODI 規制)

1 概 要

外国人投資家がインド国内の企業に対して出資や融資などの投資を行う場合、前記の FDI ポリシーや ECB 規制が適用されますが、逆にインドの内国法人が外国の会社に対して出資や融資などを行う場合も、規制が設けられています。

---

[22] 輸出者が輸入者に対して輸出代金支払いの繰延べを許容する場合で、輸出者から輸入者への貸付けが生じます。例えば、日本の輸出者が JBIC と市中銀行から協調融資を受け、輸出用機器を調達し、インドの輸入者から輸出代金を延払いで受ける取引などです。
[23] 輸入者が輸入品の決済資金を海外の銀行等から借り入れ、その銀行等が輸出者に直接代金を支払う場合で、銀行等から輸入者への貸付けが生じます。例えば、JBIC と市中銀行がインドの輸入者に協調融資を行った上で、インドの輸入者に代わって日本の輸出者に輸出代金を支払う取引などです。

これらは、主に対外直接投資（Overseas Direct Investment）に関する規制であるため、ODI規制と呼ばれます。ODI規制の中心となる規則はForeign Exchange Management（Transfer or Issue of Any Foreign Security）Regulations, 2004です[24]。

2 海外投融資の上限額

インドの内国法人が外国の会社に対して行う出資や融資については、「財務的コミットメント額（financial commitment）」という定義に含まれる投融資額が一定の範囲に収まっていることその他の所定の要件を満たす場合は、RBIの承認を要しない自動ルートにより投資を行うことができます。ここで、「財務的コミットメント額（financial commitment）」には、外国の資本性証券（普通株式や優先株式など）への出資額、外国の会社に対する貸付金額、外国の会社の借入れについての保証提供額等が含まれます。

インドの内国法人が自動ルートによる投資を行うためには、財務的コミットメント額の総額がそのインド法人の純資産（net worth）[25]の400％を超過しないこと、及び、10億USDを超えないことを含む所定の要件を満たす必要があります。財務的コミットメント額の総額は、外国の会社に対する投資の金額の合計を指すため、例えば、インドの内国法人が既に海外の子会社が行う借入れのために保証を提供している場合、その金額も含めた金額が前記制限を超えないようにする必要があります。かかる制限を超える投資を行おうとする場合は、RBIの承認が必要になります。

海外投資の上限額の規制は、日本企業がインド法人に出資した資金をインド法人の海外子会社（日本企業から見た孫会社）にさらに出資する場合や、インド法人との間で日本に合弁会社を作る場合によく問題となります。

---

24 関連する通達として、海外への投融資に関する規則を統一的にまとめたMaster Circular on Direct Investment by Residents in Joint Venture (JV) / Wholly Owned Subsidiary (WOS) Abroad (July 1, 2015) も挙げられます。

25 直近の監査済の貸借対照表上の純資産をもとに算定します。

3 継続的報告義務

インド法人が海外投資を行う場合，Form ODI の Part III という所定のフォームにより Annual Performance Report（APR）を RBI に提出する必要があります。これにより，直近の外国法人の収益状況や資本構成等を RBI に提出することが求められます[26]。

4 証券譲渡時に適用される価格規制

インドの内国法人が出資する外国会社の株式を譲渡する場合，当該株式の価格を算定した上で，ODI 規制が定める価格規制を遵守して行う必要があります。

Ⅶ 合併等の組織再編を伴う取引

1 インドにおける組織再編

インド企業が合併や会社分割等の組織再編を行おうとする場合，合併当事者である会社間の合意や株主総会のみにより実現することはできません。これらの組織再編は，会社法第230条における "arrangement" という概念として規定され[27]，高等裁判所に対して "Scheme of Arrangement" と呼ばれる計画書を提出し，その承認を受ける必要があります。インド会社法上は，第408条に定める National Company Law Tribunal（NCLT）という機関の承認を受けることが予定されていますが，2015年9月現在，同機関に関する規定は未だ施行されておらず，National Company Law Tribunal という機関も発足していないため，旧会社法と同様に高等裁判所の承認を受けることとされています。

---

26 かかる報告は，RBI から付与される Unique Identification Number（UIN）を用いて行われます。
27 会社法に合併や会社分割の定義は置かれておらず，これらの組織再編は会社法第230条における "arrangement" という概念に含まれます。

このようにインド会社法上，合併や会社分割を行うことが可能ですが，会社法に合併や会社分割の定義は置かれておらず，この"arrangement"という概念に包括されています。他方で，所得税法（Income Tax Act, 1961）は，所定の資産，負債及び株主の承継要件等[28]を満たす吸収合併及び新設合併を"amalgamation"（合併）として定義し（所得税法第2条（1B）項），所定の資産，負債及び株主の承継要件等[29]を満たす会社分割を"demerger"（会社分割）として定義しています（所得税法第2条（19AA）項）。所得税法上の"amalgamation"（合併）や"demerger"（会社分割）の要件を満たす組織再編による資産の承継については，キャピタルゲイン課税（所得税法第45条）の対象外とされています（所得税法第47条）。法律上の概念としては，amalgamationは，所得税法上の優遇を受けられる要件を満たす合併を指し，demergerは，所得税法上の優遇を受けられる要件を満たす会社分割を指すことに注意が必要です。

2　組織再編の手続き

インドにおける合併や会社分割の大まかな手続きは，次頁の図のとおりです。

次図のうち，株主総会及び債権者集会は，組織再編の当事者の申請に基づき，高等裁判所が主導して行います。債権者集会については，個別の債権者から同意を得ている場合，高等裁判所の裁量によって省略されることもありますが，省略されるか否かは，その裁量によります。また，高等裁判所による Scheme of Arangement の承認の過程で，組織再編の当事者に対して質問等がなされたり，案件によっては，裁判所が相当と考える条件を満たすことを前提に合併

---

[28] 具体的には，消滅会社の全ての資産及び負債を存続会社に承継し，消滅会社の株主の4分の3以上が存続会社の株主となること等が要件として定められています（所得税法第2条（1B）項）。

[29] 具体的には，承継対象となる分割会社の全て資産及び負債を承継会社に承継し，承継会社が対価となる株式を分割会社の株主に対して発行し，分割会社の株主の4分の3以上が承継会社の株主となること等が要件として定められています（所得税法第2条（19AA）項）。

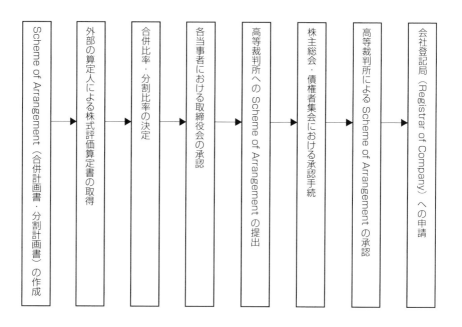

が承認されることもあります。一般的に，非上場会社同士の組織再編の場合，裁判所の休廷期間を除いて，Scheme of Arangement が作成されてから高等裁判所の承認が得られるのに要する期間は6か月〜8か月程度とされています。

組織再編に関連して競争法上のファイリング（後記IX参照）が必要となる場合，裁判所による Scheme of Arangement の検討と並行して競争当局の審査が行われることになります。

3　組織再編を伴う取引の注意点

(1)　上場会社を当事者とする場合

当事者の少なくとも一方が上場会社の場合，Scheme of Arangement のドラフト（草稿）を会社が上場する証券取引所に提出する必要があります。そのドラフトは証券取引所からインド証券取引委員会（Securities and Exchange Board of India）（以下「SEBI」といいます）に回付され，Scheme of Arangement に対して証券取引所及び SEBI がコメントしたり，その過程で当事者に

対して質問等がなされる場合があります。これらのやり取りが終わってから高等裁判所への提出がなされるため，非上場会社の場合と比べて3か月程度多くの時間を要することが見込まれます。

(2) 各当事者が異なる州に存する場合

当事者の本店所在地が異なる州に存する場合，各当事者の本店所在地を管轄する高等裁判所において並行してScheme of Arangementの承認手続きが行われます。前記のとおり，インドにおける組織再編は，高等裁判所がその裁量に基づいて手続きを進めることが想定されているため，複数の高等裁判所に管轄が生じる組織再編については，高等裁判所によってスケジュールが異なる場合があり，また，両裁判所間の連携が必ずしも十分ではないため，手続きが複雑化することが懸念されます。

よって，そのような場合は，組織再編に先立ち，消滅会社（合併の場合）や分割会社（会社分割の場合）の本店所在地を存続会社（合併の場合）や承継会社（会社分割の場合）の本店所在地に移転しておいてから，組織再編手続きを行うことによって，一つの高等裁判所においてのみ手続きを行う工夫が考えられます。

Ⅷ 上場会社特有の法規制

1 上場会社に適用される規制

インドの上場会社は，公開会社として会社法の規定に服するほか，他の会社と同様に外資規制にも服します。加えて，上場会社であることに基づき，以下の規制を含む様々な規制に服します。

- Securities Contracts (Regulation) Act, 1956 /Securities Contracts (Regulation) Rules, 1957

  株式等の証券の上場に関する条件及び手続きを定めています。また，全て

の上場会社が一般株主（public shareholding）の割合を25％以上に維持すべき義務があり，同割合を下回った場合には12か月以内に一般株主（public shareholding）の割合を25％以上に回復させるべき義務を規定しています。Securities Contracts（Regulation）Rules, 1957において，この「一般株主（Public Shareholding）」の中にプロモーターやそのグループ，会社の子会社等は含まれないものとされています。なお，プロモーターの概念は，上場会社が第三者割当増資を行う際の要件や手続を定めた株式発行規則（SEBI（Issue of Capital and Disclosure Requirements）Guidelines, 2000）に規定されており，①発行会社を支配している者，②株式又は転換証券の公募計画などの策定に関与した者，及び発行届出書類（offer document）にプロモーターとして記載された者を含むとされています（同規則第2条1項（za））。新会社法上のプロモーターの定義の中にも同様の概念が定められています（同法第2条69号）。なお，上場会社のプロモーターに該当する株主の名称は，証券取引所のウェブサイトで確認することができます。

- Securities and Exchange Board of India Act, 1992

  インド証券取引委員会（SEBI）は，インドの証券市場を監視・監督することを通じて投資家の保護を図ることを目的としており，上場株式を含む証券等及び上場会社に関して幅広い規則を制定し，調査権限を有する機関です。Securities and Exchange Board of India Act, 1992（以下「SEBI法」といいます）は，SEBIの広範な権限の他，投資家による証券等の不正取引の禁止，インサイダー取引の禁止，公開買付規制に反する支配権の取得の禁止等も定めています。

- Listing Agreement（証券取引所と締結する契約書）

  インドの証券市場に証券を上場させている会社は，各証券取引所が定める所定のフォームにより，証券取引所との間でListing Agreement（上場契約）を締結する必要があります。Listing Agreementは，各証券取引所が公表している所定のフォームであり，同じ証券取引所に上場する会社は同じ内容の契約を締結しています。

- **SEBIが定める諸規則**

 SEBIは、上場会社及びその証券について規則を制定する権限を有しており、様々な規則がSEBIのウェブサイト（http://www.sebi.gov.in/sebiweb/）において公表されています。例えば、上記の株式発行規則のほか、公開買付規制（後記3参照）について定めたSEBI（Substantial Acquisition of Shares and Takeovers)Regulations, 2011やインサイダー取引規制（後記4参照）について定めたSEBI（Prohibition of Insider Trading）Regulations, 2015などです。

2　Listing Agreement

 全ての上場会社は、上場する取引所との間で、その取引所が定めるListing Agreementを締結することが必要となります。Listing Agreementにおいては、上場会社が取引所に対して財務諸表や株主情報を提出する義務、上場証券の償還、取締役やマネジング・ディレクター（MD）等の交代、及び一般的な事業内容の変更等についての取引所への通知義務、並びに裁判所の承認を要する組織再編行為を行う場合の取引所からの承認取得義務等が規定されています。さらに、上場会社の内部機関である取締役会[30]及び監査委員会に関する規定や上場会社の主要子会社の内部機関に関する規定等が置かれています。

 上場会社が一定の重要な行為を行う場合や上場会社の内部機関の構成を検討する場合には、Listing Agreementにおいて遵守が求められている内容に十分注意する必要があります。

---

[30]　例えば、上場会社の取締役会の過半数の取締役がnon-executive director（非業務執行取締役）である必要があるとされ、取締役会の議長がnon-executive director（非業務執行取締役）の場合は3分の1以上が、取締役会の議長がexecutive director（業務執行取締役）の場合は2分の1以上が独立取締役（independent director）である必要があるとされます。

3　公開買付規制

(1)　概　要

インドにおいて公開買付けは，TOB ではなく，Open Offer と呼ばれます。そのルールは，SEBI が定める Securities Exchange Board of India（Sebstantial Acquisition of Shares and Takeovers）Regulations, 2011（以下「公開買付規則」といいます）に規定されています[31]。公開買付規則に基づいて公開買付けが必要となる場合は，以下のとおり，①25％以上の株式の取得，②一会計年度に５％を超える株式の取得，③支配権の取得の３類型に分類されます。

◆　公開買付けが必要となる場合　◆

①　単独又は共同保有者と併せて，取得後の議決権保有割合が25％以上となる対象会社株式又は議決権の取得（公開買付規則第３条１項）
②　単独又は共同保有者と併せて25％以上75％未満の議決権を保有している者による，一会計年度内に５％を超える対象会社株式又は議決権の取得（ただし，75％超の株式又は議決権を取得する旨の合意を行うことはできない）（公開買付規則第３条２項）　又は
③　対象会社の支配権の取得（公開買付規則第４条）

このうち，①と②は比較的基準が明確ですが，③について，「支配権」とは，株式保有，経営権，合弁契約又は議決権拘束契約その他の方法により，取締役の過半数を選任する権利又は経営もしくは方針決定を支配する権利をいうと定められています（公開買付規則第２条１項(e)）。

(2)　共同保有者（PAC）

共同保有者は，公開買付規則において persons acting in concert として定義される概念で，頭文字をとって PAC と呼ばれます。公開買付けが必要となる３類型の規定内容からも分かるとおり，公開買付けが必要か否かの判断におい

---

[31] 公開買付規則に関する内容については，小山洋平・関口健一「2011年インド公開買付規則（上）（下）」（国際商事法務2012年１月号）に詳述しています。

ては，しばしば，共同保有者の概念が重要になります。公開買付規則において，共同保有者（PAC）とは，対象会社の株式や議決権を取得するか支配権を行使する共通の目的の下，契約又は約束（非公式なものを含みます）に従い，その目的のために直接又は間接に協働する者をいいます（公開買付規則第2条1項(q)(1)）。親会社及び子会社並びに同一の支配下にある会社や，プロモーター及びプロモーターグループに属する者など，一定の類型の者は共同保有者とみなされます。

このように，共同保有者の概念は曖昧なため，公開買付けを行うに際して，共同保有者として整理した者以外の者と対象会社の株式取得に関連した約束をしないように注意する必要があります。買付者と共同保有者の範囲は，公開買付公告（public announcement）にも明記が必要となる事項であるため，慎重な検討が必要になります。また，買付者が共同保有者と併せて既に25％の議決権を保有している場合，保有割合が75％を超えることとなるような株式又は議決権を取得する合意自体を行うことができないため（公開買付規則第3条2項），その観点からもどの主体を共同保有者として扱うべきかの検討が必要になります。

(3) 公開買付けの流れ

公開買付けは，公開買付規則に定める手続きによって行われます。上場会社の株式や支配権を間接的に取得する場合（後記(4)参照）を除き，一般的な公開買付けの手続きは，以下のとおりです（次頁の図表参照）。

① 公開買付公告

公開買付公告は，原則として，公開買付けが強制される原因となる株式や支配権の取得を合意した日に行います。公開買付公告においては，買付者及び共同保有者の名称，買付価格，買付予定数，最低応募数条件などの公開買付けの基本的な情報が記載されます。公開買付規則において公開買付公告はpublic annoucementといい，省略してPAと呼ぶこともあります。買付価格は，公開買付公告に先立つ一定期間の平均株価や公開買付義

	手続き	スケジュール
①	公開買付公告（Public Announcement：PA）	契約書締結日
②	エスクロー口座への入金	DPS（③）の2営業日前まで
③	詳細買付公告（Detailed Public Statement：DPS）	PA（①）から5営業日以内。ただし，純粋間接取得の場合は，主要取引完了から5営業日以内
④	証券取引委員会（SEBI）に対する買付申出書のドラフト提出	DPS（③）から5営業日以内
⑤	証券取引委員会（SEBI）からのコメント受領	SEBIへの提出（④）から15営業日以内
⑥	買付申出書の株主に対する送付	SEBIのコメント受領（⑤）から7営業日以内
⑦	広告掲載	応募期間開始（⑧）の1営業日前
⑧	応募期間の開始	SEBIのコメント受領（⑤）から12営業日以内で買付申出書に記載された日
⑨	応募期間の終了	応募期間開始（⑧）から10営業日間
⑩	買付対価の支払い	応募期間終了日から10営業日以内
⑪	公開買付けの結果公表	買付対価の支払い（⑩）完了から5営業日以内

務の根拠となる上場株式取得にかかる契約上の合意価格など，公開買付規制が定める最低価格以上である必要があります。

② エスクロー口座への入金

買付者は，詳細買付公告の2営業日前までに，エスクロー口座を開設して所定の金額[32]を預け入れる必要があります。

---

[32] 買付金額50億ルピーまでの部分につき買付金額の25％相当額，50億ルピーを超える部分につき超過部分の10％相当額を預け入れる必要があります（公開買付規則第17条1項）。

③　詳細買付公告

　　買付者は，公開買付公告の日から5営業日以内に詳細買付公告を行う必要があります。詳細買付公告には，株主が十分な情報に基づいた判断を行うことができるように，公開買付公告より詳細な情報が記載されます。公開買付規則において詳細買付公告は detailed public statement といい，省略して DPS と呼ぶこともあります。

④・⑤　証券取引委員会による買付申出書の検討及びコメント受領

　　買付者は，詳細買付公告の日から5営業日以内に買付申出書のドラフトを証券取引委員会に提出するものとされ，証券取引委員会は，原則として15営業日以内にコメントを付すこととされています。もっとも，証券取引委員会が追加情報が必要と考える場合には，期限が延長されます。買付者は，証券取引委員会に提出したドラフトを対象会社及びその株式が上場する証券取引所に送付するものとされています（公開買付規則第18条1項）。

⑥　買付申出書の株主への送付

　　買付者は，証券取引委員会からのコメント受領から7営業日以内に，株主に対して買付申出書を送付するものとされています（公開買付規則第18条2項）。

⑦　広告掲載

　　買付者は，応募期間開始の1営業日前に，詳細買付公告を掲載した新聞に，公開買付けに関する重要事項を広告し，その広告を証券取引委員会（SEBI），対象会社，及びその株式が上場している証券取引所に送付しなければなりません。

⑧・⑨　応募期間

　　応募期間は10営業日とされています。買付者は，SEBI のコメント受領から12営業日以内に応募期間が開始されるように期間を設定する必要があります。

⑩　買付対価の支払い

　　買付者は，応募期間の最終日から10営業日以内に応募株主に対する買付

対価の支払いを行う必要があります。強制公開買付けの場合，強制公開買付けの根拠となる契約等に基づき取得される株式と公開買付けに応募される株式は別に決済されます。前者は，純粋間接取引の場合を除き，公開買付けに応募された株式についての決済が完了した後に決済されるのが原則です（買付対価全額をエスクロー口座に入金した場合には，一定の条件の下，例外が認められています）。

⑪　公開買付けの結果公表

買付者は，応募株主に対する買付対価の支払完了から5営業日以内に公開買付けの結果を公表しなければなりません。具体的には，詳細買付公告を掲載した新聞に掲載すると共に，その内容をSEBI，証券取引所及び対象会社に送付する必要があります。

(4) **みなし直接取得と純粋間接取得**

公開買付規則上，対象会社である上場会社の株式や議決権や支配権を間接的に取得する場合も，所定の基準を満たせば，公開買付けが強制されることになります。例えば，日本の会社（J社）が世界に拠点を有する米国の会社（U社）を買収する際に，U社がインド上場会社（I社）株式の25％を保有してい

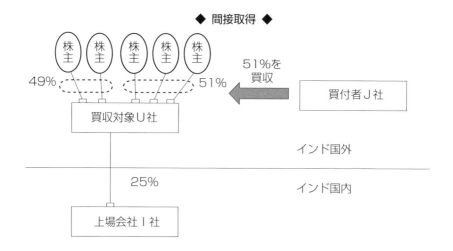

た場合，J社はU社を通じてI社の25％以上の議決権を行使できるようになることから，I社について公開買付けが必要になります。

　公開買付規則は，間接取得の類型を2つに分類しており，対象会社である上場会社（前記図表「間接取得」のI社）の規模が直接の買収対象である持株会社（同図表のU社）に比べて小さい場合には，直接取得の場合とは異なる公開買付けのスケジュールを定めています。すなわち，直近の監査済財務諸表に基づく対象会社である上場会社の総資産，売上高又は時価総額のいずれかが，直接の買収対象である持株会社の連結総資産，総売上高又は時価総額の80％超である場合（以下「みなし直接取得」といいます）には，直接取得と同じ扱いになりますが，この基準を満たさない間接取得（以下「純粋間接取得」といいます）については，主要取引（持株会社を買収する取引）が実行されてから5営業日以内に詳細買付公告を開始すればよいものとされています。

　間接取得のうち純粋間接取得の場合，主要取引の実行に時間を要することもあることから，契約書の締結日から自動的に詳細買付公告以降の手続きを義務付けるのではなく，公開買付公告を行った後，主要取引が実行されてから5営業日以内に詳細買付公告以降の手続きを行えば足り，仮に主要取引が実行され

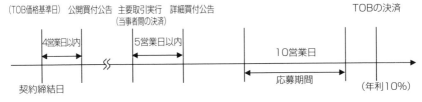

ない場合には，詳細買付公告以降の手続きを行う必要がないものとして整理しています。

　純粋間接取得の場合，公開買付公告から実際に応募期間が開始するまでに時間が空くことから，買付価格次第では，その間に市場株価が上昇することが予想されます。そこで，純粋間接取得の場合の公開買付価格の最低価格（前記(3)①参照）を算定する基準日は，公開買付公告の日ではなく主要取引の契約締結日とされています。その上で，かかる基準日から決済日までに期間が空くことに配慮して，応募株主が受け取る買付対価には，詳細買付公告日までの期間について，年利10％の利息を付すものとされています。

4　インサイダー取引規制

　従来，インドにおけるインサイダー取引は，1992年インサイダー取引禁止規則（Securities and Exchange Board of India（Prohibition of Insider Trading）Regulations, 1992）によって規制されていましたが，2015年5月15日から新しい2015年インサイダー取引禁止規則（Securities and Exchange Board of India（Prohibition of Insider Trading）Regulations, 2015）が施行されています。インドにおけるインサイダー取引規制は，インサイダー情報を用いた取引に加えて，取引が伴わないインサイダー情報の伝達行為そのものが禁止される点が特徴的です。2015年インサイダー取引禁止規則の主な内容は，以下のとおりです。

(1)　取引及び情報伝達の禁止

　内部者（後記(2)参照）は，未公表の価格感応情報（後記(3)参照）を保持している場合，一定の場合（後記(4)参照）を除き，証券取引所に上場している会社及び上場しようとしている会社の有価証券を取引することが禁止されています（取引禁止規定。2015年インサイダー取引禁止規則第4条）。

　加えて，内部者は，一定の場合（後記(4)参照）を除き，証券取引所に上場している会社及び上場しようとしている会社又はその有価証券に関する未公表の

価格感応情報を伝達すること等が禁止されています（情報伝達禁止規定。2015年インサイダー取引禁止規則第3条）。

(2) 内部者の定義

「内部者（insider）」は、①会社関係者（connected person）及び②未公表の価格感応情報を保持する者又はこれにアクセスを有する者とされています。①の会社関係者については、詳細な定義が置かれており、現在及び過去6か月以内に役員や従業員等であった者に加えて、会社関係者の直近の親族を含む10の類型の者について、反証がなされない限り会社関係者とみなす旨が規定されています。②の類型の者については、インドのインサイダー取引規制においては、いかにして情報を保持し情報へのアクセスを有するに至ったかにかかわらず、内部者の定義に該当することとされている点に注意が必要です。

(3) 未公表の価格感応情報の定義

「未公表の価格感応情報（Unpublished Price Sensitive Information：UPSI）」は、会社又はその有価証券に直接又は間接に関連する情報であって、公表された場合に有価証券の価格に重大な影響を与えるもので、一般的に入手可能な情報[33]ではないものとされています。頭文字を取ってUPSIと称される場合もあります。

(4) 取引及び情報伝達の禁止の例外

2015年インサイダー取引禁止規則においては、以下のとおり、1992年インサイダー取引禁止規則に比べて、例外的に許容される行為の要件の明確化が図られました。

まず、取引禁止規定の例外として、以下の類型を含む取引が例外として規定されています。このうち、②の類型に該当するためには、未公表の価格感応情

---

[33]「一般的に入手可能な情報（generally available information）」とは、一般人が平等にアクセス可能な情報と定義されています。

報を持っている者とは別の者が，同情報から独立して取引を行う旨を決定する必要があり，両者間の情報隔離がなされている必要があります。

> ① 同一の未公表の価格感応情報を保持しているプロモーター間の市場外取引であって，未公表の価格感応情報の伝達等に関する違反がなく，両者が意識的にかつ十分な情報を与えられた上で取引を行う場合（いわゆるクロクロ取引の場合）
> ② 内部者が非個人である場合において，未公表の価格感応情報を有している主体と取引決定を行っている主体とが異なり，規則の違反がないよう，そして両主体間で未公表の価格感応情報のやり取りがないように適切かつ妥当なアレンジがされている場合（法人内部で適切な情報隔離措置が講じられている場合）

また，情報伝達禁止規定の例外として，以下の2類型が規定されています。このうち，②の類型に該当するためには，まず，対象会社の取締役会において，当該取引が対象会社にとって最善の利益であると判断した上で，当該取引に関連して未公表の価格感応情報が伝達されることが必要です（当該取引に関連せずに情報を伝達することは許されません）。

> ① 未公表の価格感応情報が強制的公開買付けを伴う取引に関連して開示される場合で，当該取引が会社にとって最善の利益であると取締役会が判断する場合
> ② ①以外の取引に関連して開示される場合で，当該取引が会社にとって最善の利益であると取締役会が判断し，かつ未公表の価格感応情報が当該取引が実行される少なくとも2取引日前までに一般に周知される場合

1992年インサイダー取引禁止規則の下では，前記のような明確な情報伝達禁止規定の例外が規定されていなかったため，上場会社の株式取得に先立って取得者側がデューディリジェンスを行おうとしても，インサイダー取引規制の情報伝達禁止規定を理由に拒否されるのが一般的でした。2015年インサイダー取引禁止規則の下では，前記のような例外が設けられたことにより，上場会社を対象とするデューディリジェンスが行いやすくなったものと評価できます。もっとも，取引が実行される2取引日前までの周知をどの範囲の情報について

行うべきかなど，検討すべき課題は残っています。

(5) 違反の効果

2015年インサイダー取引禁止規則第10条は，同規則違反の効果はSEBI法に規定されるとしています。SEBI法第24条は，同法その他の規則の違反者について，10年以下の懲役又は2億5,000万ルピー以下の罰金を科すものとしています。

(6) 会社法上のインサイダー取引規制

インサイダー取引規制は，会社法にも規定されています。具体的には，会社法第195条において，会社の取締役，主要役職員（key managerial personnel）その他の役職員が非公表の価格感応情報[34]へのアクセスを有すると合理的に考えられる場合，有価証券を取引することが禁止されます（取引禁止規定）。また，未公表の価格感応情報を直接又は間接に第三者に伝達することが禁止されます（情報伝達禁止規定）。会社法上は，取引禁止規定及び情報伝達禁止規定の例外を設けていません。

違反した場合，5年以下の懲役又は50万ルピー以上2億5,000万ルピー以下の罰金が科される旨が規定されています。

会社法に定めるインサイダー取引規制は，会社が上場会社か否か，また，公開会社か否かを問わず課される旨の規定となっています。よって，理屈上は，非公開会社のデューディリジェンスを行う際，会社法上の情報伝達禁止規定が適用されるか否かが問題になります。もっとも，実務上は，市場株価が存在しない非上場会社の有価証券について価格感応情報を観念し難いことから，会社法上のインサイダー取引規制の遵守についてはそれほど意識されていないことが多いです。

---

[34] 価格感応情報については，2015年インサイダー取引禁止規則と同様の定義が置かれています。

IX 競争法上のファイリング

1 企業結合の類型

インドにおいて，市場における健全で公正な競争状態を維持するための法律としてCompetition Act, 2002（以下「競争法」といいます）が制定されています。インド競争法は，①反競争的協定の禁止（第3条），②支配的地位の濫用の禁止（第4条），③企業結合の事前届出義務及び反競争的な企業結合の禁止（第5条及び第6条），④競争委員会（Competition Commission of India：CCI）の役割（第3章及び第4章），⑤罰則（第6章），⑥競争審判所の設置及び不服申立手続き（第8A章）等を定めています。これらの規定は，2003年3月31日以降，段階的に施行されてきており，企業結合規制は2011年6月1日から効力が生じました。

◆ 企業結合の類型 ◆

類型	内容
第一類型	ある企業体（被取得企業）の支配権[35]，株式，議決権又は資産を取得する取引
第二類型	ある企業体（被取得企業）の支配権を取得する取引で，当該取得者が既に，類似，同一もしくは代替する製品の生産，流通もしくは取引に従事しているか，又は，類似，同一もしくは代替するサービスの提供に従事する他の企業体（既取得企業）を直接又は間接に支配している場合
第三類型	企業体の吸収合併又は新設合併

---

35 支配権（control）とは，(i) 一つもしくは複数の企業体が，共同もしくは単独で他の企業体もしくはグループの業務内容もしくは経営を支配すること，又は (ii) 一つもしくは複数のグループが，共同もしくは単独で他のグループもしくは企業体の業務内容もしくは経営を支配すること，と定義されています。なお，グループの定義については，後記2の図表「事前届出の要否の基準」の注＊＊参照。

インドの企業結合規制は，競争法の規定及び企業結合規則（Competition Commission of India（Procedure in regard to the transaction of business relating to combinations）Regulations, 2011）によって規制されています。

競争法上，ある取引が同法上の「企業結合（combination）」の定義に該当すれば，事前届出の提出義務が課されます。企業結合の類型は以下の3つに分類されており，いずれかに該当し，かつ，後記の数値基準を満たす取引のみが「企業結合」の定義に該当し，事前届出義務が課されます。

届出義務があるにもかかわらず届出を行わない場合，競争委員会は，当該企業結合の合計の資産又は売上高のいずれか高い方の1％を上限とした罰金を当事者に科すことができます（競争法第43A条）。

このうち，第一類型及び第二類型の取引については，当該取得のための契約書その他の文書の締結から30日以内に，第三類型の取引については，合併当事者の取締役会における当該合併の承認から30日以内に事前届出を行うことが必要とされています（競争法第6条2項）。

2　事前届出を要する企業結合の数値基準

競争法上，企業結合に該当するための数値基準は各取引類型ごとに規定されますが，基準となる数値は以下のとおり共通しています。

◆　事前届出の要否の基準　◆

インド国内基準

	資産（インド国内）		売上高（インド国内）
当事者*が合計で右記の規模を有する場合	150億ルピー超	又は	450億ルピー超
又は			
グループ**が合計で右記の規模を有する場合	600億ルピー超	又は	1,800億ルピー超

又は

全世界基準

	資産（全世界）		売上高（全世界）
当事者*が合計で右記の規模を有する場合	7.5億USD超（うちインド国内において75億ルピー以上）	又は	22.5億USD超（うちインド国内において225億ルピー以上）
又は			
グループ**が合計で右記の規模を有する場合	30億USD超（うちインド国内において75億ルピー以上）	又は	90億USD超（うちインド国内において225億ルピー以上）

* 当事者とは，前記1記載の各企業結合類型ごとに以下の意味を有します。
  第一類型：当該取引の両当事者
  第二類型：被取得企業及び既取得企業
  第三類型：合併後の会社
** グループとは，2つ以上の企業体が，直接又は間接に，①一方が他方の50%[36]以上の議決権を行使する関係，②一方が他方の取締役会のメンバーの過半数を指名する関係，又は③一方が他方の経営又は業務内容を支配する関係のいずれかを有する場合をいい（競争法第5条），各企業結合類型ごとに以下の意味を有します。
  第一類型：当該取引後に被取得企業が属するグループ
  第二類型：当該取引後に被取得企業が属するグループ
  第三類型：当該合併後の会社が属するグループ

前記図表中「又は」で表示されているとおり，図表中の各数値基準のいずれかを満たせば（かつ当初5年間は下記3の基準を満たせば），事前届出義務が生じます。

3 取得対象会社の規模による免除

インド政府が2011年5月27日付で公表した告示において，2011年6月1日から5年間，前記2の基準によれば事前届出が必要となる企業結合のうち一部について，届出義務を免除しています。すなわち，取得型の企業結合（前記1の第一類型及び第二類型）において，支配権，株式，議決権又は資産を取得され

---

36 競争法上は26%と規定されていますが，2011年3月4日にインド政府が公表した通達により，当初5年間は50%に引き上げるものとされているため，2015年9月現在は50%が適用されています。

る企業が，インド国内で25億ルピー以下の資産を有するか又はインド国内で75億ルピー以下の売上高を有する場合は，事前届出を不要としています。

◆ 事前届出が不要となる対象会社の基準 ◆

	資産（国内）		売上高（国内）	ファイリング
取得される企業のインド国内における資産又は売上高	25億ルピー以下	又は	75億ルピー以下	不要

4　ファイリング書類の作成上の留意点

　前記2及び3の数値基準は，当事者の直近の監査済計算書類を基に判断する必要があるため，クロージング日の直前において，いずれかの当事者の計算書類について監査が終了するようなタイミングの場合は，予め計算書類を取得して事前届出が必要な基準に抵触しないかどうかの確認が必要となります。

　競争法上，企業結合の事前届出に用いられるフォームは，フォームⅠ（簡易版）とフォームⅡ（詳細版）が用意されています。2015年9月現在，フォームⅠ（簡易版）の届出に要する手数料は150万ルピー，フォームⅡ（詳細版）の届出に要する手数料は500万ルピーとされています。予め詳細な審査に移行することが確実である場合を除き，通常はフォームⅠを用いてファイリングを行います。もっとも，フォームⅠであっても，①同一市場において代替性のある商品やサービスの内容や②競合他社上位の情報や市場シェア等，競争委員会が判断できるために必要な情報の提供は求められるため，その準備は決して容易ではありません[37]。また，フォームの署名者が授権されている旨を示す取締役会議事録の提出を要求されたり，日本語である添付書類について，英訳，翻訳が正確であることの翻訳証明，それらについての公証及び認証（前記第3章Ⅰ6(1)参照）が要求されたりするため，スケジュールに余裕を持って対応する必

---

[37] フォームⅠ及びフォームⅡについて要求される情報については，小山洋平「インド企業結合規制の解説～最新の官報告示を踏まえて～（上）（下）」（国際商事法務2011年7月号・8月号）に詳述しています。

要があります。

　競争委員会は，不備のないフォームが提出されてから30営業日以内に当該案件を承認するか詳細審査に移行するかについての判断を下します。もっとも，競争委員会からなされる質問事項や追加提出書類について，回答を準備したり関連書類を準備したりするのに要する時間は「30営業日以内」の算定から除外されるため，30営業日以内に承認がなされることは稀であり，案件の規模や複雑さによってはフォームが提出されてから最終的な判断までに3か月程度を要することも珍しくありません。

　以前はこの判断期間は30日以内とされていましたが，2015年7月に企業結合規則が改正されたことにより，30営業日に延長されました。競争委員会が判断を下すために必要な場合は第三者の意見を参考にすることが可能とされていますが，同改正により，この情報収集に要した期間も，15営業日を上限として上記判断期間の算定から除外される旨が規定されました。

第6章 デューディリジェンスを行う際の留意点

I DDの進め方

　インド案件におけるデューディリジェンス（Due Diligence：DD）は、基本的に日本の案件と大きく異なることはありませんが、以下のいくつか特徴的な点を念頭に進める必要があります。現地の法律事務所や会計事務所を用いて調査した結果は英語で報告書が作成されますので、報告書に基づいて社内での説明資料を作成するために、報告書の日本語訳や日本語要約を準備する必要がある場合は、その手配も必要になります。

1 DDのスコープ

　DDに費やすことのできる時間との関係で、DDの対象とする書類を過去3年間の財務諸表、株主総会議事録、取締役会議事録、訴訟記録等に限定したり、調査するグループ会社の範囲を限定したりすることは、日本の案件と同じですが、特に調査の対象とすべきかについて検討を要する事項として、不動産の権利関係の調査と贈賄行為の有無についての調査が挙げられます。

(1) 不動産の調査

　インドの不動産の調査（インドでは、"title search"と呼びます）には、特別の時間と費用を要する場合があります。インドにも不動産の登記制度は存在し、土地や建物の売買契約、担保権設定契約、12か月以上の賃貸借契約については

登記義務があります。しかし，日本の不動産登記簿のような，土地・建物の区画ごとに「所有権に関する事項」と「所有権以外の権利に関する事項」に分けて見やすく表示した登記簿は作成されておらず，登記所に提出された各契約書類が区画ごとに事実上保管されているに過ぎません[1]。よって，多くの区画に分かれている不動産や過去に譲渡等が繰り返されている不動産については，現在の権利関係を検討する際に確認すべき書類が膨大な数にのぼることがあります。

また，全ての書類がきちんと登記所に提出されていないことも珍しくないため，調査をしても完全な権利の存在を確認できないことも多くあります。加えて，不動産の調査に際しては，調査を補完するために，不動産に関して過去に支払われた税金に関する書類等を調査することも行われますが，当局が発行する書類は，原則として現地語で記載されています。インドには，指定言語だけでも22の言語が存するため，不動産が存在する州によっては，異なる州の弁護士が読めない場合もあります。加えて，不動産については，州独自の規制が置かれていることもあります。

よって，不動産が存在する場所によっては，別途，現地の専門家を雇うべき場合があります。不動産を調査する際には，対象会社にとっての重要性を踏まえた上で，場合によっては，直近の売主との売買契約や現在有効な担保権設定契約等の調査に留め，その他の規制等の存在については，売主の表明保証で対応することが現実的な場合もあります。

(2) 贈賄行為の調査

近時，インドにおいても贈収賄関連規制が強化されてきています。特に，米国の海外腐敗行為防止法（Foreign Corruption Practices Act）（以下「米国FCPA」といいます）や英国の贈収賄防止法（Bribery Act）（以下「英国Bribery Act」といいます）の適用があるようなグローバル企業[2]では，海外

---

[1] 以前は，各書類が紙ベースで保管されていることが多かったですが，最近は，書類をスキャンしてコンピュータで保管している登記所も徐々に増えてきました。

で企業を買収したり合弁事業を行う際に現地で贈賄規制違反行為が行われていないかについて，慎重な調査を行っています。贈賄行為の調査方法としては，マネジメント等に対するインタビューでは判明することは少ないため，財務DDの一貫として，財務諸表に現れない支出の有無，財務諸表上の支出品目（詳細不明の手数料，紹介料，交際費等）の確認，契約上の義務のない販売促進費や過大な旅費等の有無などを確認することが考えられます。また，贈賄防止にかかるコンプライアンス規程の整備及び運用状況を確認することも考えられます。贈賄行為の調査を重点的に行う場合は，専門の調査機関[3]にインドの贈収賄規制や米国FCPA及び英国Bribery Actの規制を念頭に置いた調査を依頼することが考えられます。

2 バーチャル・データルームの活用

近時，日本のDDでもVirtual Data Room（"VDR"）と呼ばれる，クラウドサービス業者が提供するオンライン上のサイトに売主側がアップロードした資料を買主側が調査する方法が採用されることが多くなりましたが，インド案件のDDではこの手法が一般的です[4]。対象会社の資料がインド国内の広い範囲に散在する場合に特に有効的です。

VDRで開示される資料については，ビジネス関連，財務関連，税務関連，法務関連ごとにメインフォルダ・サブフォルダが見やすく分けて開示されているか，アクセス権者によって，閲覧できる資料が制限されていたりプリントアウトができない設定になっていないかを確認するようにしましょう。これらの事情によって，DDを行う専門家の手間と費用が不必要に増大することがあり

---

2 米国や英国で事業の一部又は全部を行っている場合に限らず，贈賄対象行為にかかる送金を米銀経由で行った場合も米国FCPAの対象とされる等，米国FCPA及び英国Bribery Actの域外適用に留意が必要です。

3 大手監査法人の中には，贈収賄関連コンプライアンスを調査する専門チームを備えているところもあります。

4 アップロードされた資料にアクセスする権限がメールアドレスをベースに付与され，メールアドレスとパスワードを入力することで24時間いつでも資料にアクセスできます。

ます。

　インドの会社が締結する契約書や作成する議事録等の資料は，原則として英語ですが，当局が発行するライセンス許可証等は現地語であることが多いので，現地語で記載されている資料については，必要に応じて英訳を付してもらうか，買主の側で翻訳の手配をする必要があります。

3　ROC（会社登記局）等の公開情報の活用

　日本のDDにおいても，売主が開示する情報に加えて，対象会社の履歴事項全部証明書や不動産登記簿謄本，及び有価証券報告書や上場会社の適時開示情報などの公開情報を収集して検討することがありますが，インドにおいても，インドの会社がROCに提出した①基本定款（MoA）及び附属定款（AoA），②商号，住所，授権資本金，払込済資本金，取締役の氏名及び保有株式数等の基本情報，並びに③保有資産に設定された担保権の状況などの情報がROCのウェブサイトから入手することが可能であるため，本格的なDDの開始前に入手しておくことも考えられます。特に，有効な不動産登記簿制度が存在しない中で，不動産に設定された担保権の情報がROCのウェブサイトに開示されている点は，大いに活用の余地があります。また，合弁会社の場合は，株主間の合意内容が附属定款（AoA）に反映されているのが一般的ですので，附属定款（AoA）も大いに参考になります。

4　各専門家にDDを依頼する際の注意点

　インドの会社についてDDを行う場合，日本語対応が可能な監査法人，税理士法人，弁護士事務所の専門家が日本で関与する場合であっても，実際にDDの作業を行うのは，現地の会計・税務・法務の専門家であることが一般的であるため，DDレポートは，原則として英語で作成されることになります。

　社内における説明のために日本語で作成された資料が必要な場合，作成された英語のレポートの全てを和訳することはコストの観点から現実的ではありませんが，日本サイドで関与する専門家にDDレポートの日本語要約を依頼する

ことが考えられます。

　また，DDレポートは，調査の過程で発見された考えうる全ての問題点を報告することに主眼を置いており，基本的には，その発見事項を踏まえてリスクをどのように判断し，買収価格に反映したり，実行日までに売主にて解決させたり，契約書における表明保証で対応したりする等の対応策を検討するのは，問題点の報告を受けた当事者であり，ビジネス上の観点から案件を進めるメリットと案件がはらむリスクを勘案しながら個別の問題点の対応策を検討することになります。

　しかし，そのような検討を容易にするために，予めDDレポートの中にサマリーを作成してもらい，そのサマリーにおいて，個別の問題点について考えうる対応策を示してもらうよう依頼することも考えられます。

II　DDにおける典型的な検出事項と対応策

　インドの会社についてDDを行うと，様々な問題点が発見されますが，直ちに案件の検討を中止すべきほどの大きな問題が発見されることは稀です。重要なのは，発見された問題点についての対応策とそれに要する時間を見極めることです。以下，インドの会社のDDを行う場合に発見されることが多い事項とそれに対する対応策を記載しています。

1　案件のストラクチャーに関する事項

検出事項	規制内容・問題点	対応策
売主の中に在外インド人（non-resident Indian：NRI）が含まれる。	NRIから非居住者に対する株式の譲渡には，RBIの承認が必要となる。	実行日前にRBIの承認を得るか，取引実行に先立ち，NRIから居住者であるインド人に譲渡してから，居住者であるインド人から株式を譲り受ける。
売却対象株式への担保設定	売主から取得予定の株式が対象会社の借入れのための担保に供されている場合，通常は，貸主（担保設定者）の同意がない限り株式を譲渡できない。	貸主との合意に基づき，株式譲渡の実行日前又は実行日において，担保権を解除する必要がある。
非売却対象株式	合弁パートナーの株式が担保に供され	実行日前に，合弁パートナーに担保権

への担保設定	ている場合、担保権が実行された場合、合弁パートナーに対する先買権やコール・オプション等の仕組みが機能しないおそれがある。	を解除させる。困難な場合は、担保権が実行される可能性が存する場合に貸主と協議し自ら取得できるよう貸主に働きかける義務を合弁パートナーに課す。
対象会社が公開会社	公開会社を買収する場合、最低7名の株主を用意する必要がある。また、公開会社は、非公開会社に比べてコンプライアンスの規制が厳しい。	実行日前に、売主において対象会社を非公開会社（最低株主数は2名）に変更させてから買収する。
対象会社の株式が株券ではなく電子化されている	電子化株式を取得するためには、買主が電子化株式口座（demat account）を開設する必要がある（後記第7章2(4)参照）。口座開設にはPANの取得手続き等があり、非居住者の場合口座開設に4〜6週間程度必要となる。なお、電子化株式を取得する場合、Securities Transfer Formに必要となる印紙が不要なため、譲渡にかかる印紙税を軽減できるメリットがある。	対象会社の株式が電子化されている場合、実行日に間に合うように余裕を持って買主側で電子化株式口座を開設する必要がある。売主側で電子化株式を株券に変えてから取得する方法もあるが、印紙税の点を踏まえるとあまり得策ではない。なお、買主による口座開設が間に合わない可能性がある場合は、口座開設の完了を実行の前提条件とすることも考えられる。
授権資本額の不足	Paid up share capitalと比較してAuthorized share capitalが十分でない場合、新株発行や優先株式の普通株式への転換に支障が出る可能性がある。	増資又は株式の転換を予定する日に先立ち、Authorized share capitalを増加する必要がある。Authorized share capitalを増加するためには株主総会における定款変更決議が必要となるため、買主単独で可決できない場合は、実行日に先立ち売主に増資させるか、実行日後の義務として他の株主に協力する義務を課す必要がある。
既存株主間の合弁契約	既存株主間の合弁契約において、売主による株式の処分禁止や他の株主の先買権等が規定されている場合がある。	実行日前に、かかる契約を解消させるか、株式譲渡について合弁契約上の権利を行使しない旨の同意を得ておく必要がある。
既存株主と対象会社の間の契約	既存株主と対象会社の間の出資契約その他の契約において、対象会社の株主に対する責任が規定されている場合がある（出資契約における対象会社による表明保証など）。	実行日前に、かかる契約を解消させる。少なくとも、売主と買主の間の株式譲渡契約に基づき買主が売主の責任（表明保証違反の責任など）を追及した場合に、売主がさらに対象会社に対して責任を追及できる可能性は排除しておく必要がある。
金融機関との契約、不動産賃貸借契約、取引先との契約におけるchange of control条項	対象会社が金融機関と締結する借入れや担保設定に関する契約において、対象会社の支配権の変更や会社形式の変更（公開会社から非公開会社への変更等）について金融機関の承諾を要すると規定されている場合がある。不動産	当該金融機関（賃貸人、取引先）からの承諾の取得を取引実行の前提条件としておく。可能であれば、承諾を取得する書面の内容が過不足ないものであることを買主側で予め確認しておくことが望ましい。

	賃貸借契約や取引先との契約にも同様の規定が置かれている場合がある。	
政府による許認可に関するchange of control条項	対象会社の事業運営上必要な許認可が、取引実行による資本構成の変動により、失効したり、監督官庁への届出が義務付けられる場合がある。	実行日前に必要な許認可を取得させ、届出義務を完了させる。

2 売主（又は売主グループ）が提供する便益に関する事項

検出事項	規制内容・問題点	対応策
対象会社と売主の間に業務上の契約関係が存する場合	売主が対象会社の株式譲渡を機に業務上の契約を終了する可能性がある。	売主が対象会社の株式の一部を保有し続ける場合は、一定期間、実行日前の取引条件にて契約を存続する義務や株式を継続保有する義務を課す。売主が株主でなくなる場合でも、その後の一定期間、契約関係を存続する義務を課すことが考えられる。
売主が対象会社のバックオフィス業務を事実上代行している場合	実行日以降、無償による業務提供は受けられなくなる。	実行日後の一定期間、有償で業務提供を受けられる旨の契約を売主と対象会社の間で締結する。
対象会社が、売主が所有・賃借するオフィスに入居している場合	実行日以降のオフィスの移転先を検討する必要がある。	実行日後の一定期間、有償でオフィスを利用する契約を締結することが考えられる。登記上の本店（registered office）を移転させる場合、州をまたぐ移転手続の完了には4か月程度を要することもあるため、売主との間で調整が必要となる。なお、このように行政機関の手続きが絡む場合、買主として移転完了の期日を約束することは避け、努力義務を負うに留めた方がよい。
売主のブランドの使用	実行日以降のブランドの使用の有無につき検討が必要である。	実行日後の一定期間、従前のブランドで業務を継続できる旨の契約（ライセンス契約）を売主と対象会社の間で締結する。
売主による保証提供	対象会社の借入れについて売主が保証提供している場合、株式譲渡に伴い、売主が保証提供を拒絶する可能性がある。	対象会社の借入れを存続させる場合、買主が代替保証を提供する必要がある。売主が株主として残る場合は、各株主が保有割合に応じた保証提供を行うことが考えられる。非居住者である買主が対象会社の借入れのために保証を提供するためにRBIの承認が必要となる可能性がある[5]。
売主から対象会社に対する従業員の派遣	株式譲渡に伴い、売主が対象会社に対する従業員の派遣を取り止める可能性がある。	対象会社の事業遂行にとって重要な従業員については、一定期間の派遣を継続するか、対象会社への転籍を検討する必要がある。

---

5 FEMA（Guarantees）Regulations, 2000第3A条。

売主と対象会社との間の契約書の不存在	売主と対象会社の間の取引について契約書が存在しない場合，対象会社が売主のグループから外れた後，従前の取引条件による取引が担保されない可能性がある。	契約が必要な場合，実行日前に対象会社と契約を締結する義務を課す。契約が不要な場合，実行日前に対象会社との間で債権債務が存しない旨の確認書を締結する義務を課す。
対象会社が売主グループから様々なサービスを受けているにもかかわらず，正式な契約書が存在しない。	（特に売主が対象会社の株主でなくなる場合）実行日後にサービスを受けられなくなる可能性がある。	契約書を書面化した上で，実行日後，一定期間，売主が従前の条件にてサービス提供を継続する義務を課す。 Key employee について，留任させる場合は新たな労働契約の条件を検討する必要あり。留任させない場合は，守秘義務及び競業避止義務・勧誘禁止義務を課すべき。

3 コンプライアンス違反に関する事項

検出事項	規制内容・問題点	対応策
契約書に対する印紙の貼付もれ，印紙額の不足	印紙がない契約書は証拠として使用できない。貼付すべき印紙税額の10倍の罰金を科される可能性がある。	実行日前に，所定の印紙を貼付させる。または，売主による補償義務の対象とする。
株券にかかる印紙税の支払い漏れ	株券には所定の印紙を貼付する必要がある。	実行日前に，対象会社に所定の印紙を貼付させる。
店舗施設法上の届出未了	店舗施設法（第9章Ⅲ3(5)参照）違反となる。	実行日前に，届出を完了させる。
工場法上の届出義務未了	工場法上，会社は工場として使用する前に届出書を政府に提出する必要がある。	実行日前に，対象会社において履行させる。
Data Privacy Policy の作成義務違反	個人情報保護法上，Data Privacy Policy の作成義務がある。	実行日前に，Data Privacy Policy を作成させる。
重要契約の期限切れ	重要な顧客との基本契約が更新されずに放置された結果，契約期間が満了している。	実行日前に，契約を締結させる。
会社法が定める定期的な取締役会の不開催，議事録の不作成	会社法上，罰則が定められていることがある。また，取締役の責任が問われることがある。	治癒可能な瑕疵（議事録の作成等）は，可能な範囲で実行前に売主にて対応させ，治癒不可能な瑕疵については，売主による補償責任によって担保する。ただし，この種の瑕疵はよく見られる反面，罰則が課される事例もそれほど高くないため，どこまで求めるかは交渉次第。

贈収賄の疑い（契約書に根拠のない販売手数料や販売促進費等の項目による出費，簿外処理されている営業活動にかかる費用の存在など）	汚職防止法（第11章Ⅱ参照）において，贈収賄は禁止されている。	売主による表明保証で対応する。

4　人事労務に関する事項

検出事項	規制内容・問題点	対応策
残業代の支払未了	最低賃金法及び店舗施設法において，雇用者は労働者に対して残業代の支払義務が課されている。	理屈上は，未払賃金を価格調整の対象にすることが考えられるが，多くのインド企業は，残業時間を正確に把握していないため，正確な金額を算定することは困難。よって，クロージング後に生じた残業代の支払いについて売主による補償義務を規定することが現実的である。
Employees' Provident Funds and Miscellaneous Provisions Act, 1952 (EPF Act) 上の従業員退職金準備制度への継続的な拠出義務の違反	同法上，金銭の拠出義務がある。	必要な拠出を取引実行の前提条件とする。価格調整の対象にする。罰金が科された場合に備えて売主による補償義務を規定する。
請負労働法 (Contract Labor (Regulations and Abolition) Act, 1970) 違反	請負労働法上，請負労働者を受け入れる側において，登録義務が存する。なお，請負業者はライセンス取得義務が存する。	実行日前に，対象会社において請負労働法上の登録を完了する義務を課す。また，ライセンスを保有していない請負業者から請負労働者を受け入れている場合は，当該受入れを中止する義務を課す。実行日前に対応することが困難な場合は，不履行により生じた損害を売主に補償させる。
セクハラ防止法違反	10人以上の労働者を雇用する場合，内部苦情委員会の設置が義務付けられる。	実行日前に，対象会社において内部苦情委員会を組成する義務を課す。ただし，かかる違反はよく見られる。
就業規則の作成未了	100人以上のワークマンを雇用する場合，就業規則の作成が義務付けられる。	実行日前に，対象会社において就業規則を作成させる。

5 訴訟，財務，税務に関する事項

検出事項	規制内容・問題点	対応策
訴訟や仲裁案件の係属（税務当局との訴訟を含む）	対象会社が被告の場合，賠償義務が生じる可能性がある。類型的に生じている訴訟については，将来再発する可能性がある。	対象会社が被告の場合，訴訟等によって対象会社が被る損害について，売主に補償させる。対象会社が原告の場合，回収できなかった損害賠償請求額（裁判所等によって減額された分）を売主に補償させることも考えられるが，必ずしも一般的ではなく，重要性が高いのは，対象会社が被告となっている案件の処理である。係属中の税務訴訟については，結果によっては，追徴税や附帯税を課される可能性がある。
財務関連の問題（運転資本用の借入れにかかる契約書の有効期限切れ，収益や費用を認識すべき基準や時期が適正でない等）	企業の価値評価の前提とした財務関連書類に不適切な点がある場合，不当に高く企業価値を算定している可能性がある。	企業価値の評価に影響する項目については，検出された問題点を踏まえて再評価する必要がある。
税務関連の問題（費用の不適切な損金への算入，不適切な税額控除の処理，源泉徴収漏れ，軽減税率が適用される要件である届出書の未提出等）	税務当局により否認されたり，ペナルティ・延滞税を課されたりする可能性がある。	税務当局による処分がなされた場合に売主が補償する旨を規定する必要がある。かかる補償は，潜在的租税債務が時効にかかるまでカバーされる方が望ましい。

第7章
株式譲渡の進め方

Ⅰ　株式譲渡契約作成のポイント

1　株式譲渡契約の構造

　インドの株式譲渡契約は英文で作成されますが，契約書の構成は日本の株式譲渡契約と大きく異なることはありません。もっとも，個別の内容は，インドの法規制を踏まえた特殊な規定が多く盛り込まれることになります。そこで，まずは本項で典型的なインドの株式譲渡契約の条文イメージと解説をしたあとに，2以下でさらに掘り下げて個別の論点を説明します。

　実際の案件で株式譲渡契約を作成する際は，売主側に有利に作るのか買主側に有利に作るのかによって，盛り込む規定がかなり異なります。以下の条項イメージは，契約の構造を分かりやすく説明するために，あえて簡素化しており，条文中で言及されている Schedule（契約書の別紙）も省略しています。よって，これらの条項をそのまま実際の案件で利用できる訳ではない点にご留意ください。

(1)　表題，当事者

　表題及びそれに続く契約の冒頭部分には，契約の当事者や締結日等が記載されます。インドの契約書に印紙が必要な場合，日本のように製本後に切手サイズの収入印紙を貼る方式ではなく，収入印紙が印字された用紙に，収入印紙の

印字と重ならないように契約書の最初のページを印刷する場合があります。

条項イメージ

SHARE PURCHASE AGREEMENT

This share purchase agreement ("**Agreement**") is made and entered into on the 28th day of May, 2015 (the "**Execution Date**") by and amongst [**Name (Purchaser)**], a company incorporated under the laws of Japan and having its registered office at [*address*] (hereinafter referred to as the "**Purchaser**", which term shall, unless it be repugnant to the context or meaning thereof, be deemed to mean and include its successors and permitted assigns), [**Name (Target Company)**], a private limited company incorporated in India under the Companies Act, 1956 / 2013 and having its registered office at [*address*] (hereinafter referred to as the "**Target**", which term shall, unless it be repugnant to the context or meaning thereof, be deemed to mean and include its successors and permitted assigns) and [**Name (Seller)**], a company incorporated in India under the Companies Act, 1956 / 2013 and having its registered office at [*address*] (hereinafter referred to as the "**Seller**", which term shall, unless it be repugnant to the context or meaning thereof, be deemed to mean and include its successors and permitted assigns). Unless the context otherwise requires, the Purchaser, the Target and the Seller are hereinafter collectively referred to as the "**Parties**" and individually as a "**Party**".

解　説

　契約書の冒頭は，契約の当事者，締結日などの事項が記載されます。通常，売主側は全ての売主が当事者になります。インドでは，一族によって会社が経営されていることも珍しくなく，数十人の売主が現れる場合もあります。そのような場合，契約当事者としては全ての売主が名を連ねつつも，一族を代表する者が各売主からの授権を受けて署名を行う場合があります。

　買主側は，例えば，日本法人が一部株式を子会社を通じて取得する場合において，締結時点ではどの子会社を用いるか確定していない場合，親会社である

日本法人のみが契約当事者となり，株式譲渡の実行日までに買受人となる子会社を指定できる旨を規定する場合があります。

(2) 前　文

条項イメージ

WHEREAS:
1. The Target is engaged in the Business (*as defined hereinafter*). Further details of the Target are provided in **Schedule 1**.
2. As of the Execution Date: (i) the authorized share capital of the Target is INR 200,000,000 divided into 20,000,000 equity shares of the face value of INR 10 ; and (ii) the issued and paid up share capital of the Target is INR 100,000,000 divided into 10,000,000 equity shares of the face value of INR 10.
3. As of the Execution Date, the Seller, by itself and through its nominee, is the legal and beneficial owner of 10,000,000 equity shares constituting 100% of the issued, subscribed and paid-up share capital of the Target. The shareholding pattern of the Target as on Execution Date is set out in **Schedule 2** hereto.
4. The Purchaser has agreed to buy from the Seller, and the Seller has agreed to sell and transfer to the Purchaser, the Sale Shares (*as defined hereinafter*) in consideration for the Purchase Consideration (*as defined hereinafter*) and in accordance with the terms of this Agreement.

NOW, THEREFORE, in consideration of the mutual agreements, covenants, representations and warranties set forth in this Agreement, and for other good and valuable consideration, the receipt and sufficiency of which is acknowledged by the Parties, the Parties hereby agree as follows:

解　説

　前文では，契約締結に至った経緯が記載されます。その際，各当事者の事業内容や対象会社の資本構成及び事業内容などが確認的に記載される場合があります。

(3) 第1条（定義）

契約書で使用される定義は，契約内で適宜規定するほか，冒頭にまとめて規定することも多いです。契約書を見やすくするために，冒頭に記載せずに契約書に添付する別紙にまとめて記載する例もあります。

条項イメージ

1. Definitions

    In addition to the terms defined elsewhere in this Agreement, the following capitalised terms shall have the meanings assigned to them herein below:

    (a) "**Act**" shall mean the Companies Act, 1956 and/or the Companies Act, 2013 (as applicable) together with the rules framed thereunder and any amendment thereto.

    (b) "**Affiliate**" shall mean, with respect to any Person, a Person that directly, or indirectly through one or more intermediaries, Controls, is Controlled by or is under Common Control with that Person.

    (c) "**Business**" shall mean the business of [*description of business of the Target*].

    (d) "**Business Day**" shall mean a day on which the commercial banks located in Tokyo and [Mumbai] are open for normal banking business, but excluding a Saturday and Sunday.

    (e) "**Charter Documents**" shall mean the memorandum of association and articles of association of the Target.

    (f) "**Closing Date**" shall mean the date on which the Closing occurs.

    (g) "**Competing Business**" shall mean any business which directly or indirectly competes with the Business.

    (h) "**Conditions Precedent**" shall mean together, the Seller Conditions and the Purchaser Conditions.

    (i) "**Control**" shall mean, with respect to any Person: (i) the ownership of more than 50% of the equity shares or other voting securities of such Person, (ii) the possession of the power to direct the management and policies of such Person, or (iii) the power to appoint a majority of the directors, managers, partners or other individuals exercising similar

authority with respect to such Person by virtue of ownership of voting securities or management or Contract or in any other manner, whether directly or indirectly, including through one or more other Persons; and the term "**Common Control**" and "**Controlled by**" shall be construed accordingly.
(j) "**Director**" shall mean a director of the Target.
(k) "**Disclosure Letter**" shall mean the disclosure letter signed and delivered by the Seller to the Purchaser immediately prior to the execution of this Agreement, which the Purchaser has acknowledged its receipt in writing.
(l) "**Force Majeure Event**" shall mean any of the following events or combination of such events or circumstances as are beyond the control of a Party and which cannot: (I) by the exercise of reasonable diligence, or (II) despite the adoption of reasonable precautions and/or alternative measures, be prevented, or caused to be prevented, and which materially and adversely affects a Party's ability to perform its obligations under this Agreement, including but not limited to:
　(i) acts of God, comprising fire, drought, flood, earthquake, epidemics and other natural disasters;
　(ii) strikes or lock-outs; or
　(iii) any event or circumstance analogous to the foregoing.
(m) "**GAAP**" shall mean the generally accepted accounting principles, consistently applied, in India.
(n) "**Long-Stop Date**" shall mean [Date] or such later date as may be mutually agreed between the Seller and the Purchaser.
(o) "**Losses**" shall include all losses, costs and direct damages, including interests and penalties with respect thereto, and all out-of-pocket expenses, attorneys' and accountants' fees and disbursements and any costs and expenses relating thereto.
(p) "**Material Adverse Effect**" shall mean any change that materially and adversely affects the Business, operations, assets, financial condition, operating results of the Target during the period from the Execution Date to the Closing Date or the ability of the Sellers and / or the Target

to perform their respective obligations under this Agreement; provided, however, that no adverse change arising from or relating to any of the following shall be deemed to constitute a Material Adverse Effect: (i) changes in GAAP; (ii) the taking of any action contemplated by the this Agreement; (iii) general business or economic conditions; (iv) national or international political conditions; or (v) change in law, rules or regulations, except where due to such change the Business of the Target is declared illegal.

(q) "**Person**" shall include an individual, an association, a corporation, a partnership, a joint venture, a trust, an unincorporated organization, a joint stock company or other entity or organization, including a government or political subdivision, or an agency or instrumentality thereof, and any other legal entity.

(r) "**Purchase Consideration**" shall mean the aggregate consideration payable by the Purchaser to the Seller for the Sale Shares, being an amount of INR [*insert amount*].

(s) "**Purchaser Representations and Warranties**" shall mean the representations and warranties set out in Schedule 7.2 to this Agreement.

(t) "**Sale Shares**" shall mean 6,000,000 (six million) shares of face value of INR 10 each, constituting 60 % of the issued, subscribed and paid-up share capital of the Target, legally and beneficially held by the Seller.

(u) "**Seller Representations and Warranties**" shall mean the representations and warranties set out in Schedule 7.1 to this Agreement.

解　説

株式譲渡契約において使用される用語の定義が置かれます。定義によっては，株式譲渡契約において重要な意味を有するので，注意が必要です。ここでは，規定されることが多い定義の中で，特に重要なものを取り上げることにします。

(a) 「Business」

通常，対象会社の事業内容が規定されます。対象会社の事業に関する表明保証の規定の中で使用されるほか，売主が取引実行後に対象会社の事業

と競業しない義務（競業避止義務）を負う場合には，競業避止義務の範囲を画する概念として使用されます。

(b)「Business Day」

株式譲渡契約上に規定する期間や期限を画する概念として使用されます。売主，買主及び対象会社が存するインドの都市及び日本のいずれかの休日を除く日として定義されます。買収ビークルとして第三国（シンガポールなど）に存する法人を利用する場合は，その国の休日を除く場合もあります。

(c)「Charter Documents」

前記第3章I4記載のとおり，インドの定款は，MoA（Memorandum of Association）と呼ばれる基本定款とAoA（Articles of Association）と呼ばれる附属定款の2部構成となっています。

(d)「Competing Business」

売主に競業避止義務を課す場合，対象会社が行う事業と競合する事業をCompeting Businessと定義し，売主が取引実行後の一定期間従事することを禁止する場合があります。このような制約を受ける売主の立場からすれば，対象会社が将来行う可能性がある事業と競合する事業まで禁止されるのは広範に過ぎるため，契約締結時点で対象会社が行う具体的な事業内容をBusinessとして定義し，それと競合する事業のみをCompeting Businessと定義するよう求められる場合もあります。

(e)「Disclosure Letter」

売主が行う表明保証の例外とするために売主が作成して買主に交付する，株式譲渡契約とは独立した書面です（詳細は，後記(10)参照）。Disclosure Letterに記載された内容は，表明保証の例外となります。よって，買主の立場からすれば，一方的に売主が買主に通知するだけではなく，通知を受けた買主が確認した内容がDisclosure Letterの中身を構成する旨を明確にする必要があります。

(f)「GAAP」

通常は，対象会社が存するインドの会計基準が定義として用いられます。買主が株式価値を算定する基礎とした対象会社の過去の計算書類がGAAPに沿って作成されたことなどが，売主による表明保証の内容に含まれます。

(g)「Long-Stop Date」

Long Stop Dateは，株式譲渡契約の締結後，前提条件が充足せずに一定期間が経過した場合に，各当事者を契約上の義務から解放するためのメカニズムです（後記(16)参照）。

(h)「Material Adverse Effect」

Material Adverse Effect（MAE[1]）は，対象会社の事業内容や売主又は対象会社の契約上の義務の履行能力に著しい悪影響が生じることをいいます。このような場合，買主としては，株式譲渡契約で想定された取引を実行することを取りやめたいと考えるのが一般的です。そこで，実行日前にMAEが生じている場合は買主が何ら責任を負うことなく取引を実行する義務から免れる旨が規定されます。

買主の立場からは，少しでも悪影響がある場合に取引を中止できる方が有利なため，MAEの範囲を広くしたいと考えます。他方で，売主の立場からは，そのような不確定要素はなるべく取り除きたいので，MAEの範囲を限定したいと考えますので，MAEは両者間で交渉がなされることが多い定義といえます。案件にもよりますが，売主や対象会社の固有の事象によって生じた悪影響はMAEの定義に含めるのに対して，適用法令の変更等，売主や対象会社の固有の事象とはいえない場合は，たとえ悪影響が生じても公平の観点からMAEの定義に含まない（その結果，買主は取引を実行する義務から免れない）とすることも多いです。

MAEの定義は，売主の表明保証の内容として，財務書類の作成基準日

---

1 Material Adverse Change（MAC）という表現を用いることもあります。

以降,対象会社にMAEに該当する事象が生じていないことを規定する場合に使用されることもあります(後記(10)の表の「対象会社に関する事項」の「(v)基準日以降の変更の不存在」の項目参照)。

(4) 第2条(株式譲渡の合意)

株式譲渡契約の基本となる,株式を売買する旨を規定します。

> **条項イメージ**
>
> 2. Sale and Purchase of Sale Shares
> On the terms and subject to the conditions set out in this Agreement, on the Closing (as defined in Clause 5.1), the Seller shall sell and transfer, and the Purchaser shall acquire, full legal and beneficial rights, title and interest to the Sale Shares, free from all liens, charges, encumbrances and other adverse interests, together with all rights, title and interest attached or accruing to the Sale Shares.

解説

売主が買主に対して株式を売却し,買主が売主から株式を購入する旨を規定します。必要に応じて,買主が自ら購入する旨に加えて,別途指定する者(インドにある子会社など)を通じて購入できる旨を規定することも考えられます。

(5) 第3条(実行日までの行為)

契約の締結日から実行日までの間,対象会社が通常の業務遂行を行うべき旨を規定します。

> **条項イメージ**
>
> 3. Conduct between the Execution Date and the Closing Date
> 3.1 The Seller shall ensure that on and from the Execution Date until the Closing Date, the Target shall:
>   (a) conduct the Business only in the ordinary course of business;

(b) not declare, pay or make any dividend or distribution (whether in cash, securities, property or other assets) on any class of shares or other securities in the Target;

(c) not amend, or authorize the amendment of, its Charter Documents;

(d) not dispose of any assets of the Target, whether in a single transaction or a series of transactions, whose aggregate value exceeds INR [50] million;

(e) not incur any indebtedness exceeding an aggregate value of INR [50] million, or vary or terminate any agreement or arrangement for the raising of any such indebtedness;

(f) maintain relationships with all of its employees, customers, service providers and suppliers of the Target in the ordinary course of Business;

(g) [*other items*]; and

(h) agree, conditionally or otherwise, to do any of the foregoing.

3.2 Without prejudice to the generality of Clause 3.1, the Seller shall ensure that, on and from the Execution Date until the Closing Date, it shall not, directly or indirectly, participate in, solicit or encourage (or permit any other Person acting on its behalf to do so), any negotiations or discussions with any Person relating to the sale or disposal in any form (including through creating any encumbrance) of any of the Sale Shares or any other securities of the Target or any subsidiaries or associates of the Target.

解説

契約を締結した後も実行日まで対象会社は売主の支配下に置かれていますが，買主は，契約の条件及び合意された対価で対象会社の株式を購入する義務を負いますので，例えば，契約締結後に売主が対象会社から配当を受けたり，買主が予期しない資産処分や業務運営が行われたりすると，買主は予期しない損害を被ることになります。そこで，実行日までの間，売主が対象会社を通常業務の範囲内で業務遂行させ，一定規模を超える契約の締結，財産の処分又は借入れ等を行おうとする場合に事前に買主の承諾を要する旨が規定されます。通常

業務の範囲内という基準は曖昧なため,その通常業務の範囲内での業務遂行という包括的な規定を置きつつ,さらに禁止される具体的行為を列挙したり,禁止される行為に金額基準を設けたりすることにより,明確化することが有効です。

(6) 第4.1条（前提条件）

所定の条件が満たされなければ取引を実行する義務を負わない旨とその条件（前提条件）の内容を規定します。

条項イメージ

4. Conditions Precedent
4.1 The Parties agree that :
(a) the obligation of the Purchaser to purchase the Sale Shares is conditional upon the fulfilment by the Seller or waiver by the Purchaser, of the conditions set forth below (the **"Seller Conditions"**) in a form and substance satisfactory to the Purchaser:
  (i) The Seller having procured all necessary corporate approvals from its board of directors for the purchase of the Sale Shares and providing a copy of such corporate approvals to the Purchaser;
  (ii) Each of the Seller Representations and Warranties being true and correct in all material respects on and as of the Execution Date and as of the Closing Date; except that if any Seller Warranty relates to any specific date, then such representations or warranty are true and correct in all material respects as of such date;
  (iii) The Seller and the Target having complied with their obligations under this Agreement <u>in all material respects</u>;
  (iv) No fact or circumstance having occurred which alone or in aggregate might have a Material Adverse Effect on the Target;
  (v) Receipt of all undated but executed documents (including consent letters indicating such details regarding the transfer of the Sale Shares as may be required) for the purposes of reporting the transfer to the Reserve Bank of India in Form FC-TRS[2] and a

certificate from a chartered accountant indicating the fair value of the Sale Shares, as required under the Foreign Exchange Management (Transfer or Issue of Security by a Person Resident Outside India) Regulations, 2000;

(vi) Receipt of all requisite approvals, waivers, and consents from any governmental authority, as may be required to consummate the transactions contemplated by this Agreement;

(vii) Receipt of approvals, waivers, and consents from XYZ Bank Limited or any other Person, as may be required to consummate the transactions contemplated by this Agreement;

(viii) No order or judgment of any court or governmental authority having been issued or made against the Seller and the Target, and no legal or regulatory requirements remaining to be satisfied by the Seller or the Target, which has or may have the effect of prohibiting, restricting or delaying the Closing;

(ix) Receipt of executed resignation letters, which shall become effective on the Closing Date, from the nominee directors of the Seller on the board of directors of the Target; and

(x) [*other items*]

(b) the obligation of the Seller to sell the Sale Shares is conditional upon the fulfilment by the Purchaser or waiver by the Seller, of the conditions set forth below (the "**Purchaser Conditions**") in a form and substance satisfactory to the Seller:

(i) The Purchaser having procured all necessary corporate approvals from its board of directors for the purchase of the Sale Shares and providing a copy of such corporate approvals to the Seller;

(ii) Each of the Purchaser Representations and Warranties are true and correct in all material respects on and as of the Execution Date and as of the Closing Date; except that if any Purchaser Representations and Warranty relates to any specific date, then such representations or warranty are true and correct in all material respects as of such date;

2　Form FC-TRS についての説明は，後記Ⅲ 9 参照。

> (iii) The Purchaser having complied with their obligations under this Agreement in all material respects; and
> (iv) [*other items*]

解説

　前提条件は，英語で Conditions Precedent というため，略して CP と呼ばれることもあります。CP は，①買主にとっての CP（CP 不充足の場合は対価を支払う義務を負わない）と②売主にとっての CP（CP 不充足の場合は株式を売る義務を負わない）に分類されますが，通常は，買主にとっての CP の項目の方が多いです。

　前記の＜条項イメージ＞では，実行日時点で対象会社に MAE が生じていないこと（第4.1条(a)(iv)参照）などの一般的な内容を規定していますが，実際には，対象会社に対するデューディリジェンス（DD）の過程で発見された事項が記載されることが多いです。例えば，DD の過程で対象会社に法令違反行為が判明した場合，買主としては，軽微な違反であれば実行後に対処すればよいと考えることもありますが，重大な違反や実行後に対処できるか不明な違反の場合，取引実行に先立ってかかる違反状態が解消されたことを条件として取引を実行したい場合があります。

　買主にとっての CP が規定されている場合，CP が一つでも充足しない場合は買主は取引を実行する義務を負いませんが，CP 不充足にもかかわらず買主が取引を実行すること（CP の放棄といいます）は可能です。その場合，売主の方でその CP の不充足を主張して取引を実行しないことは許されません。例えば，対象会社による許認可取得を CP とした場合において，当初予定していた取引実行日においてはその許認可が取得できていない場合であっても，間もなく取得できることが確実な場合は，買主が CP の充足を放棄して，予定通りに取引を実行することが考えられます。

　以上のほか，各当事者が取引を実行する前提条件として，相手方当事者が行った表明保証に違反が存しないことや，相手方当事者に契約違反が存しない

ことが規定されるのが一般的です。もっとも，軽微な違反があるに過ぎない場合にも，CP不充足の結果，相手方当事者が取引を実行する義務を負わなくなるのはかえって不合理なため，表明保証や契約上の義務の「重大な」違反が存しないことを前提条件とすることもあります（＜条項イメージ＞の4.1(a)(iii) "in all material respects" の記載参照）。

さらに，インド案件に特有のCPとして，取引の実行に必要となるRBIやFIPBの承認（前記第5章Ⅱ参照）が得られたことが規定される場合があります。取引実行に先立ち競争委員会へのファイリング及びその承認の取得（前記第5章Ⅸ参照）が必要となる場合も同様です。これらの事項は，両方の当事者にとってのCPとして位置づけ，Seller ConditionsやPurchaser Conditionsとは独立のJoint Conditionsという項目を設けるのもよいでしょう。

(7) 第4.2条（Long Stop Date）

売主又は買主のCPが充足されず放棄もされないまま予定されたクロージング日を徒過してしまった場合において，一定のタイミングで売主及び買主を契約上の義務から解放するための規定です。

―― 条項イメージ ――

4.2 Each of the Seller and the Purchaser shall undertake their best efforts to fulfil their respective Conditions Precedent as soon as practically possible, and in any event not later than [*Date*] (the "**Long Stop Date**").

4.3 If any of the Conditions Precedent are not fulfilled or waived, as the case may be, on or before the Long Stop Date, the Party having the right to waive the Condition Precedent which is pending fulfilment shall be entitled to terminate this Agreement by providing the other Party with prior written notice of at least 7 Business Days of its intention to terminate the Agreement. Consequent to the termination of this Agreement under this Clause 4.3, neither Party shall have any obligations to consummate the Closing.

解説

　前提条件の充足は取引実行のための「条件」であって，当事者が充足すべき「義務」を規定するものではありません。例えば，競争法上必要とされる競争委員会の許可が得られない限り取引を実行できない場合，かかる許可の取得がCPになりますが，実際に競争委員会からの許可が得られるか否かについては当事者が支配できることではないため，許可の取得を当事者の義務として規定することはできません。義務として規定する場合も，前提条件が充足されるように最大限の努力を尽くす義務が規定されるにとどまることが多いです。

　株式譲渡契約において，一方当事者に義務違反がある場合，他方当事者が契約を解除できる旨が規定されることが一般的ですが，CPの不充足自体は，前記のとおり，当事者の義務違反ではないため解除事由には該当せず，相手方当事者は，いつ充足するか分からない前提条件の充足を待ち，それが充足され次第，取引を実行しなければならないという不安定な立場に置かれることになります。

　そこで，当初予定する実行日から一定期間後の日（例えば，3か月や6か月後の日）をLong Stop Dateとして規定し，その日までに前提条件が充足されず放棄もされない場合，当事者（特に前提条件が充足されるよう努力する義務を負わない当事者）が契約を解除することができる仕組みを規定することがあります。

(8) 第5条（取引の実行）

　実行日において，各当事者が行うべき行為を規定します。以下の条項例では，特定の日をクロージング日として記載する方法を紹介していますが，前提条件が充足してからX営業日目の日というように規定しておき，各当事者が充足すべき前提条件が充足した場合に相手方に充足した旨を通知するものとしておき，全ての前提条件が充足してからX営業日目の日に取引を実行する仕組みも一般的です。

> **条項イメージ** ① 買主の行為に関する部分

> 5. CLOSING
> 5.1 Subject to the satisfaction or waiver of the Conditions Precedent, the sale and purchase of the Sale Shares (the "**Closing**") shall take place in [Mumbai] (or such other place as may be agreed by the Seller and the Purchaser) on [*Date*] or such other Business Day as may be mutually agreed between the Seller and the Purchaser, being a date no later than the Long Stop Date (the "**Closing Date**").
> 5.2 On the Closing Date, the following events shall be completed, and no transaction shall be deemed to have been consummated unless each such transaction has been completed:
> A. The Purchaser shall:
>   (i) pay, by way of normal banking channels, the Purchase Consideration into a bank account designated by the Seller at least [5] Business Days before the Closing Date; and
>   (ii) execute relevant documents (including consent letters indicating such details regarding the transfer of the Sale Shares as may be required) for the purposes of reporting the transfer to the Reserve Bank of India in Form FC-TRS.
>
> ★対象株式が電子化されている場合に追加されることもある規定
>   (iii) issue instructions to its depository participant for receipt of the Sale Shares in the Purchaser's demat account(s), instructing such depository participant to credit the Purchaser's demat account(s) with the Sale Shares.

解説 ① 買主の行為に関する部分

　売主と買主が行うべき行為が、株式の移転と対価の支払いだけであれば、前記「第2条（株式譲渡の合意）」にまとめて規定することが考えられますが、実際には、それ以外にも、対象会社の取締役会による株式譲渡の承認、実行日から買主が派遣する取締役の選任、対象会社の商号や定款の変更に関する株主

総会決議の開催，当局への Form FC-TRS の提出（後記Ⅲ9参照）など，売主，買主及び対象会社が，それぞれ独立した行為を行うため，各当事者が実行日に行うべき行為を独立の条文として規定するのが一般的です。

前記では実行日における買主による行為を第5.2条 A 項として紹介していますが，後述の第5.2条 B 項に規定する売主の行為と第5.2条 C 項に規定する対象会社の行為も併せて全て実行日に同時に行われることになります。

―― 条項イメージ ② 売主の行為に関する部分 ――

★対象株式が電子化されている場合

B. The Seller shall:
　(i) deliver to the Purchaser and the Target, a copy of the signed irrevocable instruction slips sent / issued to its depository participant, instructing such depository participant to debit the Seller's demat account(s) with the Sale Shares in favour of the Purchaser's demat account in accordance with the rules and bye laws of the relevant depository and depository participant; and
　(ii) file with the authorized dealer bank, such number of original sets of the Form FC-TRS (along with the signed consent letters, shareholding pattern and other relevant documentation) with the authorized dealer, for the due endorsement by the authorized dealer bank in accordance with the provisions of Foreign Exchange Management (Transfer or Issue of Security by a Person Resident Outside India) Regulations, 2000, as amended from time to time.

★対象株式について株券が発行されている場合

B. The Seller shall:
　deliver to the Purchaser: (a) the original duly stamped share certificates pertaining to the Sale Shares; (b) duly stamped, completed and executed securities transfer forms for the transfer of the Sale Shares in favour of the Purchaser; (c) an original of the Form FC-TRS duly endorsed by the relevant authorised dealer bank in accordance with the provisions of Foreign Exchange Management (Transfer or Issue of

> Security by a Person Resident Outside India) Regulations, 2000, as amended from time to time; and (d) a written acknowledgement of the receipt of the Purchase Consideration.

解説 ② 売主の行為に関する部分

実行日に売主が行う行為は，対象会社の株式の買主に対する移転ですが，対象会社の株式が電子化されている場合（前記条項イメージ前段）と株券の形式で存在する場合（同後段）とで，規定の仕方が異なります。

条項イメージ ③ 対象会社の行為に関する部分

> C. The Target shall, and the Seller shall ensure that the Target shall, call a meeting of the board of directors of the Target (the "**Board**"), where resolutions shall be passed for the following items:
> (i) approve and take on record the transfer of the Sale Shares to the Purchaser, and the registration of the Sale Shares in the name of the Purchaser, free from all liens, charges, encumbrances and other adverse interests;
> (ii) take on record the Form FC-TRS endorsed by the relevant authorised dealer bank(s);
> (iii) approve the inclusion of the Purchaser as a member of the Target in the Target's register of members;
> (iv) approve and take on record the resignation of [xxx], [yyy] and [zzz] from the Board;
> (v) approve and take on record the appointment of [abc] and [xyz] or such other nominees as the Purchaser may, in its sole discretion determine, as additional Directors on the Board;
> (vi) terminate any powers of attorney which may have been issued by the Target, if required by the Purchaser; and
> (vii) replace the signatories of the bank accounts set out in Schedule 5.

解説　③　対象会社の行為に関する部分

　実行日において，株主が売主から買主に変わるため，対象会社は買主を新しい株主として株主名簿に記録する必要があります。また，売主が対象会社に派遣していた取締役が辞任して新たに買主が派遣する取締役が選任されることもあります。実行日において当事者が行うべき行為については，後記Ⅲにおいて説明します。

(9)　第6条（実行日後の義務）

株式譲渡が実行された後に，各当事者が行うべき行為を規定します。

―― 条項イメージ ――

6. POST CLOSING

　The following actions shall be undertaken after the Closing Date in the manner and within the timeframe set forth below:

6.1　the Purchaser shall use its best efforts to ensure that the name of the Target is changed within [60 days] of the Closing Date to such a name that does not include any name or logo which is substantially similar to or confusing with the name of the Seller.

6.2　the Target shall, and the Purchaser shall ensure that the Target shall, change its registered office from its current registered office within [90 days] from the Closing Date.

6.3　the Target shall file all such forms and reports with the relevant government authorities as may be required in relation to the transactions contemplated under this Agreement within the timeframe specified under applicable laws.

解説

　買主が対象会社の全株式を取得した場合において，所定の期間内に対象会社がその商品やサービスに使用していた売主のブランドの使用を買主に止めさせるべき義務を規定したり，対象会社が売主のオフィスに登録事務所（registered office)を有する場合にそれを移転する義務を規定したりします。これらの行為について当局の関与が必要な場合，当局における手続き遅延により買主が契約上の義務を履行できない事態を避けるために，十分な期間を設定するか，義務の内容を努力義務にすることが望ましいです。特に，登録事務所の移転手続きは，同一州内の場合は多くの時間を要しませんが，他の州に移転する場合は数か月程度の期間を要する場合があるため，注意が必要です。

　本来は買主として取引実行の前提条件としたい事項（例えば，対象会社による必要なライセンスの取得や公開会社である対象会社の非公開会社への変更など）について，取引の実行予定日までに間に合わない可能性があるものの，対象会社に対する影響が少ないと買主が判断する事項について，売主の要望に応じて，取引実行後に売主がその費用負担により対処すべき義務として規定する場合もあります。もっとも，このようなアレンジは，売主が対象会社の株式を一定割合保有し続けて経営に関与する場合に用いられることが多く，買主が対象会社の全株式を購入し売主と対象会社の資本関係が切断される場合は，あまり用いられません。

(10) 第7条（表明保証）

　売主及び買主のそれぞれが，自己に関する一定の事項（売主の場合は対象会社に関する事項を含みます）について表明して保証し，相手方当事者がその真実性に依拠して取引を実行する仕組みが表明保証です。表明保証違反の場合の補償義務の規定（後記第8条）とセットで規定されます。

条項イメージ　① 売主の表明保証に関する部分

7. REPRESENTATIONS AND WARRANTIES

7.1　The Seller hereby represents and warrants that, subject to the matters disclosed in the Disclosure Letter, the Seller Representations and Warranties are true, correct, accurate, and not misleading both as on the Execution Date and the Closing Date.

解　説　① 売主の表明保証に関する部分

　買主は，対象会社の株式を取得するに際して，通常は，法務，財務，税務，環境等の観点から専門家を通じて対象会社の調査（デューディリジェンス：DD）を行い，発見された問題点についての分析をした上で取引を実行するか否かを判断します。ところが，これらの調査は，基本的には売主に支配された対象会社から提出される資料や説明に基づくため，調査に必要な情報が網羅的に開示されたかについての保証はありません。

　そこで，株式譲渡契約書において，買主は，売主に対して，対象会社において訴訟が係属していないこと，事業遂行に必要な許可を全て有していることなど，対象会社に関する事項を表明してもらい，その正確性を保証させることが行われます。買主は，このような表明や保証に依拠して取引を実行した後で，仮にその内容が虚偽であったことにより損害を被った場合，その賠償を売主に対して求めることになります。売主は，対象会社に関する事項のみならず，売主自身が株式を適正に所有しそれを買主に譲渡する権限があることなど，売主自身に関する事項についても表明保証を行うのが一般的です。

　株式譲渡契約に規定されることが多い売主による表明保証の事項の例は，次頁の表のとおりです。これらの事項について，契約締結日と実行日の両方の時点で表明し保証するのが一般的です。なぜなら，契約締結日の時点で表明保証の内容が正確であっても，実行日までに生じた変化によって実行日の時点で正確でなくなった場合，買主としては，取引をそのまま継続するかを検討する必要があるためです。また，契約締結後も実行日までは対象会社は売主の支配の下で事業を継続することから，買主としては，実行日の時点で再び表明保証の内容の正確性を売主に確認させることが合理的であるからです。

　なお，売主の表明保証は，前記条項イメージにおいて"subject to the matters disclosed in the Disclosure Letter…"と規定されるように，対象会社に関する事項については，表明保証の例外が規定されることが一般的です。例えば，契約書本文において「対象会社に係属している訴訟は一切存在しない。」という表明保証をした場合，別途売主から買主に対して交付される Disclosure

Letter において,かかる表明保証の例外として,係属中の訴訟一覧が開示されることになります。DD の過程では必ずしも協力的でなかった売主も,Disclosure Letter の検討過程においては表明保証違反を避けるために積極的に情報開示を行うことが多く,DD で確認されなかった事項が Disclosure Letter において初めて買主に開示されることも珍しくありません。

売主に関する事項	(i) 株式譲渡契約の締結権限・内部の意思決定手続きの履践,(ii) 株式の譲渡権限,(iii) 株式譲渡契約の執行可能性,(iv) 売却株式に対する担保の不存在,(v) 税務当局による手続きが係属していないこと[3] など
対象会社に関する事項	(i) 適正な設立・存続,事業遂行能力,(ii) 授権資本・発行済株式に関する事項,潜在株式の不存在,(iii) 法令・許認可の遵守,許認可等に関する当局からの警告・指導等の不存在,(iv) 財務諸表の正確性,会計原則の遵守,(v) 基準日(財務諸表の対象期間の末日)以降の変更の不存在,(vi) 偶発債務・潜在債務の不存在,(vii) 不動産・動産に関する所有権・使用権の保有,(viii) 知的財産権の保有,第三者の知的財産権の非侵害,(ix) 訴訟・紛争の不存在,(x) 税金の適時・適法な支払い,税務申告書類の適時の提出,(xi) 債務負担・借入れ・保証の不存在,(xii) 環境法令の遵守,(xiii) 労働関連法の遵守,労働紛争の不存在,(xiv) 事業に必要・十分な保険の付保,(xv) 売主による情報開示の十分性,開示情報の正確性,(xvi) 子会社に関する (i)~(xv) に相当する事項など

条項イメージ ② 買主の表明保証に関する部分

7.2 The Purchaser hereby represents and warrants that the Purchaser Representations and Warranties as set out in Schedule 7.2 are true, correct, accurate and not misleading both as on the Execution Date and the Closing Date.

---

3 所得税法(Income Tax Act, 1961)第281条により,税務当局が租税債務を負う者による不当な財産逸失行為(株式の処分を含む)の効力を取り消す権限を有することに着目した,売主に関する表明保証です。

解 説 ② 買主の表明保証に関する部分

買主も売主と同様に表明保証を行いますが,対象事項は,売主が行う自己に関する表明保証の範囲と同様であり,その内容は案件を問わず一般的なものです。

買主に関する事項	(i) 株式譲渡契約の締結権限・内部の意思決定手続きの履践, (ii) 株式譲渡契約の執行可能性など

(11) 第 8 条（補償）

当事者による契約違反や表明保証違反を理由とする,違反当事者に対する補償義務が規定されます。補償義務については,金額や補償期間の上限が設定されることもあります。

条項イメージ ① 売主による補償

8. INDEMNITY
8.1 Subject to Clauses 8.3 to 8.5, the Seller shall indemnify, defend and hold harmless the Purchaser and its Affiliates (including the Target) and all of their directors, officers, employees and advisors (collectively, "**Purchaser Indemnified Parties**") from and against any and all Losses suffered or incurred by the Purchaser Indemnified Parties arising out of or in connection with:
   (i) breach of any of the covenants or obligations of the Seller under this Agreement;
   (ii) an inaccuracy, misrepresentation or any breach of any of the Seller Representations and Warranties; and
   (iii) each of the matters set out in Schedule 8.1 hereof ("**Specific Indemnity**").
It is agreed that in the event any Loss is suffered by any Purchaser Indemnified Party, the Seller shall indemnify either the Purchaser or such Purchaser Indemnified Party, as may be required by the Purchaser.
In the event that the Seller indemnifies the Purchaser Indemnified Parties, the Seller shall not seek any indemnification, compensation or recovery from the Purchaser Indemnified Parties.

解　説　① 売主による補償

　売主が買主に対して補償する場合としては，①売主が契約上の義務に違反した場合，②売主が行った表明保証に違反した場合，③特別補償事由が発生した場合などが規定されます。③特別補償は，デューディリジェンス（DD）の過程で検出された事項（例えば税務当局との税務訴訟の係属や許認可違反など）や売主が Disclosure Letter の中で表明保証の除外事項とした事項について，それにより買主に損害が生じた場合に売主が補償を行うことを予め株式譲渡契約において合意しておくものです。

　売主が契約違反を犯したり，売主自身に関する表明保証が不正確であることは必ずしも多くはないため，売主の補償義務が顕在化するのは，売主が対象会社について行った表明保証に違反が存する場合と特別補償事由が発生した場合が多いです。

　補償の対象者は，買主に限らず，その関連会社や役員等も含まれています。通常の株式譲渡契約において，買主ではない関連会社やそれらの役員等が損害を被ることはあまり想定されませんが，補償の対象を広くする方が買主にとっては有利なため，このように規定することも多いです。また，補償義務者である売主が複数の場合は，かかる売主の補償義務を連帯責任とすることも考えられます。

　2文目の"It is agreed…"の規定は，買主が損害を被った場合に，買主自身に補償させることに代えて，対象会社に生じた損失相当額を対象会社に直接補てんさせることを選択できるようにするためのものです。インドの外国為替法上，居住者（例えば売主であるインド企業）が非居住者（例えば買主である日本企業）に補償名目で送金することに困難を伴うことが多いため，そのような場合に買主ではなく対象会社に直接支払わせることができるようにしておくことが望ましいです（後記4(4)参照）。

　3文目の"In the event…"の規定は，買主が売主に対して表明保証責任違反に基づく損害賠償や買主の特別補償責任に基づく損害賠償を求めた後に，仮に補償義務を履行した売主が対象会社又はその役員等に対して損害賠償を求める

と，買主は対象会社の企業価値が低下する等の不利益を被ることになります。よって，売主が補償義務を履行した場合に売主が対象会社やその役員等に対して責任追及することを禁止する旨の規定を置くことが重要です。

条項イメージ　② 買主による補償

8.2　Subject to Clauses 8.3 to 8.5, the Purchaser shall indemnify, defend and hold harmless the Seller and its Affiliates and all of their directors, officers, employees and advisors (collectively, "**Seller Indemnified Parties**") from and against any and all Losses suffered or incurred by the Seller Indemnified Parties arising out of or in connection with:
 (i) breach of any of the covenants or obligations of the Purchaser under this Agreement; and
 (ii) an inaccuracy, misrepresentation or any breach of any of the Purchaser Representations and Warranties.

解説　② 買主による補償

買主も売主と同様に契約上の義務を負担しており，また，売主に関する事項について表明保証を行うため，その限りで売主と同様の補償義務を負う旨の規定が置かれます。

条項イメージ　③ 売主の補償義務の制限

8.3　**Aggregate Total Liability of the Seller**
　The aggregate amount of the Seller's liability in relation to any claims for indemnity arising out of this Agreement shall not exceed [30]% of the Purchase Consideration ("**Aggregate Liability**"); provided that any claim for indemnity against the Seller which may arise in relation to: (i) any incompleteness, breach or inaccuracy of any Seller Representation and Warranties with respect to [Clause 1 (Due Authorization), Clause 2 (Validity and Enforceability) and Clause 3 (Sale Shares)] of Schedule 7.1; or (ii) any Specific Indemnity, shall be excluded when determining the Aggregate Liability.

8.4 Limitations on Quantum of General Liability
  (i) The Purchaser shall not be entitled to claim any indemnity, damages or other payment under Clause 8.1:
   1. if an individual claim for indemnity is for an amount less than INR [1,000,000] ("**Individual Threshold**"); and
   2. unless the aggregate liability of the Seller in respect of all indemnity claims notified by the Purchaser to the Seller is equal to at least INR [10,000,000] ("**Aggregate Threshold**").
  (ii) It is clarified that once the quantum of claims notified by the Purchaser to the Seller under this Clause 8 exceeds the Aggregate Threshold, the entire amount of all claims made by the Purchaser (including the claims which constitute the Aggregate Threshold) shall be forthwith payable by the Seller.

8.5 Time Limit for Claim
Neither the Purchaser nor the Seller will be liable in respect of an indemnity claim unless the Party claiming indemnity has served a notice in writing on the indemnifying Party, specifying the breach for which the indemnity is being claimed (the "**Notice**"), on or before the date that is [18 months] from the Closing Date ("**Claim Period**"); provided that: (a) the Claim Period for claims with respect to [Clause 5 (Tax Warranties)] of Schedule 7.1 shall be such period as is available to the relevant governmental authorities under applicable law to reopen assessments from the relevant assessment year to which the claim relates; and (b) there shall be no limitation with respect to any claim which may arise in accordance with this Agreement for incompleteness, breach or inaccuracy of any Seller Representation and Warranties under [Clause 1 (Due Authorization), Clause 2 (Validity and Enforceability) and Clause 3 (Sale Shares)] of Schedule 7.1.

解説 ③ 売主の補償義務の制限

売主による補償義務に関しては，金額及び期間の点から上限を設けることが一般的です。なぜなら，売主が株式の対価以上の責任を買主に対して負担することや実行日後かなりの時間が経過した後に補償義務を負わされることは不合

理と考えられるからです。金額及び期間の制限については，後記4(3)に記載のとおりです。

　補償の上限額に加えて，前記の条項例（第8.4条）のように，一定金額以下の損害については補償請求を認めないとする補償の下限額を設定する場合もあります。その場合は，下限額を上回った場合に，下限額分を請求できないものとするのか，下限額分も含めて請求できるものとするのかも明確にしておく必要があります（前記条項イメージは，後者の例です）。

　通常，株式譲渡契約上の補償義務が顕在化するのは，売主の買主に対する補償義務であるため，売主の補償義務の上限が議論されますが，買主が売主と同様の補償義務を負う場合（契約締結権限についての表明保証を行う等），売主の補償義務について上限が設定されている項目については，買主も同様の上限を設定するように忘れないようにする必要があります。

　その他，補償に関する論点については，後記4に記載のとおりです。

⑿　第9条（競業避止義務，勧誘禁止義務）

　売主が実行日後に対象会社と競合する事業を行ったり，対象会社の従業員・顧客等を引き抜いたりすると，買主は予想外の損害を被ることがあります。そのため，これらを禁止する規定を置くことが多いです。

条項イメージ

9. NON-COMPETE AND NON-SOLICIT OBLIGATIONS

For a period of [2 years] from the Closing Date, the Seller covenants with the Purchaser that it shall not, either directly or indirectly: (i) be concerned in any manner (whether as investor, financier, technology / know-how provider or otherwise) with, or participate in the management, operation, or control of, or be financially interested in, or become a consultant for or to, any Competing Business within the Republic of India; (ii) induce any material customer, distributor, supplier, agent, franchisee or contractor of the Target to cease to deal with, supply products or deliver services to, or restrict or vary the terms of any contract of any of them with the Target;

> (iii) induce any director or an employee of the Target to leave their employment with the Target.

解説

　売主が対象会社の株式を譲渡した後の一定期間，一定の地域（例えば，インド国内）において，対象会社と競合する事業を行うことを禁止し（競業避止義務），かつ，対象会社の取締役・従業員の勧誘や取引先を奪う行為を禁止する（勧誘禁止義務）ことにより，買主が買収した対象会社の事業に支障が生じるのを防止することを目的としています。実行日後の買主の義務として，「第6条（実行日後の義務）」に規定することも可能ですが，株式譲渡や対象会社に直接関係する事項ではなく，また，競合する事業の範囲，期間，対象地域等の詳細を規定する必要があることから，独立の条文を置くことが一般的です。

　なお，売主がいわゆるプライベート・エクイティ・ファンドの場合，その性質上，投資対象とできる業種が限定されることを嫌うため，競業避止義務に服することに抵抗を示すのが一般的です。他方で，勧誘禁止義務については，プライベート・エクイティ・ファンドの場合でも受け入れる余地があると思われます。

　売主がその保有する株式の一部を売却した後に引き続き株主として残る場合，競業避止義務の規定を合弁契約に規定することも考えられます。もっとも，インドにおいて，競業避止義務に関する規定の効力は限定的に解釈される傾向にあるため（後記第8章Ⅳ4(22)参照），売主が引き続き株主として残る場合であっても，あえて株式譲渡契約にも競業避止義務の規定を置いた上で，競業避止義務と株式売買が一体の取引であること，及び買主が支払う株式の対価が売主が負担する競業避止義務の十分な対価を含むこと等を確認する規定を置き，将来において競業避止義務が否定される可能性をなるべく低くすることが考えられます。

(13) 第10条（守秘義務）

条項イメージ

10. CONFIDENTIALITY
Each Party agrees and undertakes that it shall not (and shall procure that its directors, officers, managers, employees, legal, financial and professional advisors do not) disclose or reveal to any third party/ Person any confidential information, and shall protect, and avoid disclosure of, the confidential information by using the same degree of care, but no less than a reasonable degree of care, as such Party uses to protect its own confidential information.

解説

　守秘義務に関する規定について，特にインド法上の論点はありません。本条項イメージには記載していませんが，当事者が証券取引所に上場していることにより適時開示が義務付けられる場合など，一定の場合に守秘義務の例外として扱われる旨を規定することもあります。守秘義務に加えて，取引に関する対外的な公表について，売主と買主が予め合意する方法及び内容により行う旨を規定する場合もあります。もっとも，このような合意をしても，インド側当事者が一方的に情報を開示してしまう事態が事実上よく見られます。

(14) 第11条（通知）

条項イメージ

11. NOTICES
Any notice or other communication whatsoever to be made or given under this Agreement shall only be effective if it is in writing and sent to the Party concerned at its address or facsimile number and for the attention of the individual, as set out below:
Seller:

Attention: [◆]
Address: [◆]
Facsimile number: [◆]
Target:
Attention: [◆]
Address: [◆]
Facsimile number: [◆]
Purchaser:
Attention: [◆]
Address: [◆]
Facsimile number: [◆]

解説

通知に関する規定について，特にインド法上の論点はありません。この規定が存する場合，買主が売主に表明保証責任を追及する場面など，株式譲渡契約に基づく権利を行使する場合は，契約上予定された形式により通知を行う必要があります。なお，株主が分散している会社の株式を多くの売主から取得する場合など，売主に対して個別に通知することが煩雑になる場合は，共通の連絡先として売主の代表者の連絡先等を記載しておき，その連絡先に通知すれば，売主全員に通知されたものとみなす規定を置くことも考えられます。

(15) 第12条（準拠法，紛争解決方法）

条項イメージ

12. GOVERNING LAW AND DISPUTE RESOLUTION

12.1 Governing Law

This Agreement shall be governed by and construed in accordance with the laws of the Republic of India without regard to applicable conflicts of laws principles. Subject to the provisions of Clause 12.2, the courts in [New Delhi] shall have the exclusive jurisdiction in relation to all matters arising out of this Agreement.

12.2 Arbitration

Any dispute, difference, controversy or claim arising out of or in connection with this Agreement, including any question regarding its existence, validity or termination (a "**Dispute**"), shall be settled, if possible, by good faith mutual negotiation between the Parties. If, however, no such settlement is reached within [30] days of any Party seeking negotiation by notice to the other Parties, then upon written notice from either Party to the other, such Dispute shall be finally resolved by binding arbitration to be held in Singapore, in accordance with the Arbitration Rules of the Singapore International Arbitration Centre ("**SIAC**") for the time being in force, which rules are deemed to be incorporated by reference into this Clause 12. The arbitral tribunal constituted for this purpose shall consist of 3 arbitrators, of which 1 arbitrator each shall be appointed by the Seller and the Purchaser, respectively, and the 2 arbitrators so appointed shall appoint the third arbitrator. If the arbitrators nominated by the Seller and the Purchaser fail to agree on the third arbitrator, the President of the Court of Arbitration of SIAC shall appoint the third arbitrator. The language of the arbitration shall be English.

解　説

　株式譲渡契約の準拠法は，一般的にはインド法が選択されます。シンガポール法などインド以外の国の法律を準拠法とすることも考えられますが，少なくとも株式譲渡手続きは対象会社の設立準拠法であるインド法に従って実行することになるので，株式譲渡契約の準拠法としてもインド法が選択されるのが一般的です。

　紛争解決方法は，シンガポールでの仲裁のほか，インドにおける仲裁手続きが選択されることもあります。インドにおける紛争解決方法の選択については，前記第4章Ⅲの説明をご参照ください。

⑯ 第13条（解除権）

株式譲渡契約には，実行日に至るまで，一定の事由が生じたことを理由として，一方当事者による解除権を認めることが一般的です。なお，株式譲渡の実行後は，解除権を認めず，損害賠償の規定によって処理するのが一般的です。

条項イメージ

13. TERM AND TERMINATION

13.1 This Agreement may be terminated on or before the Closing Date on the occurrence of any one or more of the following:

(i) at the election of the Purchaser, for the breach of any of the Seller Representations and Warranties, or any other undertaking or covenant of the Seller under this Agreement, if such breach cannot be or is not cured within [15] days of the Seller being notified in writing of the same;

(ii) at the election of the Purchaser, if a Material Adverse Effect has occurred and is subsisting as of the Closing Date;

(iii) at the election of the Purchaser, upon occurrence of a Force Majeure Event with respect to the Target which continues up to the Closing Date;

(iv) by written agreement of all of the Parties to terminate the Agreement; or

(v) by either the Seller or the Purchaser if the Closing does not occur on or prior to the Long Stop Date in accordance with Clause 4.3.

13.2 Upon termination of this Agreement in accordance with Clause 13.1 (i) to (iii) above, the Purchaser shall not be liable to the Seller or the Target, either under applicable laws or in terms of this Agreement or otherwise.

13.3 The expiry or termination of this Agreement shall be without prejudice to any claims or rights of action previously accrued to the Parties hereunder. Notwithstanding termination, Clauses 1 (*Definitions*), 8 (*Indemnification*), 10 (*Confidentiality*), 11 (*Notices*), 12 (*Governing Law and Dispute Resolution*), 13.2, 13.3, and 14 (*Miscellaneous*) shall survive the termination of this Agreement.

解説

　一方当事者に重大な契約違反や重大な表明保証違反が存在した場合，相手方当事者に解除権を認めるのが一般的です。解除という重大効果に鑑み，軽微な違反を解除事由にせずに重大な違反のみを解除事由にするか，治癒期間を設けることが多いです。

　解除権が生じる場面として，「Long Stop Date までに株式譲渡が実行されなかったこと」が規定される場合があります。前記(7)で説明したとおり，契約を締結したにもかかわらず，前提条件が充足しないまま当初予定していた実行日を徒過し，長期間が経過した場合において，いつ到来するか分からない前提条件が充足するまで当事者を拘束するのは不合理であるとの価値判断に基づいて，当事者による株式譲渡契約の解除を認めるものです。いずれの当事者にも契約違反が存しないまま前提条件が充足しない場合，契約違反に基づく解除権を行使することはできないため，このような解除権を規定しておくことにより，当事者を契約上の義務から解放する機能を有します。Long Stop Date は必ず規定されるものではありませんが，充足されるか否かが不確かな前提条件が規定され，その充足が取引実行に不可欠な場合は，規定されることが多いです。

⒄　第14条（一般条項）

条項イメージ

14. MISCELLANEOUS

14.1　Reservation of Rights

No relaxation or inaction by any Party at any time to require performance of any of the provisions of this Agreement shall in any way affect, diminish or prejudice the right of such Party to require performance of that provision. Any waiver or acquiescence by any Party of any breach of the provisions of this Agreement shall not be construed as a waiver or acquiescence of any continuing or succeeding breach of such provisions, a waiver of any right under or arising out of this Agreement or acquiescence to or recognition of rights other than that expressly stipulated in this Agreement.

14.2 Partial Invalidity

If any provision of this Agreement or the application thereof to any Party or circumstance shall be invalid or unenforceable to any extent, the remainder of this Agreement and the application of such provision to Parties or circumstances other than those as to which it is held invalid or unenforceable shall not be affected thereby, and each provision of this Agreement shall be valid and enforceable to the fullest extent permitted by applicable Law. Any invalid or unenforceable provision of this Agreement shall be replaced with a provision which is valid and enforceable and most nearly reflects the original intent of the unenforceable provision.

14.3 Assignment

The provisions of this Agreement shall inure to the benefit of, and be binding upon, the Parties, and their respective successors in business. None of the Parties shall assign, or purport to assign, all or any part of their rights or obligations hereunder without the prior written consent of the other Parties.

14.4 Entire Agreement

This Agreement constitutes the whole and only agreement between the Parties relating to the sale and purchase of the Sale Shares and supersedes and cancels any prior oral or written agreement, representation, understanding, arrangement, communication or expression of intent between the Parties (or any of them and/or any of their representatives) relating to the subject matter of this Agreement.

14.5 Amendment

No modification or amendment of this Agreement shall be valid or binding unless made in writing and duly executed by all the Parties. Any waiver, permit, consent or approval of any provision of, or any breach or default under, this Agreement must be in writing and shall be effective only to the extent specifically set forth in such writing.

解説

一般条項として，完全合意条項や契約の修正方法に関する合意などが規定されます。特にインド案件に特有の論点はありません。

2 前提条件に関する規定（第4条関連）

買主の立場から前提条件に含めるべきかを検討することが多い項目としては以下の事項が挙げられます。

(1) DDで発見された問題事項の解決

DDの過程で発見された問題事項については，全て解決してから取引を実行するのが買主にとってはベストな選択です。しかし，当該問題が深刻でない場合，スケジュールを優先して案件を実行した後に問題に対処することを当事者が望む場合もあります。

そこで，DDの過程で発見された問題事項のうち，特に重要な事項のみを前提条件として規定し，些細な事項や解決に時間を要する事項については，取引実行の前提条件とはせずに，当該事項を株式譲渡対価を決定する際に考慮したり，対処するために要する費用や当局から罰金を科された場合等に生じる損害を売主が事後的に補償するものとしたりすることが考えられます。

また，売主が一部の株式のみを売却する場合で，引き続き株主として存続する場合は，売主の費用負担において，取引実行後の所定の期間内に当該問題事項を解決すべき義務を売主に課すことも考えられます。

(2) 政府からの許認可の取得

前記第5章IIのように，当該案件を遂行する過程においてインド政府等の許認可を得る必要がある場合や，前記第5章IX1のように，競争法上の届出が必要な取引については，許可が得られたことを前提条件とする必要があります。このように政府の許認可が絡む場合は，インド当局の担当者とのやり取りを通じて，インド当局内での手続きについての進捗を管理する必要があります。例えば，外国投資促進委員会（FIPB）の会合は，通常，ひと月に1回の割合で開催されるため，ある月のFIPBの会合において取り上げられない場合，1か月後の次回の会合まで待つ必要があります。そのため，FIPBの承認が必要な

案件を実行しようとする場合は，クロージングの時期との関係で，どのFIPBの会合における承認を取得するのかと，そのためにいつまでにFIPBに対する申請を行う必要があるのかを検討の上，日程に余裕をもって申請準備を進める必要があります。

(3) 優先株式の普通株式への転換

売主が保有する株式の中に普通株式への転換権が付された優先株式が含まれる場合，優先株式のまま譲り受けた後に普通株式への転換権を行使することが考えられますが，買主としては，そもそも転換権の行使に際して支障となる事項が存しないのか，また，優先株式を転換した場合に何株の普通株式が付与されるのかについて必ずしも十分な分析をするのが難しい場合があります。そのような場合は，予め売主のもとで転換権を行使して普通株式に転換してから普通株式の形式で譲り受けることが考えられます。また，かかる転換のために対象会社における普通株式にかかる授権枠が足りない場合は，授権枠を拡大するための定款変更手続きが必要になります。

(4) 電子化株式口座の開設

対象会社の株式が電子化株式の形式で存在する場合や，株券の形態であっても実行日前に売主において電子化株式に変更してから買主に譲渡する場合，買主の側で電子化株式口座（demat account）を開く必要があります。電子化株式を取得する場合，Securities Transfer Formに必要となる印紙が不要なため，譲渡にかかる費用を軽減できるメリットがある上に株式の管理が容易なため，実行前に売主が電子化株式に変更した上で買主に譲渡することも多いです[4]。必要となる印紙の額は，2015年9月現在，譲渡対価の0.25％相当額とされています。

---

[4] なお，株式発行の場面においては，発行された株式を電子化するか否かを問わず，株券に必要となる印紙税（州によって金額が異なります）を節約できません。この印紙税は株式を発行する会社の方で負担するのが一般的です。

口座開設にはPANの取得手続き等があり，PANの取得手続きも含めると，非居住者の場合，口座開設に合計で4週間から6週間程度必要となるのが一般的です（詳細は，後記Ⅲ4参照）。仮に電子化株式口座の開設が間に合わずにクロージングを迎えた場合，買主は取引を実行することができずに株式譲渡契約上の義務を履行することができません。よって，口座開設が間に合わない可能性がある場合は，買主による口座開設の完了を株式譲渡の実行の前提条件にしておくことが望ましいといえます。

(5) 公開会社から非公開会社への変更

前記第5章Ⅰ記載のとおり，対象会社が公開会社である場合，買主としては，公開会社に適用される厳しいガバナンス規制の適用を避けるため，また，最低株主数の要件を避けるために，取引実行に先立ち，対象会社を非公開会社に変更することを前提条件として提案することがあります。

対象会社を非公開会社に変更するためには，取締役会を開催して株主総会を招集し，株主総会における特別決議により，非公開会社に対応した基本定款（MoA）及び附属定款（AoA）への変更を承認します。その後，所定のフォーム（FORM INC-27: Conversion of public company into private company or private company into public company）に株主総会議事録や変更後の附属定款（AoA）を添付して会社登記局に提出し，会社登記局の承認が得られることによって効力が生じます。新会社法上は，公開会社を非公開会社に変更するにはNCLT（後記第8章Ⅰ2参照）の承認を必要とする旨が規定されていますが，同規定は2015年9月時点において施行されていないため，引き続き，旧会社法（後記第8章Ⅰ参照）が予定する上述の手続きに沿って行われます。会社法が予定する手続き以外に，会社形式の変更について，貸付けを行う金融機関や許認可を与えた政府から承認を得る必要がある場合もあります。

(6) 関連契約の終了及び新契約の締結

売主が対象会社との間で出向契約や経営指導に関する契約等を締結している

場合，実行日以降にこれらの契約が不要になる場合は，契約を終了させる必要があります。また，合弁契約が存する合弁パートナーの間で株式を売買する場合など，実行日以降に合弁契約が不要になる場合は，一方当事者が株主でなくなることにより同契約が当然に終了する場合を除き，契約を終了させる合意が必要になります。

　他方で，実行日以降に必要となる対象会社と買主の間の契約や，買主が対象会社に派遣する主要従業員と対象会社の間の雇用契約等が予定される場合は，それらの締結（又はその中身が当事者間で合意されること）を取引実行の前提条件にすることが考えられます。

(7)　利害関係者からの同意の取得

　ある株主から株式を取得する場合において，別の株主の同意が必要になる場合があります。例えば，既存の株主間で，いずれかの株主が第三者に株式を処分しようとする場合に，まず他の既存株主に優先交渉権を与える旨を合意している場合，その株主の同意が必要になります。また，前記第6章Ⅱ1の項目にもあるように，対象会社への貸付人や取引先との契約における change of control 条項（会社の経営権が変更した場合に契約の相手方がその会社との契約を解除できる規定）に基づく承諾を取得することを前提条件とする場合があります。

(8)　前提条件が充足しない場合に備えた規定

　前提条件は，取引実行の条件に過ぎず，売主が実行日までにそれを充足するよう努力する義務を負うことはあっても，結果的に充足されない場合に売主の責任を問うものではありません。前提条件が充足しない場合の買主の保護としては，それを理由に取引を実行しないことが考えられます。もっとも，買主として，ある前提条件が充足しない場合であっても，多少のリスクを取って取引を実行しつつ，仮にリスクが顕在化した場合には売主に損害賠償を求めたい場合があります。例えば，政府からの許認可の取得（前記(2)）について，許認可

取得のための申請を行い，将来において許認可を取得できることが確実であるものの，それまでに時間を要する場合などです。

そのような場合，実行日において，売主との間で，買主が前提条件の充足を放棄する代わりに売主から何らかの補償を求めることが考えられますが，必ずしも売主がそのような要求に応じるとは限りません。そこで，株式譲渡契約の交渉において，仮に充足されなくても取引を実行する可能性が高い前提条件については，そもそも前提条件とはせずに事後的な補償の対象としたり，前提条件としつつ補償の対象にもすることが考えられます。

3　売主の表明保証に関する規定（第7.1条関連）

(1)　表明保証の内容について留意すべき事項

ア　財務諸表の正確性

買主は，売主から提示された過去の財務諸表をもとに企業価値や株式の価値を算定するため，かかる価値算定の前提とした財務諸表の正確性について売主に表明保証させる必要があります。

例えば，インドの企業は，会社法により，決算期が4月1日から翌年3月31日であることが義務付けられていますが，2014年4月1日から2015年3月31日までの監査済みの損益計算書と2015年3月31日時点の監査済みの貸借対照表が正確であることについて表明保証をさせることが考えられます。さらに，それより以前3期分の財務諸表を参考に企業価値や株式の価値を算定した場合は，過去の3期分について同様の表明保証を求めることになります。

イ　基準時以降の変動の不存在

売主から提示された財務諸表が正確であっても，その後に予想外の資産の処分や債務負担行為が行われていると価値算定の前提が異なります。そこで，表明保証の対象とした財務諸表の対象期間の最終日（以下「会計基準日」といいます。前記の例では2015年3月31日）以降，対象会社が通常の事業の範囲を逸脱する行為を行っておらず，対象会社の事業に重大な悪影響を及ぼす事象が生じていないことを表明保証させる必要があります[5]。

この 2 点を相互にリンクして表明保証させて初めて買主による企業価値や株式価値の算定の基礎についての正確性を担保できたといえるでしょう。

(2) その他の留意事項
ア 表明保証の時点

表明保証は，売主がある一定の事項について表明を行い，それが真実であることに責任を負うものであるという性質上，その事項についての表明を行う時点（対象事項が「いつの時点」で真実かつ正確であるか）を明確にする必要があります。一般的には，契約締結日及び取引実行日の両方の時点において，表明保証を行うのが一般的です。もっとも，契約締結日から取引実行日までの間に売主や対象会社に関する事項について変更が予定されている場合，各時点における表明保証の内容は異なる場合があります。

イ 「知る限り」の限定

表明保証の対象事項（前記 1 ⑽参照）のうち，対象会社に関する事項について，売主の知る限り正確である旨の表明保証がなされる場合があります。

この場合，仮に表明保証に反することが事後的に判明した場合であっても，その違反について売主が知らない場合には売主は責任を負わないことになります。例えば，許認可に関する当局からの警告・指導等の不存在や訴訟・紛争の不存在について表明保証する場合，当局からの警告・指導等や訴訟・紛争が起きるおそれがないことについても売主が表明保証する場合があります。ですが，そのようなおそれのある事項の有無についてまで売主に表明保証をさせるのは過大であるため，「知る限り」の限定が付される場合が多いです。

表明保証の範囲は，基本的にはある事項が真実でないことが事後的に判明した場合のリスクを売主と買主のいずれが負担するかにより決まります。「知る限り」の限定を付すか否かも同様であり，表明保証の対象事項の性質というよ

---

5 契約締結日から取引実行日までの間に対象会社が通常の業務遂行を行うべき旨は株式譲渡契約に規定されますが（前記 1 ⑸参照），会計基準日から契約締結日までの間は契約締結日前の事項であるため，表明保証によって手当てする必要があります。

りは，売主と買主の交渉により決められることが多いです。

　買主の立場からすれば，売主が行う表明保証に「知る限り」の限定が付されることは望ましくありませんが，仮にそのような限定を受ける場合は，対象会社に関する事項について豊富な知識があると思われる個人（例えば，売主から対象会社に派遣された者や対象会社の取締役など）が当該表明保証の違反を知っていた場合は，売主もその事項を知っていたものとみなす旨の規定を置くことが有効です。また，客観的には知らなくても，売主又はこのような個人が合理的な調査を尽くしていれば知ることができた場合は知っていたものとみなす旨の規定を置くことにより，売主が知識の不存在を主張することによって不合理に表明保証違反の責任から逃れる行為を防ぐことが考えられます。

(3) 表明保証の除外事項の追加
ア 表明保証の除外

　前記のとおり，Disclosure Letter の内容は，表明保証の例外となることから，その範囲を広げたい売主と範囲を限定したい買主の間で激しい交渉が行われることも珍しくありません。また，仮に Disclosure Letter の中においてデューディリジェンス（DD）では確認されなかった事項が開示された場合（インド案件では，珍しくありません），それを踏まえた対応（契約締結日の延期，特別補償の対象とするなど）も考慮する必要があります。

　Disclosure Letter は売主が作成するものですが，そのドラフトが契約締結予定日の直前に開示された場合，買主は十分な検討時間がとれません。また，売主が Disclosure Letter の中で個別の事象を特定せずに概括的な記載にとどめている場合（全ての表明保証の例外として「DD の過程で買主に開示された一切の事実」と記載されるなど），表明保証の範囲が不当に狭められ，買主の保護が十分に図られないことも予想されます。よって，買主としては，売主から Disclosure Letter を早めに開示させて，その内容の交渉に十分な時間をかけることができるようにする必要があります。

イ　実行日までの除外事項の追加

売主は，表明保証の違反がないようにするため，細心の注意を払ってDisclosure Letterを作成することになります。ところが，本来はDisclosure Letterに入れておくべきであった事項が契約締結後に判明したり，契約締結後の事情の変化により，実行日における表明保証の対象から除外すべき事項としてDisclosure Letterに盛り込む必要が生じたりする場合[6]があります。そのような場合に備えて，売主が事後的にDisclosure Letterの内容を追加できる余地を認める場合があります。

買主の立場からすれば，このような追加を一切認めないのが望ましいですが，仮に認める場合であっても，契約締結後に原因となる事実が生じた事項のみを追加できるものとし，契約締結日に既に生じていた事項については，仮に両当事者が認識していない場合であっても一律に追加できないものとすることが考えられます。

さらに，Disclosure Letterの内容の追加がなされた場合には，買主が取引を実行しない権利を有するものとすることも考えられます。そもそも，実行日の時点で対象会社にMAEが生じている場合には買主は取引実行を義務付けられないものとするのが一般的ですが（前記1(6)参照），Disclosure Letterの内容に追加された事項がMAEを構成するほど深刻な問題であるか否かが不明であったりその判定に時間を要したりする場合に備えて，一律に買主が取引を実行しない権利を確保しておくというものです。

さらに，実行日の前日や当日など，実行日の直前にDisclosure Letterへの内容の追加がなされる事態を避けるために，Disclosure Letterへの内容の追加が許される時点を実行日の5営業日前までに限定することも買主の立場からは有効です。

---

[6] 例えば，取引実行日において訴訟が不存在であることを内容とする表明保証が合意されている場合において，契約締結後，取引実行前に第三者から訴訟が提起された場合などです。

4 補償に関する規定（第8条関連）

(1) インド法における「損害」の概念

インド契約法（Indian Contract Act, 1872）には，契約違反による損害賠償に関する規定が定められています（インド契約法第73条）。同条によれば，一方当事者が契約違反を犯した場合，契約違反によって通常生じる損害に加えて，契約締結時に契約違反によって生じる可能性があることを当事者が知っていた損害の賠償を受けることができるとされています[7]。

しかしながら，"Such compensation is not to be given for any remote and indirect loss or damage sustained by reason of the breach." と規定され，間接損害が除外されています。このように，インド契約法では損害の概念が狭く解されているので，仮にSPAにおいて"Loss"の定義を広く位置づけたとしても，紛争になった場合には，インド契約法が適用され，損害の範囲が狭く解される可能性があります。契約交渉の過程では，売主側が契約法上の損害の概念を前提に損害の範囲を狭くするよう主張してくる場合があります。

(2) 売主がPEファンドの場合の特殊性

売主がいわゆるプライベート・エクイティ・ファンド（以下「PEファンド」といいます）の場合，PEファンドは対象会社の事業運営に深く関与しないという理由や，ファンドの性質上受領した株式売却代金を直ちに投資家に配分する必要があるために将来にわたって責任を負うことができないことなどを理由に，買主に対して，対象会社の事業に関する表明保証を付与することに消極的な場合が多いです。このようなPEファンドの交渉スタンスはインド案件も例外ではないため，PEファンドを売主として契約交渉を行う場合，買主として対象会社の事業についての潜在的なリスクをどのように回避するかが重要

---

7 "Compensation for any loss or damage caused to him thereby, which naturally arose in the usual course of things from such breach, or which the parties knew, when they made the contract, to be likely to result from the breach of it."

な要素となります。

　他方で，PEファンドであっても，その保有する株式について担保権等が設定されていないことや契約締結権限があることなど，対象会社の事業とは関係のない，売主であることに基づく表明保証は付与するのが一般的です。ところが，PEファンドは投資を回収し投資家に対してリターンを配分するためにファンドを組成した当初に予定した期間が満了した後に解散するのが一般的です。また，仮に解散しない場合であっても，受領した株式売却代金の大半を投資家に配分しPEファンドの口座には金銭が残らない場合も多く，将来において表明保証違反の責任を追及しようとしても実効性に欠ける可能性があります。そこで，PEファンドが付与した表明保証の違反に基づく責任追及を実効性あるものにするための手段を検討する必要があります。

ア　対象会社の事業に関する表明保証の取得

　一般的にPEファンドが対象会社の事業についての表明保証を行うことに消極的であるとしても，必ずしも全ての案件において対象会社の事業に関する内容について何らの表明保証を行わないわけではありません。よって，特に重要性が高いものに限定した表明保証を付与することを要求することが考えられます。

　もっとも，事業会社や一般個人が売主である場合に比べて，PEファンドが売主になる場合，表明保証の範囲が限定的にならざるを得ません。そのような場合は，仮に売主にプロモーターや事業会社が存する場合は，PEファンドから表明保証を得ることができない分，これらの売主が付与する表明保証責任に違反した場合の補償の上限額（後記(3)ア）を高めに設定することが考えられます。また，PEファンドの持ち分を一旦事業会社や個人に売却させてから，当該事業会社や個人から十分な表明保証と共に株式を買い取ることが考えられます。

イ　代替補償者からの補償取得

　PEファンドが譲渡対象株式について一定の表明保証を行ったとしても，前記のとおり，将来において責任追及しようとする段階でPEファンドが解散し

ていたり，既に売却代金を配分している可能性があるため，権利行使の実効性が不確実です。

そのような場合，PEファンドの運営主体（ファンドが組合の場合はジェネラル・パートナー）である法人やその他PEファンドと関連性を有する法人等であって，ファンドのように投資家への分配や解散を予定していない主体（以下「代替補償者」といいます）から，売主であるファンドが補償責任を履行しない場合に代わって補償義務を履行する旨のレター（Guarantee Letterや Comfort Letterと呼ばれます）を取得することが考えられます。かかるレターの内容は，交渉次第ですが，買主の立場からは，PEファンドが補償義務を履行しない場合の補償義務に加えて，以下の内容を盛り込むことを要求することが考えられます。

◆ 代替補償者から取得するレターに盛り込む内容 ◆

	レターに記載される事項	代替補償者にとっての受入れの容易さ
1.	売主が義務を履行しない場合の補償義務	比較的，容易
2.	同補償義務が株式譲渡契約上の補償義務の期間（以下「補償対象期間」という）存続すること	比較的，容易
3.	補償対象期間中，解散しない義務を負うこと	困難な可能性あり
4.	補償対象期間中に解散等の手続きを開始する場合，買主に通知し，代替補償者に代わる補償の差入主体から補償を差し入れさせること	困難な可能性あり
5.	売主に対する責任追及を行うことなく，直ちに代替補償者に請求できるものとすること	比較的，困難
6.	補償の上限額に相当する金額を補償義務が存続する期間中，現金又は現金同等物により保有し続けること	比較的，困難

(3) **補償の金額及び期間の制限**

前記1(11)にて解説したとおり，株式譲渡契約において補償義務の規定が置かれるのが一般的ですが，売主の立場からすれば，取引実行後に長期間にわたり

無制限に補償請求を受ける可能性にさらされるのは望ましくありません。そこで、売主による補償義務について、金額及び期間の点で上限が規定されることが一般的です。買主としては、このような制限を付すことに合意する場合、買主自身の補償義務についても同様の制限に服するように規定することを忘れないようにする必要があります。

ア 金額の制限

前記1(11)にて解説したとおり、売主の買主に対する補償義務は、①売主による契約違反、②売主による表明保証違反、③特別補償事由の発生により生じるのが一般的です。売主の補償義務について金額の制限を設ける場合、①一定限度額を超えて初めて補償の対象となる旨の規定（以下「バスケット条項」といいます）[8]と②補償額が一定限度額を超えない旨の規定（以下「補償上限条項」

◆ 買主の立場から、金額制限の対象外とすることが望ましい事項 ◆

	補償対象の事由	理由
1.	売主による契約違反に基づく補償義務。特に、売主に故意・重過失がある場合	表明保証違反を理由とする場合に比べて売主のコントロールが及ぶ度合いが大きいため
2.	売主自身に関する事項についての表明保証（前記1(10)参照）に違反した場合	他の表明保証の事項に比べて、売主のコントロールが及ぶ度合いが大きいため
3.	対象会社に関する事項についての表明保証（前記1(10)参照）のうち、基本的かつ重要な事項（発行済株式数に関する事項など）に違反した場合や対象会社に与える影響が大きいもの（税務や環境に関する表明保証違反）	当該事項についての表明保証違反が顕在化した場合に買主又は対象会社に与える影響が深刻であるため
4.	特別補償事由の発生に基づく補償義務（前記③）	特別補償は、予め賠償すべき事由と範囲が明確に合意されることが多く、その事由が顕在化した際の賠償義務の範囲を売主が予測することが比較的容易であるから

といいます）の両方を規定するのが一般的です。

　補償額の上限を設定する場合，通常，上限額が譲渡対象株式の対価を超えることはありませんが，当該対価の50％や33％程度で合意される場合もあり，一般的なクロスボーダー案件に比べると，インド案件においては，やや高い金額が設定される場合が多い印象を受けます[9]。

　もっとも，補償の対象事項によっては，このような金額制限を設けることが適当でないと考えられる場合があるため，売主と買主の交渉の結果，例外的に金額制限を設けないことが合意される事項もあります。

イ　期間の制限

　取引の実行後に長期間売主を不安定な地位に置くことを避けるために，売主の補償責任について期間制限を設けることも行われます。事案によりますが，補償期間の制限を設ける場合，最終的には12か月から24か月程度で合意されることが多い印象を受けます。この点については，一般的なクロスボーダー案件と大きな差異はないものといえます。

　補償期間の制限規定を置く場合であっても，補償の対象事項によっては，このような期間制限を設けることが適当でないと考えられる場合があるため，売主と買主の交渉の結果，例外的に期間制限を設けないことが合意される事項もあります。

　例えば，前記図表「買主の立場から，金額制限の対象外とすることが望ましい事項」のうちの「4.特別補償事由の発生に基づく補償義務」の対象事項については期間制限の対象外としたり，税務に関する表明保証違反の場合のように当局からの課税処分について法律上時効期間が設定されている事項については，

8　バスケット条項の中にも，(i) 一定限度額を超えた場合に超えた部分のみ補償義務があるとするものと，(ii) 一定限度額を超えた場合は限度額も含めた損失の全額について補償義務があるとするものがあります。

9　例えば，米国の非公開会社を対象としたM&Aに関する最近の傾向をまとめたAmerican Bar Associationが公表する2013 Private Target Mergers and Acquisitions Deal Point Studyによれば，通常，上限額は買収対価の15％以下に設定されることが多いようです。

当該時効期間を補償期間として設定することも考えられます。

(4) 補償の執行方法

株式譲渡契約において非居住者である買主のために居住者である売主が補償する旨の規定を置いた場合であっても，かかる補償義務を居住者である売主に対して執行しようとするには，RBIの許可が必要となる可能性があります。なぜなら，インドにおいて，資本勘定取引（capital account transaction）についてはRBIが規則[10]を制定しているところ，居住者による非居住者に対する補償義務の履行は資本勘定の取引に分類される[11]にもかかわらず，同規則において明示的に認められる取引として挙げられていないからです。

この点，居住者同士における補償義務の履行については，RBIの承認を必要としません。よって，非居住者が居住者から株式を購入する株式譲渡契約書において補償義務の規定を置く場合は，買主である非居住者自らが補償請求を行うことができる旨の規定に加えて，買主の要求に応じて，売主（居住者）が対象会社（居住者）その他買主が指定する居住者に対して補償させることができる旨を規定することが望ましいといえます。

そのような補償を受けた居住者に対してインド税務当局から課税がなされる可能性がある場合は，課税分についても補償の範囲に含めることまで合意できれば，なおよいでしょう。

5 源泉税の取扱い

(1) インドにおける源泉税の問題

インドの所得税法（Income Tax Act, 1961）上，外国法人がインド法人株式

---

10 FEMA (Permissible Capital Account Transactions) Regulations, 2000.
11 Capital account transaction の定義は外国為替法（Foreign Exchange Management Act, 1999）第2条(e)項にあり，"Capital account transaction means a transaction which alters the assets or liabilities, including contingent liabilities, outside India of persons resident in India or assets or liabilities in India of persons resident outside India, and includes transactions referred to in sub-section (3) of section 6" とされています。

を譲渡する取引に対しては，譲渡人が得るキャピタル・ゲインに対して，インドの税務当局から課税がなされます。同法第195条は，このような取引に際して，外国法人に対価を支払う主体（買主側。非居住者の買主も含みます）が源泉税の徴収を行うべき旨を定めています。

株式譲渡契約においてよく問題となるのは，売主がシンガポールやモーリシャスなどインドとの間に租税条約を有する国に設立されているために，租税条約において源泉地国課税（すなわちインドにおける課税）が排除される結果，買主による源泉徴収義務がない旨を売主が主張する場合です[12]。

例えば，インド企業に投資するファンドは，税務上のメリットを確保するために，インドと租税条約を締結しているシンガポールやモーリシャスに設立した法人を通じて投資していることが多いです。日本企業がこれらの法人からインド企業を買収する場合，対価を支払う際に源泉税を徴収する必要があるのか否か，また源泉徴収義務があるとして具体的に適用される源泉徴収税の税率については重大な関心事になります。なぜなら，源泉税の徴収義務は買主にあるため，仮に必要な源泉税の徴収を行っていない場合，買主がインドの税務当局から課税や罰則を受ける可能性があるためです。

租税条約が適用される結果として源泉徴収義務がない旨を売主が主張する場合，買主としては，源泉徴収義務が存しないのかについて，租税条約が定める要件に照らして別途検討する必要があります。具体的には，売主がその国の法律に基づき適切に設立されたことや売主がその国において実体のある事業を営んでいることなどについて売主から情報提供を受けた上で，租税条約上の要件を充足するかを検証することになります。もっとも，租税条約の適用が可能であるかを検証するための情報は売主から提供されるものであり，正確性について検証できる範囲は限られていますので，表明保証により対応します（下記(2)参照）。

---

12 なお，インドとケイマン諸島の間に二重課税回避協定（Double taxation avoidance agreement：DTAA）は存在しません。

また，インドの税務当局は，積極的に課税することが多いため，客観的に源泉徴収義務がない取引であっても，疑義のある取引についてはまず課税し，その後に当事者が争わなければならないことも多いです。その場合，最終的に裁判所等の判断により源泉徴収義務が否定されるとしても，訴訟を遂行するために人的資源を割かれたり，弁護士費用を負担したりする必要があるという問題が残ります。

(2) 買主を保護するための方策

　買主が対価の支払いに際して源泉徴収義務を負うことが当事者間で明らかな場合，株式譲渡契約に規定する支払対価が源泉徴収前の金額を指すのか源泉徴収後の金額を指すのかについて，明確にしておく方が望ましいです。この点が明確でない場合，買主としては契約書に記載された金額から源泉徴収を行った後の金額を売主に支払う認識を有しているにもかかわらず，売主としては契約書に記載された金額が源泉徴収後の金額であると主張し，争いが生じる可能性があるためです。

　他方で，売主が源泉徴収が不要と考えている取引について，買主は源泉徴収が必要であると考えたり，将来において税務当局から源泉徴収が必要であるとの指摘を受けるリスクを否定できない場合，そのようなリスクから買主を保護する方策として，以下のようなアレンジが考えられます。

ア　源泉税を徴収する

　源泉徴収義務の有無が明らかではない場合，買主としては，とりあえず源泉徴収を行った上で，税務当局に対する納税を行い，納税を行ったことを証する書類を売主に交付し，売主の方で税務当局に対する還付手続きを行うように要求することが考えられます。

　もっとも，インドの税務当局の課税に対する積極的な姿勢を前提とすると，一旦納税した源泉徴収額について，事後的に源泉徴収義務がないことを立証して還付を受けることは困難が予想されるため，売主にとっては受入れが困難な可能性が高いです。

イ　税務当局からの確認書の取得

　源泉徴収義務の有無が明らかではない場合，買主としては，売主に対して，その取引について源泉徴収義務が存しない旨の税務当局の確認書（nil tax withholding order）を取得することを求め，その取得を取引実行の前提条件とすることが考えられます。

　もっとも，このような確認書を取得するためには多大な時間を要することが予想され，売主が拒否する可能性が高いです。また，このような確認書を取得したとしても，前提となる事実や法制度に変更が存したとして，税務当局が将来において買主に対して確認書の内容と異なる処分を課す可能性がないとも限りません。よって，このような確認書の取得は，検討されることが多いものの，実際の取引ではあまり用いられることはありません。

ウ　表明保証の要求

　売主に租税条約が適用される結果として源泉徴収義務がないとされる場合，買主としては，売主が租税条約に規定する要件を満たすことについて売主から表明保証を求め，仮に表明保証に反する事実により買主が事後的に税務当局から源泉徴収義務を指摘されたり何らかの罰則を受けた場合に，買主が被った損害について売主から補償を受けることが考えられます。

エ　補償の要求

　売主が表明保証を行う場合，それに反した場合に買主が被った損害を売主が補償しますが，表明保証違反の有無にかかわらず，およそ将来において買主が源泉徴収義務に関連して税務当局から何らかの処分や罰則等を受けた場合に，広く売主が買主を補償する旨の規定を置くことが考えられます。なお，その場合には，売主としては，補償額を最小化するために，買主と税務当局との折衝に参加できる権利を要求する可能性があります。

オ　売主がファンドの場合の特殊性

　前記のとおり，インド企業に投資するPEファンドは，税務上のメリットを確保するために，インドと租税条約を締結しているシンガポールやモーリシャスに設立した法人を通じてインド企業に投資していることが多いため，源泉徴

収義務の有無についても，売主がPEファンドの場合によく問題となります。

売主がPEファンドの場合，売主から表明保証や補償義務を獲得することに加えて，そのような権利を実効性あるものにするために，ファンドの運営者などからも補償等を取得することが考えられます。その内容については，前記4(2)イに記載のとおりです。

カ　保険の購入

以上の方策について売主と買主が合意に達しない場合，源泉徴収義務に関するリスクが顕在化した場合に備えた保険を購入することが考えられます。もっとも，インドにおいては，税制が不明確であったり，税務当局が恣意的な運用をすることが課題として挙げられているため，このようなリスクを補填するのに適した保険商品が容易に見つからない可能性があります。

Ⅱ　契約交渉，締結，製本の実務

1　契約交渉の進め方

国際会議における議長の役割は，インド人を黙らせることと日本人をしゃべらせること，などとよく言われたりしますが，このような特徴を持ったインド人と日本人が契約交渉をすると，交渉が英語で行われることもあり，少なくとも口数では，インド人の方が日本人を圧倒します。

また，日本人の場合，交渉相手の立場もわきまえて，無茶な要求をすることをためらう場合もありますが，インド人の典型的な交渉方法は，一つでも多くの点で有利な条件を勝ち取ろうとします。よって，インド人と交渉する際は，以下の点に留意する必要があります。

(1)　インド人と互角に交渉できる体制を作る

契約交渉が，メールのやり取りだけで完了すれば，日本企業のチーム内で時間をかけて徹底的に議論をすることも可能ですが，実際の案件では，必ずどこ

かの段階で，電話会議又は対面方式により契約交渉をすることが必要になります。

弁護士やFAなどの代理人を立てずにインド企業の担当者と交渉した日本企業の担当者からは，しばしば，「インド人からまくし立てて説明される過程で，なんとなく納得した気になっていたが，後で深く検討してみるとかなり不利な内容になっていた」，「最初は頑張って交渉していたが，終日交渉に付き合わされ，最後は疲れて合意してしまった」などという感想が聞かれます。

インド人は普段からディベートに慣れているため，長時間の交渉も苦になりませんが，そもそも長時間をかけてインドに出張した日本企業の担当者は，思うようにうまく交渉が進められない場合も少なくありません。そのような場合に備えて，クロスボーダー案件に豊富な経験を持つ担当者をチームに入れるか，そのような案件に豊富な経験を有する外部の専門家やアドバイザーを関与させることにより，インド人と互角に交渉できる体制を作ることが重要です。

(2) 主要論点から交渉する

一つでも多くの点で有利な条件を勝ち取ろうとする交渉相手に，各論点を順番に交渉すると，全ての論点において，不利な条件を応諾させられる可能性があります。また，些末な点について双方が譲歩せずに時間ばかりが経過するのは効率的ではありません。

そこで，ある程度主要論点が特定されてきた段階で，主要論点のみを抽出した論点リストを作成し，それらについてまとめて交渉することで，当方が譲歩できる事項を譲歩しつつ，重要と考える事項を獲得することが考えられます。主要な論点について合意できれば，締結に至ることができる期待感が膨らみ，細かい論点について一気に決着することも珍しくありません。

(3) 譲歩できる項目を残しつつ交渉する

インド人とのタフな交渉においては，幾度となく契約条件の譲歩を迫られることになります。そのような場合に備えて，相手方が非現実的で無理な要求を

行っている場合は，こちらもある程度厳しい条件を交渉材料としてぶつける必要がある場合があります。そうでなければ，相手方の非現実的で無理な要求を取り下げさせる代わりに，本来譲歩すべきでないこちらの要求事項を取り下げることになる可能性があるためです。

(4) ゴールを意識しつつ交渉する

双方の当事者がある程度の主張を尽くした後においても，お互いに何ら譲歩しなければ，永遠に交渉をまとめることはできません。場合によっては，日本企業側としては，契約をまとめたいと思っているにもかかわらず，こちらが起用したインド人弁護士がクライアントの利益を守るために一切の譲歩をせずに強行な主張を繰り返す場合もあります。

契約の初期段階においては，そのような振る舞いは非常に役立つのですが，契約交渉の終盤以降は，日本企業の意向を踏まえて交渉できる代理人（FAや日本の契約交渉に精通した弁護士等）を通じて交渉することも考えられます。また，場合によっては双方当事者のFAのみが話し合うことで，双方が歩み寄れる限界点を探ることも考えられますし，当事者のトップ同士がかなり少人数で話すことにより，契約交渉の過程で明らかになった対立点が一挙に解消する場合もあります。

交渉が進んだ段階においては，純粋なビジネス判断に関する論点について，アドバイザーを排除して当事者間だけで話しあう場を設けたり，契約書の専門的な文言を詰める作業については，アドバイザー同士だけで効率のよい議論を進めたりすることも考えられます。

(5) 日程に間に合わせるように進める

インド案件において，苦労することの一つとして必ず挙げられるのは，いかにスケジュール通りに案件を進めるかという点です。日本企業の場合，大きな企業体になればなるほど，取締役会を迅速に開催することが困難なため，契約締結が近づくにつれて，取締役会を開催して契約の締結を承認する日（多くの

場合，同日に契約を締結する）を確定させ，その日に向けて最後の契約書の文言の詰めを行うのが通常です。

　しかしながら，必ずしもそのような実務に慣れていないインド人担当者は，当然のように当初のスケジュールからの少々の遅れは許容範囲と考えて取り組むことが多くあります。よって，相手方当事者に対しては，早めの期限を設定するなどして，余裕を持った日程を組む必要があります。加えて，日本とインドの祝日を挟むことにより，想定外にスケジュールが遅延する場合もあるので，細かい点ですが，両国の祝日を念頭に置いて日程を組むことも重要です。

　なお，日本企業側が取締役会の日や契約の締結日を設定し，それを目指して交渉している事実が相手方に知られると，インド企業側が，足元を見て様々な事項について譲歩を迫ってくることが予想されます。そのため，可能な限り，そのような事実を相手方に知らせるのを避けたり，仮に相手方が無理な要求を行ってきた場合には，必ずしも当初のスケジュールにこだわらずに日程を遅らせるなどの対応も含めて準備を進める方が望ましいです。契約締結予定日の直前に Disclosure Letter が開示されることがある点は，前記Ⅰ3(3)アにおいて説明したとおりです。

2　契約締結実務

　日本の案件であると否とを問わず，契約締結日においては，合意した契約書と各当事者がサインした契約書の署名欄だけを電子メールにより交換し，後日に契約書原本を交換することが頻繁に行われますが，インド案件においても同様です。そのため，契約締結日が近づいた場合は，いつでも契約書の署名欄の交換を行うことができるように，予め契約書の署名欄に代表者のサインを取得しておくことも考えられます。

　また，インド案件においては，契約書の署名者の署名権限を確認する方法として，契約当事者が法人の場合は，当該法人の取締役会決議において明確に代表者に署名権限を付与する旨の決議を行うことが求められることが多いです。日本の代表取締役は，会社法によって包括的な権限が付与されているため，株

式譲渡契約の締結に取締役会決議が必要な場合であっても、必ずしも代表者への授権までを明示して決議を行わない場合もありますが、インド側当事者からは、そのような文言が取締役会議事録に含まれていることを要求される場合があります。

よって、署名者の授権権限を証明する書類としてどのような内容の書類が要求されるかを事前に確認しておくことが、スムーズな契約締結のためには有効です。特に、取締役会議事録の場合は、英訳の要否に加えて、出席取締役の押印まで必要なのか、何らかの事情で取締役会議事録の提出が困難な場合は代表者名義の授権証明書で足りるのか等についても確認しておくとスムーズです。

3　契約書製本の実務

株式譲渡契約書の原本には、所定の印紙を貼付することが必要です。印紙の額については、インドの州法によって規定されているため、署名が行われる場所に応じて適用される金額を確認することが必要です。なお、日本の印紙税法上、株式譲渡契約は印紙税の課税文書に該当しないため、日本の印紙を貼付する必要はありません。

インドの印紙の貼付方法には、①所定の額の収入印紙が印刷された用紙を予め購入しておき、その用紙に契約書の最初のページを印刷する方法と、②契約書を銀行等に持参して franking machine（料金別納証印刷機）を用いて所定の額の収入印紙を印字してもらう方法があります（後者は全ての州が採用している訳ではありません）。いずれの場合も、日本の収入印紙より大きめのサイズとなります。製本の段階になって印紙の準備が間に合わないことがないように、締結日が近づいたら、売主と買主のいずれが印紙を準備するのかを予め決めておくといいでしょう。

さらに、契約書の署名欄に加えて、契約書原本の各ページに各当事者が署名する場合もあります。これは、法律上求められるものではありませんが、原本を後で差し替えることを防止するためのものです（日本で行う契印に相当します）。日本で見られる袋とじ方式ではなく、事後的に差替えが可能な方法で製

本する場合は，このような署名を行う意味があるものと思います（もっとも，弁護士が関与する形で電子メールの交換により内容を確認している場合は，事実上，差替えのリスクは低いと思われます）。

Ⅲ　株式譲渡実行実務

　契約を締結した後は，取引実行の前提条件となっている事項を充足するために売主と買主が協力することになります。株式譲渡契約上の全ての前提条件が充足した（又は当事者がその充足を放棄した）場合，実行日において，売主から買主に対する株式の移転と，買主から売主に対する対価の支払いが行われます。インドの株式の移転方法は，株券が発行されている場合と株式が電子化されている場合とで手続きが異なります。

　他方，対価の送金手続きについては，通常のクロスボーダー取引と同様ですが，着金の確認手続きに時間を要することがある点に注意が必要です。

1　前提条件の充足確認

　株式譲渡契約の前提条件には，売主が主導して充足すべきもの（例えば，株主の変更に伴って対象会社において取得が必要となる銀行や契約の相手方からの同意の取得など），買主が主導して充足すべきもの（例えば，買主の方で電子化株式口座を開設する等），双方が協力して充足すべきもの（競争法上のファイリングなど）があります。

　各当事者がクロージングに向けて漏れなく前提条件を充足するために，①前提条件の各項目（準備すべき書類等の名称），②その項目について責任を持つ当事者又はアドバイザー，③準備の進捗状況，④準備の期限などを確認できる一覧表を作成して管理すると効率的です。このような一覧表はクロージング・チェックリストと呼ばれるもので，FAやリーガル・アドバイザーが作成することが多いです。クロージング・チェックリストには，クロージング当日に行うべき事項及びその義務の主体を記載したり，クロージング後に行うべき事項

を記載したりしてもいいでしょう（次頁の例を参照）。

2　前提条件を放棄する場合

　買主の義務の履行の前提条件とされた事項は買主のためのものなので，買主がそれを放棄して，前提条件が満たされていないにもかかわらず取引を実行できる旨を株式譲渡契約に規定するのが一般的です。売主の義務の前提条件とされた事項についても同様ですが，売主の義務の前提条件（前記Ⅰ1(6)の"Purchaser Conditions"に列挙した事項）は容易に満たすことができる事項が多いため，その放棄はあまり問題にはなりません。

　例えば，対象会社のデューディリジェンスの過程で政府当局からの許認可の取得漏れが発見され，その取得完了を株式譲渡の前提条件としていた場合，その許認可の重要性が低い場合や許認可の取得がほぼ確実である状況で取引実行の予定日が到来した場合，買主としては，その前提条件を放棄して株式譲渡を実行したい場合もあります。

　そうであっても，買主としては，実行日後の許認可の取得手続きについて，売主に引き続き協力してもらったり，その取得に生じる費用を売主に負担させたい場合があります。そのような事情がある場合，買主は前提条件を放棄する前に売主から必要な協力や費用負担に関する合意を取り付けた上で前提条件を放棄することが考えられます。このような交渉を行う時間的余裕を持つためにも，前提条件の充足状況は，クロージング・チェックリストを用いることにより網羅的かつ継続的に確認することが必要です。

3　クロージングの遅延要素

　以上のように，前提条件が充足されるか放棄されない限り，取引は実行されませんが，取引実行に当局の承認が必要な場合，その承認が得られる時期について見込みを立てるのが難しいため，当初想定したスケジュールが遅延することが多くなります。

第 7 章　株式譲渡の進め方　　*165*

◆　クロージング・チェックリストの例　◆

No.	Document/Action	Clause No. of the SPA	Status/Note	Responsible Party	Timeline
Actions to be taken prior to Closing					
1	Company to procure the Valuation Report from a chartered accountant	3.1.1(1)	Required for filing of FC-TRS	Company	ASAP
2	Company to procure consent from xyz bank for change of management	3.1.1(2)	Draft consent letter being reviewed by Purchaser	Company	Until Closing
3	Form FC-TRS（2 sets）	3.1.2	-	Seller	Until Closing
4	（以下, 省略）	-	-	-	-
Actions to be taken on Closing					
1	Purchaser to remit the Purchase Consideration to the Designated Bank Account of the Seller	5.1.1	-	Purchaser	31 March 2015
2	Seller to deliver to the Purchaser the original share certificates	5.2.1	-	Seller	31 March 2015
3	Company shall hold a board meeting to approve (i) amendment of Articles of Association, (ii) update the register of members to reflect the Purchaser as the owner of Sales Shares	5.3.1	-	Company	31 March 2015
4	（以下, 省略）	-	-	-	-
Actions to be taken post Closing					
1	Filing of Form DIR-12 in relation to the appointment of directors nominated by the Purchaser	-	Consent letter of a director to be delivered to the Company	Company	
2	Filing of Form MGT 14 in relation to the adoption of the amended Articles of Association	-	-	Company	
3	（以下, 省略）	-	-	-	-

(1) 取引実行に当局（RBI，FIPB など）の許可が必要となる場合

取引実行のために FIPB の承認が必要となる場合（前記第5章Ⅱ4，5参照）や RBI の承認が必要となるスキーム（前記第5章Ⅱ1，2，3，6参照）を採用する場合，また，対象会社の業種を管轄する政府当局の承認を要する場合は，当事者の努力によってスケジュールを早めることが困難なため，余裕を持った日程を組む必要があります。

例えば，FIPB の会合は，通常は1か月に一度開催されるため[13]，ある会合で承認がなされない場合，1か月先まで承認を待たなければなりません。よって，FIPB の会合の頻度を確認しつつ，速やかに申請書類の準備を進める必要があります。RBI や FIPB の承認に要する期間は，案件の特殊事情にもよりますが，通常は，不備のない提出書類を提出してから，8週間から10週間程度と言われています。

(2) 合併等の組織再編を伴う場合

合併等の組織再編を伴うスキームの場合，前記第5章Ⅶに記載のとおり，高等裁判所の承認を得るために少なくとも6か月から8か月程度の期間を要することになります。高等裁判所の承認が必要となる組織再編を伴うスキームを組む場合，当該高等裁判所の処理速度，休廷期間の有無等を考慮に入れる必要があります。

(3) その他

当局からの承認が不要な場合であっても，取引実行に先立ち，対象会社の金融機関や取引先等の第三者からの承認が必要な場合，売主に当該承認が得られるタイミングを確認しつつ実行日を定める必要があります。

さらに，前記第5章Ⅸの競争法上のファイリングが必要な場合も，大幅にスケジュールが遅れる可能性があります。後記7の源泉税の計算も時間がかかる

---

13 FIPB のウェブサイト（http://fipb.gov.in/ToAgenda.aspx）に次回の会合で取り上げられる事項が公表され，承認され次第，同ウェブサイトでその旨が公表されます。

場合があるので，注意が必要です。

4 電子化株式口座の開設（電子化株式の譲渡の場合）

インドの上場会社の株式は電子化されていることが多いですが[14]，非上場会社（非公開会社を含む）の株式であっても電子化することが可能です。電子化された株式は，Depositoryと呼ばれる証券預託機関に保有されます。インドには，NSDL（National Securities Depository Ltd.）とCDSL（Central Depository Services (India) Ltd.）の2つの証券預託機関があり，SEBIに登録されたDepositary Participant（DP）と呼ばれる証券預託制度参加機関（以下「DP」といいます）が証券預託機関と株主の媒介をします。インドには多くのDPがありますが，必ず，NSDLもしくはCDSLのいずれか又は両方に登録しています。

買主側で電子化株式を受け入れるためには，電子化株式口座（以下「Demat口座」といいます）を開設する必要があります。Demat口座の開設手続きは，証券預託機関が規則を定めていますが，具体的に必要な書類等の詳細はDPにより異なるため，実際に口座を開設するDPに確認が必要です。一般的には，以下の作業が必要になります。

(1) PANの取得

PAN（Permanent Account Number）は，所得税法第139A条により，インドで事業を行ったり所得税の申告をしたりする者など，一定の要件に該当する者が取得を義務付けられる番号です。PANを取得するためには，本人確認書類（外国法人の場合は登記簿謄本）と共に所定のフォーム[15]に記入した上でNSDLが提供するオンラインサービスを通じて提出し，税務当局からPANの

---

[14] 2011年に出されたSEBIの通達（Circular）により，上場会社のプロモーターとプロモーターグループが保有する株式は全て電子化することが義務付けられました（2011.6.17付SEBIのCircular - Cir/ISD/ 3 /2011）。

[15] Form No. 49A "Application for Allotment of Permanent Account Number"

割当てを受けることが必要です。PAN は，必要書類を揃えて提出後，通常は2週間から3週間程度で付与されますが，より長期間を要する場合もあるため，日程に余裕を持って申請するのが望ましいです。特に，後記(3)にあるように，申請書類や添付書類に不備がある場合には取得手続きに長期間を要することになるため注意が必要です。

(2) Demat 口座申請フォームの記入と添付書類の提出

　Demat 口座を開設するためには，DP 所定のフォームに記入した上で申請を行う必要があります。

　NSDL が定める規則には，非居住者から取得すべき書類として，(i) 直近2会計年度にかかる貸借対照表，(ii) 直近の株主名簿，(iii) 常勤取締役の PAN，(iv) 支配権を有する個人プロモーターの PAN，(v) 定款，(vi) 商業登記簿謄本，(vii) インドの証券に投資する旨を承認した取締役会議事録の写し，(viii) 署名権限を付与された者の署名及び写真などが規定されています。

　よって，DP からこれらの資料や情報の提出を求められる可能性があります。もっとも，日本企業について，インドと関係のない取締役個人や支配権を有する個人株主が PAN（上記（iii）及び（iv）参照）を保有するのは一般的ではありませんし，その取得に時間を要します。そこで，個別の事案に応じて，DP に対して，これらの PAN は日本企業による Demat 口座の開設とは無関係と思われる旨を説明した上で，省略する方向で手続きを進めることも考えられます。

　Demat 口座の開設についても，必要書類を揃えて提出後，通常は2週間から3週間程度はかかります。よって，PAN の取得手続きと同様，日程に余裕を持って申請することが望ましいです。なお，Demat 口座の開設には PAN が必要となるため，PAN の取得手続きと並行して手続きを進めることができない点にも注意が必要です。

　無事に口座が開設されたら，Beneficial Owner Identification Number (BOIN) と呼ばれる口座番号が割り当てられます。

(3) PANの取得やDemat口座開設手続きにおける留意点

日本企業がPANの取得やDemat口座を開設するための手続きを進めようとする場合，インド特有の習慣に悩まされることも少なくありません。後記図表は，典型的に問題となることが多い事項です。これらの事由に留意しながら，時間に余裕をもって手続きを進めることが重要です。

5　株式の移転

(1) 株券が発行されている場合

株券が発行されている場合，株式を移転するためには，株券の交付及び証券移転フォームの会社への提出が必要になります。

株券の交付は，売主が買主に株券を交付し，対象会社が株券の裏面に買主の名称を記入し署名することによって完了します。証券移転フォームは，会社法所定のSecurities Transfer Formと呼ばれるフォーム[16]に，対象会社の名称，譲渡される株式の種類及び数，対価，株券番号，並びに，売主及び買主に関する情報を記入し，売主及び買主が署名し，適正額の印紙を貼付した上で対象会社に提出します。対象会社は，株券の交付とSecurities Transfer Formの内容を確認した上で，株主名簿（Register of Members）に新しい株主として買主を記載します。居住者及び非居住者間の取引であるためにFC-TRS（後記9参照）の提出が必要となる場合，それが提出された後でなければ，株主名簿の変更を行うことができません。

なお，株券が発行されている場合，売主及び買主の間で合意した株式数に対応する株券が存在するかを予め確認する必要があります。例えば，株式譲渡契約において1万株を譲渡する旨合意しても，売主が保有する一つ又は複数の株券が表章する株式の合計がちょうど1万株にならない場合は，予め売主の方で数を調整した株券を確保する等の作業が必要になります。また，非公開会社の

16　旧会社法では，"Share Transfer Form"というフォームでしたが，新会社法では"Securities Transfer Form"というフォームが規定されています。内容について大きな変更はありません。

◆ PAN の取得と Demat 口座開設の際の留意点 ◆

必要な書類等	注意すべき事項
取締役会議事録	Demat 口座の開設や PAN の開設について明示的に言及する方が望ましい。さらに，Demat 口座開設のための申請フォームに記入される署名権限者やその他株式を取得する取引について授権を受ける者は，仮にそれが代表取締役であっても，議事録の中で明示的に授権する旨を記載することを求められる場合がある。
定款，履歴事項全部証明書等	提出書類のうち，原本が日本語のものについては，英訳，翻訳証明を用意すると共に，提出書類について公証人の公証及びインド大使館による認証（又はそれらに代わるアポスティーユ（前記第3章Ⅰ6(1)参照））を用意する必要がある。
フォームに添付する写真	添付する写真には，写真をクロスするように本人の署名を付す必要がある。その際，署名が写真と申請書の両方にまたがるように行う必要があり，署名が写真の枠内にのみとどまる場合，受領されない場合がある。
フォーム内に記入する署名	Demat 口座の申請に必要となる署名権限を付与された者の署名は，署名枠の中に収まる必要がある。署名が枠に触れていたり枠外に出ている場合は受領されない場合がある。

　株主が最低2人以上必要という規制との関係で，買主の子会社又は対象会社に所属する個人に1株を保有させる場合，1株を表章する株券が存在するかの確認が必要となります。

(2) 電子化された株式の場合

　電子化された株式を移転するためには，売主及び買主が Demat 口座（電子化株式を保有するための口座（以下「Demat 口座」といいます））を開設している DP（証券預託制度参加機関）に対して，対象となる株式の Demat 口座からの移転（売主の場合）及び対象となる株式の Demat 口座への受入れ（買主の場合）を指示することによって行われます。このような指示を Delivery Instruction（売主の場合）や Receipt Instruction（買主の場合）といいます。

第7章　株式譲渡の進め方　*171*

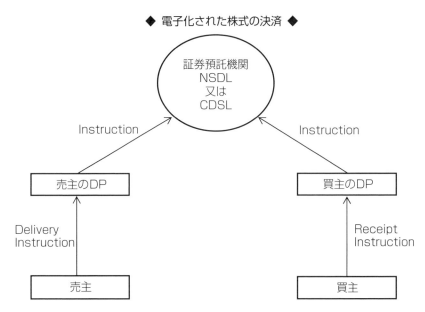

※　買主から売主への支払いは，この株式決済手続きとは独立に行われます。

電子化された株式についての株式譲渡契約においては，売主による株券の交付に代えて，実行日において，売主及び買主が Delivery Instruction 及び Receipt Instruction を行うべき旨が規定されます[17]。

　取引実行の具体的な流れは以下のとおりです。まず，クロージング日に先立ち，買主が売主に対して，買主の Demat 口座番号，DP の名称及び ID 等の情報を提供します。売主はこれらの情報に加えて，対象会社株式の ISIN（International Securities Identification Number）及び買主の口座に移転すべき株式数とともに売主の DP に対して Delivery Instruction を出し，売主の DP はそれに基づいて証券預託機関に対して対象会社の株式の移転を指示し，証券預託

---
[17]　実務上，買主は，口座開設の際に将来の電子化株式の受入れについて予め一括して指示を行うことも可能です（受入れについては買主の個別の判断を要しないことが多いため）。その場合，クロージング日において別途 Receipt Instruction を行う作業を省略することができます。

機関がその作業を終えた後，買主が買主のDPを通じて証券預託機関が発行する株式移転を証明する文書（Statement of Holdingsなどと呼ばれます）を確認することによって取引は完了します。

　売主のDemat口座と買主のDemat口座を同じDPに開設する必要は必ずしもありませんが，取引実行日のDemat口座間の振替えをスムーズに行うには，売主がDemat口座を開設するDPが参加する証券預託機関に参加するDPに買主もDemat口座を開設することが望ましいです。売主と同じDPに買主もDemat口座を開設すれば，さらにスムーズな決済が期待できます。そのような事情を踏まえて，売主と買主の間で開設すべき口座について調整を行うことが望ましいです。

6　Valuation Reportの準備

　居住者と非居住者の間で株式を売買したり発行したりする場合は，価格規制が適用されることから，それを遵守していることを示すために，価格算定書（Valuation Report）を準備する必要があります。価格算定書は，カテゴリーⅠマーチャント・バンカー又は勅許会計士が作成しますが，実務上は，コスト節約とスピード重視の観点から，小回りの利く勅許会計士に作成させることが多いです。

　価格算定書の作成に要する費用は，対象会社の事業の規模，事業の複雑さ等にもよりますが，十数ページ程度の簡単な価格算定書の作成だけであれば10万円程度の金額で作成できることも多いです。FC-TRS（後記9(1)参照）の提出が必要な場合，価格算定書はFC-TRSに添付されてRBIに提出されます。

7　源泉税の計算

　株式の対価の支払いに際して源泉税を控除する必要がある場合，買主が源泉すべき金額を算定するために，売主に生じたキャピタル・ゲインの額を計算する必要があります。通常は，かかる計算を勅許会計士に依頼することが多いです。

かかる算定に際しては、売主に生じたキャピタル・ゲインの計算の前提として、売主の取得原価を計算することが必要になりますが、かかる計算に必要な書類等を売主が速やかに提出できない場合や売主が主張する取得原価と買主が妥当と考える取得原価が異なる場合[18]などには、算定手続きに時間を要することになるため、時間に余裕を持って対応することが必要です。

売主が PAN（Permanent Account Number）を取得している場合は、PANを取得していない場合に比べて適用される源泉徴収税率が低くなる場合があるので、売主が PAN を取得しているか否かの確認も必要です（売主側としては、PAN を取得する方が望ましいです）。

8 対価の送金

株式譲渡は、売主から買主に対する株式の移転と買主から売主に対する対価の送金が同日に行われることによって完了するため、株式の対価が実行日に売主の銀行口座に着金するために、買主がどの時点までに銀行に送金指示を出す必要があるのかを予め確認しておく必要があります。また、送金の過程で控除される銀行手数料も確認の上で、送金額を検討する必要があります。

対象会社の株式が株券の場合は、クロージング日において全当事者が対価の着金を待ってから売主が買主に対して株券を交付することでクロージングが完了しますが、対象会社の株式が電子化株式の場合は、買主としては、売主になるべく早い段階で売主の DP（証券預託制度参加機関）に対して、対象となる株式の Demat 口座からの移転指示を出してほしいと考えます。そのため、クロージング日が近づいたら、買主又は買主の銀行が対価の送金完了の事実を証するためにどのような証憑を出すことができるのか、また、売主としてどのような証憑[19]を確認すれば株式の移転手続きに着手することができるのかを確認するのが望ましいです。

---

18 例えば、売主が株式を取得する際に生じた費用のうち、どの費用項目についてまで取得原価に算入できるかについて見解が異なる場合。

後述のとおり，クロージング日には，株式の移転やその対価の支払いのみならず，対象会社の株主総会や取締役会の開催，関連契約の締結等が行われるため，着金の確認ができない場合は，その後に予定される手続きが遅延することになります。加えて，居住者と非居住者間の株式譲渡の場合，対象会社において株主名簿を書き換えるためには，FC-TRSの提出が完了している必要がありますが，FC-TRSは売主の口座への着金が確認されない限り受領されないため，着金が確認できない限り，買主を新しい株主として株主名簿に記載することができないことになります。

　売主と買主が共にドル口座を保有しており，株式の譲渡代金がドルで決済される場合は，比較的スムーズな送金が可能ですが，インド居住者たる売主から株式を取得する場合のように，インド国内への送金が必要となる場合，最終的に売主の口座にルピー建てで入金されるまでに時間を要することが予想されるため，インドに支店を有する銀行を通じて送金を行うなど，工夫が必要となります[20]。さらに，買主がその子会社を通じて株式を取得する場合のように，実行日に先立ち子会社に対して株式取得のための資金を送金する必要がある場合，その送金に要する時間も考慮に入れたスケジュールを組む必要があります。

9　Form FC-TRSの提出と株主名簿の変更

(1)　Form FC-TRSの提出

　インド居住者から非居住者への株式譲渡が実行された場合，インド居住者である売主は，株式の対価を受領してから60日以内にForm FC-TRSと呼ばれる

---

[19]　買主から買主の銀行に対する撤回不能な送金指示書（irrevocable remittance instruction）を提示することも考えられますし，買主の銀行が実際に送金を実行したことを示す書類を提示することも考えられます。実務的にどのような書類を売主側に提示することができるのかについては，送金を担当する買主の銀行にも確認した上で売主側とクロージング日の手続きの流れを確認しておくことがスムーズな取引の実行につながります。

[20]　インドにおいては，最低株主数を満たすために，譲渡対象となる大部分の株式をある売主が保有し，1株のみを別の株主が保有することもあります。当該1株の対価が僅少である場合，当該株式についての振込処理が事実上後回しにされることがないかの確認も必要となります。

報告書を AD Category-I Bank を通じて RBI に提出する必要があります。同報告書の提出後，AD Category-I Bank の受領印を得ることにより提出が完了します（その後に AD Category-I Bank が RBI に提出します）。同フォームの提出義務はインド居住者にありますが，同フォームを提出するためには，当該投資が FDI ポリシーに反していない旨の宣誓文言に非居住者が署名するとともに，所定の添付書類[21]を準備する必要があるため，実務上は，売主及び買主が共同で作成することになります。

同フォームの署名者は，署名権限がある限り，必ずしも会社の代表者が署名する必要はありませんが，AD Category-I Bank によっては，FC-TRS の提出時において署名者の権限を証する書面として取締役会決議を要求する場合があるため，AD Category-I Bank との間で必要書類を予め確認しておくのが無難です。

対象会社が株主名簿上の株主を売主から買主に書き換えるためには，AD Category-I Bank の受領印が押印されたフォームが必要となるため，前記の法定期間にもかかわらず，フォーム FC-TRS は，株式譲渡の実行日に提出されるのが一般的です。実行日における手続きを円滑に進めるためには，事前に AD Category-I Bank との間で提出予定の FC-TRS の内容や添付書類について確認しておくのが望ましいです。また，前述のとおり，インド会社法上，最低2人の株主が必要であるため，そのいずれもがインド居住者であり株式を譲渡する場合は，フォーム FC-TRS は2通作成されることになります。

前記とは逆に，非居住者からインド居住者への株式譲渡が実行された場合にも，同様に FC-TRS と呼ばれるフォームを RBI に提出することが必要になります。Form FC-TRS の報告書フォームは，2015年版 FDI ポリシーに別紙8

21　①当該株式を購入することに同意する旨のレター（consent letter），②買主による当該株式の購入が外資規制の範囲内かつ価格ガイドラインに沿うものであることの証明（letter of undertaking），③株式の価格算定書，④非居住者からの送金がなされたことの証明書類（Foreign Inward Remittance Certificate：FIRC），及び⑤買主たる非居住者に関する基本情報を記載した「Know Your Customer」フォームを提出する必要があります。

として添付されています。

(2) 株主名簿の変更

株券が発行されている場合，前記5⑴記載のとおり，対象会社は，株券の交付と Securities Transfer Form の内容を確認した上で，株主名簿に新しい株主として買主を記載します。居住者及び非居住者間の取引であるために FC-TRS の提出が必要となる場合，前記のとおり，それが提出された後でなければ，株主名簿の変更を行うことができません。

Ⅳ 株式譲渡実行日以降の実務

株式の譲渡とは直接関係ありませんが，株式譲渡に伴い，実行日又はそれに近い日において，必要に応じて以下の事項が行われるのが一般的です。

1 商号変更

買主が対象会社を買収するに際して，その商号を変更する必要がある場合，会社登記局（ROC）に商号変更を申請する必要があります。この場合において，対象会社が買主のグループとしてその名称の一部を用いる場合等，対象会社について使用される名称について権利を有する者が存する場合，対象会社による使用について異議ない旨の NOC レター（No Objection Certificate）が求められる点は，会社の設立の場合と同様です（前記第3章Ⅰ3参照）。

対象会社の商号変更は，通常，株式譲渡の実行後に行われますが，株式譲渡契約の締結時においては，新商号への変更が確実に認められるかは不明です。例えば，契約締結時になされるプレスリリースの中で新商号が公表される場合，理論上は，他の会社が当該新商号を用いる可能性も否定できません。

商号変更に際しては，対象会社が提出した所定のフォームに基づき会社登記局が審査し，新商号の使用が認められた場合，当該商号は，会社登記局が認めた日から60日間，対象会社のために確保されます。よって，確実を期するため

には、株式譲渡契約において、実行日に先立って同フォームの提出義務を売主に課すことにより、実行日以降における新商号の利用を確実にすることも考えられます。

2 取締役の交代、DINの取得

(1) DINの取得

買主が対象会社を買収する場合、実行日において、買主側が派遣する取締役を選任するのが通常です。インドにおいては、前記第3章I 2記載のとおり、取締役に就任する者は全てDINと呼ばれる番号によって識別されているため、実行日において取締役として選任される者は、実行日に先立ち、DINを取得することが必要になります。

(2) 就任承諾書

取締役として選任された者は、就任日までに所定のフォーム（Form DIR-2）により就任承諾書を提出する必要があります。かかるフォームにおいて、他の会社のMD、CEO、Whole time director、CFO等の地位にあるかを確認する項目があり、取締役としての欠格事由がない旨を宣誓する文が置かれています。取締役候補者はこのフォームに署名した上で会社に提出する必要があります。

(3) 取締役の選任

取締役の選任は、株主総会の決議により選任する方法と取締役会により選任する方法があります。詳細は、後記第8章Ⅲ 2(1)に記載のとおりです。

(4) 旧取締役の辞任

売主側が派遣していた取締役は実行日において辞任するのが通常です。取締役の辞任は、辞任届を会社に提出した日（辞任届において将来の日を指定していた場合はその日）に効力を生じます（会社法第168条2項）。

3　株主総会の開催

　クロージング日において対象会社の定款を変更したり，取締役を選任したりする場合，クロージング日において株主総会が開催されることがあります。法人である株主が株主総会において代表者である個人を通じて議決権を行使する場合，株主の取締役会においてその代表者に授権する旨の決議をすることが対象会社側から求められることがあるので，注意が必要です。詳細は，後記第8章Ⅲ1(3)に記載のとおりです。

4　登録事務所の移転

　対象会社の買収に伴って対象会社が会社登記局に登録した事務所（registered office）の住所を変更する必要がある場合[22]，同じ州内における住所の移転は比較的容易に行うことができます。

　他方で，かかる登録事務所を異なる州に移転するためには，中央政府に申請し，その承認を得る必要があるため，全ての手続きを完了するまでに約4か月程度を要する場合があります。株式譲渡契約において，対象会社の登録事務所の移転を買主側の義務として規定する場合，それに要する日数も考慮する必要があります。

22　例えば，対象会社が買主からオフィスの提供を受けている場合等。

第8章
株式会社の運営実務

　株式会社の運営は，インド会社法と会社の定款（基本定款，附属定款）の定めに従って行われます。インドの会社法は，最近まで，Companies Act, 1956（以下「旧会社法」といいます）が適宜改正されて適用されてきましたが，2013年に抜本的に改正され，現在は，Companies Act, 2013（以下「新会社法」といいます）が施行され，適用されています。

　2015年9月時点において，新会社法の条文の全てが現時点で施行されているわけではないため，いまだ施行されていない条項については，依然として旧会社法が適用されるので，注意が必要です。本章において言及する条文番号は，特に明示しない限り，新会社法の条文番号を指します。

I　新会社法の施行状況

1　制定経緯

　新会社法の制定経緯は，2008年に遡ります。現在の新会社法の原形は，2008年にインド議会下院[1]に提出された，新会社法の法案であるCompanies Bill, 2008です。その後，国会における審議に時間を要したため，各年の国会では審議が完了しないまま数年が経過し，最終的に2012年12月にCompanies Bill, 2012がインド議会下院を通過し，翌年8月に同法案がインド議会上院[2]を通過

　1　インドの下院は，Lok Sabha（ロク・サバ）と呼ばれます。
　2　インドの上院は，Rajya Sabha（ラジャ・サバ）と呼ばれます。

し，2013年8月29日に新会社法が正式に成立しました。

その後，全部で470条あるインド新会社法の条文のうち，2013年9月12日に98の条文が施行され，2014年4月1日に180余りの条文が施行される等して，既に半数以上の条文が施行されています。2015年9月現在施行されていない条文の数は190弱ですが，それらの多くは，後記2で説明するNational Company Law Tribunal（NCLT）に関する規定等であり[3]，株主総会，取締役会，各種委員会など，会社の運営に関する条文の多くは既に施行されているため，基本的には，新会社法に基づいて株式会社を運営することが必要になります。

なお，新会社法の条文の数は470に過ぎませんが，新会社法の下で様々な規則（Rules）が制定されており，詳細な規定は，新会社法ではなく，各規則に規定されています。また，一旦施行された規則がその後に施行された規則によって変更されている場合があるため，規則を参照する際には，関連する規則を漏れなく確認するように注意しなければなりません。2015年9月現在，施行されているRulesの数は50を超えます。このほか，インド政府が必要に応じて公表するCircularやNotificationにおいて，条文の適用関係が明示されたり，新会社法やRulesにおいて不明確な点が明確化されたりすることがあります。

さらに，新会社法を改正するCompanies（Amendment）Act, 2015（以下「新会社法改正法」といいます）が2015年5月29日に効力を生じ，新会社法の一部の規定は，施行から1年余りで改正されました。2015年6月5日には，政府が公表した通達（以下「2015年6月改正通達」といいます）により，新会社法の下で非公開会社にも適用があるとされた多くの規定が，非公開会社に適用されないものとされたり，適用される内容が修正されたりしました。

2 NCLTの整備を含む今後の展望

旧会社法の下では，大株主からの横暴等により権利を侵害された少数株主からの救済等を受け付ける機関としてCompany Law Boardが設置される一方で，

---

[3] その他，会社や親子会社間の簡易合併制度や少数株主からの株式買取制度なども施行されていません。

合併や会社分割を含む組織再編について承認等を与える機関としては High Court 高等裁判所が指定されるなど，場面によって異なる機関が管轄を有していましたが，新会社法の下では，Company Law Board 及び High Court に代わる会社法上の機関として，National Company Law Tribunal（NCLT）が設置されることが予定されています。

しかしながら，同組織については，その憲法適合性等について裁判所で争われるなど，永らく組成自体が不透明な状況であったため，2015年9月時点において，NCLT に関連する規定はいまだ施行されていません。ところが，2015年6月に最高裁判所がその存在自体の憲法適合性を確認する判決を下したことから，今後，NCLT のルールが制定され，その構成メンバーの選定が完了すれば，新会社法における NCLT 関連の条項の施行に向けて大きく動くことが期待されます。

前記のとおり，改正が繰り返されている新会社法は，今後も，必要に応じて見直しが図られる可能性が十分にあるため，注意が必要です。

なお，会社法に関する様々な疑問点をインド会社秘書役協会（後記Ⅲ7参照）が "FAQs on the Companies Act, 2013"（以下「会社秘書役協会 FAQ」といいます）として公表しているので，参考になります[4]。

Ⅱ 公開会社と非公開会社の分類

1 基本的な性質

非公開会社は，その定款の中に，①株式の譲渡制限，②株主数を200人以下に限定する旨，③有価証券の公募禁止のいずれもが規定されている会社をいいます（会社法第2条68号）。公開会社は，非公開会社ではない会社をいいます（同条71号）。よって，定款に①～③のいずれかの規定が置かれていない会社は，

---

[4] 2015年9月現在，139の質問について回答が記載されています。

公開会社として設立される必要があります。新会社法の施行直後は，非公開会社は10万ルピー以上の，公開会社は50万ルピー以上の払込資本金を有することが要求されていましたが，新会社法改正法により，かかる最低払込資本金の要件は撤廃されています。

公開会社は，7人以上の株主を必要とし，払込資本金や売上高の規模によっては各種委員会の設置が強制されるなど，非公開会社に比べてより多くの規制が適用されるため（両者の違いについては，前記第5章Ⅰ参照），上場会社など公開会社であることが要求される場合を除いて，通常は，株式会社の法形式としては，非公開会社を選択する場合が多いといえます。

2　みなし公開会社

新会社法は，ある株式会社が非公開会社であっても，それが公開会社の子会社である場合には，当該非公開会社が公開会社とみなされると規定しています（会社法第2条71号）。このように，法形式は非公開会社であるにもかかわらず，親会社の性質により公開会社とみなされる子会社を，便宜上，みなし公開会社[5]と呼ぶことがあります。

みなし公開会社の概念は，旧会社法の下ではインドに投資する外国投資家の間で盛んに議論されていましたが，新会社法の下では，みなし公開会社の規制はインド法人の子会社にのみ適用され，外国会社のインド子会社には適用されない旨の解釈が一般的になっているため，大きな論点ではなくなりました。

(1)　旧会社法下での議論

旧会社法においては，条文の文言上，みなし公開会社の規制は，日本企業を含む外国会社のインド子会社にも適用されていました。日本企業の会社の定款には，通常，非公開会社の定款に要求される株主数の制限等（前記1参照）の規定は置かれていないため，日本企業はインドの会社法上は公開会社として分

---

[5]　なお，新会社法上，"deemed public company"という概念や用語が定義されているわけではありません。

類されます。その結果，日本企業のインド子会社は，それ自体は非公開会社であっても，公開会社の子会社として，みなし公開会社の規制が適用されていました。

なお，例外的に，旧会社法上，非公開会社の株式の全てを外国法人が保有する場合にはみなし公開会社の規制は適用されないものとされていたため，日本企業の完全子会社には，同規制は適用されていませんでした。

(2) 新会社法下での議論

新会社法においても，みなし公開会社の規制自体は残されています。しかし，条文の文言上，インド会社法に基づいて設立された会社の子会社に対してのみ規制が適用されると読めるため，一般的には，日本企業を含む外国会社のインド子会社には同規制は適用されないと考えられています[6]。

III 株式会社の運営実務

1 株主総会の運営

(1) 定足数

非公開会社の場合，株主総会を開催するためには最低2人の出席が必要となります（会社法第103条）。

公開会社の場合，株主総会を開催するための定足数は，株主数によって異なり，株主数が1,000人以下の公開会社の場合は最低5人の出席が必要とされています[7]（会社法第103条）。

---

[6] 会社法第2条71号において，"a subsidiary of <u>a company</u>, not being a private company, shall be deemed to be public company" と規定されているところ，"a company" はインドの会社法に基づいて設立された会社を指すため（第2条20号），一般的には "a subsidiary of a company" に外国法人のインド子会社が含まれないと解釈されています。

[7] 株主数が1,000人超5,000人以下の公開会社の場合は最低15人の出席が必要とされ，5,000人超の公開会社の場合は最低30人の出席が必要とされます。

株主総会が定足数に足りないために開催できない場合は、開催日の3日以上前に株主に招集通知を送付した上で、翌週の同じ日の同じ場所・時間又は取締役会が決める日時・場所において株主総会を開催します。かかる株主総会においても定足数に足りない場合は、出席株主だけで株主総会の開催が可能とされています[8]。

(2) 出席方法

株主総会には、株主自らが出席します。株主が法人の場合は、その法人が授権する個人が代表者（representative）として出席します（第113条1項）。これらの者が定足数に算入されることになります。株主総会は、代理人（proxy）による出席も可能ですが、代理人は株主総会において発言権が認められておらず（第105条1項）、定足数にも算入されないと考えられます[9]。

(3) 法人株主による株主総会への出席

インドにおいて、法人である株主は、取締役会決議に基づいて、会社を代表して議決権を行使する個人に対する授権を行うことが一般的です[10]。日本企業が株主である場合、法人を代表して議決権を行使する個人に対して授権を行うために取締役会決議が必要か否かは日本の会社法に従って判断すればいいように思われますが、インドではかかる授権が取締役会決議によって行われるため、日本企業が株主として議決権を行使しようとする場合であっても、その取締役会決議によって明示的に特定の個人に対して授権がなされたことを証明する議

---

[8] この場合、新会社法の条文が "members present shall be the quorum" と規定していること、また、会議体としての性質から、依然として少なくとも2名以上の株主が必要であると考える見解が有力です。

[9] 株主が定足数に算入されるためには、株主が直接出席すること（personally present）が必要と規定されています（第103条1項）。

[10] インド会社法上、以下の規定が置かれているためです。"A body corporate…may, if it is a member of a company within the meaning of this Act, by resolution of its Board of Directors or other governing body, authorise such person as it thinks fit to act as its representative at any meeting of the company, or at any meeting of any class of members of the company"（第113条1項）

事録の提出が求められることがあります。

　実務的には，対象会社の会社秘書役に予めかかる授権に関する取締役会決議の議事録を検討してもらい，具体的にどのような決議が必要なのか，また，決議がなされたことを証明する文書として，取締役会決議の英訳や代表取締役の証明書等どのような書類が必要なのか，また，その書類を会社のレターヘッドに印刷することが必要なのか等を確認しておくことが有効です。

(4) 開催方法

　株主総会は，実際に開催する方法のほか，郵便投票（postal ballot）により行うことが可能です。さらに，200人超の株主を有する会社は，主要な事業の譲渡や基本定款の事業目的の変更等，Companies（Management and Administration）Rules, 2014が定める所定の事項について株主総会を開催する場合は，郵便投票（postal ballot）によることが義務付けられています。旧会社法の下では，上場会社に限って郵便投票が認められていましたが，新会社法の下では，非公開会社を含む全ての会社が，一部の場合を除いて株主総会を郵便投票により行うことが可能になりました（第110条1項）。もっとも，郵便投票によるためには，郵便投票に関する所定の事項を新聞に掲載する必要がある等煩雑なため，実務上は非上場会社において郵便投票が多用されているわけではありません。

　さらに，旧会社法の下では，企業省（Ministry of Corporate Affairs）の通達[11]によって，一定の要件のもと，ビデオ会議の方法により株主総会を開催することが認められていました（電話会議方式は認められていません）。

　新会社法及び規則においては，ビデオ会議による株主総会の手続きを規定した条文が置かれておらず，その手続きを規定した通達も出されていません。よって，旧会社法下での企業省の通達に準じた手続きに沿ってビデオ会議による株主総会を開催することも考えられますが，同通達は旧会社法のもとで開催

11　2011年5月20日付 General Circular No.27/2011。定足数に足りる株主と議長は物理的に株主総会に参加することを含む，一定の要件が課されていました。

される株主総会の手続きを規定したものであり，新会社法のもとで開催される株主総会をビデオ会議により行うことを許容する通達等は存在しないとして，新たな規則や通達で方針が確認されるまでは，ビデオ会議による開催は避けた方が無難であるとする保守的な考え方もあります[12]。

なお，一定の決議事項を除いて書面決議が許容される取締役会（後記2(5)参照）とは異なり，会社法上，株主総会について書面決議は予定されていません。

(5) 開催頻度

定時株主総会は，毎年1回必ず開催する必要があります。定時株主総会は，会計年度の終了から6か月以内に開催する必要があります[13]。また，ある定時株主総会と次の定時株主総会の間隔は，15か月を超えてはならないとされています（第96条）。

(6) 決議要件と決議方法

普通決議は，出席株主の過半数の賛成を必要とし，特別決議は，出席株主の75%以上の賛成を必要とします。定款の規定により，普通決議において可否同数の場合に議長が最終決定権（casting vote と呼ばれます）を有する旨を定款に規定することが認められています。

株主総会の決議方法は，頭数に基づいて数える挙手（show of hands）が原則とされています（第107条）。ただし，議決権の10%以上を保有するか50万ルピー以上に相当する払込資本を有する株主が請求した場合，又は，議長が判断した場合，株式数に基づいて数える投票（poll）により決議することも可能とされています（第109条）。2015年6月改正通達により，非公開会社については，決議方法につき，定款に別途の定めを置くことが許容されることになりました。

---

12 この点，会社秘書役協会FAQにおいては，株主総会をビデオ会議により開催できることを前提とした記述があります（Q19に対する回答参照）。
13 例外的に，設立後最初に開催される定時株主総会は，会計年度の終了から9か月以内に開催すれば足りるとされています。

◆ 普通決議事項の例 ◆

- 貸借対照表及び損益計算書の取締役会及び監査役への報告の承認，利益配当の承認，取締役の選任，監査役の選任（第102条2項，第152条）
- 監査役の報酬の承認（第142条）
- 取締役の解任（第169条）
- 関連当事者取引の承認（新会社法改正法）

◆ 特別決議事項の例 ◆

- 基本定款及び附属定款の変更（第12条，第13条）
- 優先株式の発行（Companies (Share Capital and Debentures) Rules, 2014第9条）
- 第三者割当増資（第62条）
- 減資（第66条）
- 一部の例外を除く，自己株式の買取り（第68条2項）
- 転換社債の発行（第71条1項）
- 監査役の解任（第140条1項）
- 主要な事業[14]の譲渡その他の処分（第180条1項）＊
- 払込済資本（paid-up capital）及び資本剰余金（free reserves）の合計を超える金銭の借入れ（第180条1項）＊

＊ 2015年6月改正通達により，非公開会社については第180条が適用されないことになったため，非公開会社における主要事業の譲渡その他の処分や借入れについては，株主総会の決議が不要になりました。

(7) 招集通知と添付書類

　株式会社は，株主総会の21日前までに，株主に対して説明書類を添付した上で通知を行う必要があります（第102条）。なお，95％以上の株主が同意した場合には，招集通知の期間を短縮したり，招集通知を行った日に株主総会を開催することも可能です（第101条）。その場合，招集通知の期間短縮の同意を得て開催する旨を招集通知に記載するのが一般的です。

14　直近の監査済貸借対照表における純資産（net worth）の20％を超える場合など。

2015年6月改正通達により，非公開会社については，招集通知の期間や説明書類の添付については，定款に別途の定めを置くことが許容されるようになりました。

2　取締役会の運営

(1)　取締役の選任方法

　取締役は，株主総会決議によって選任する方法と，取締役会決議によって選任する方法があります。

　株主総会によって取締役を選任する場合，取締役候補者又は同候補者を取締役にしようとする株主は，その旨を会社に書面により通知するとともに，10万ルピーを預け金（deposit）として会社に支払う必要があります（第160条）。当該候補者が取締役に選任されるか25％超の株主の賛成票を得た場合は，この預け金は支払主に返還されます。預け金の支払方法は特に限定されていませんが，取締役に選任された後に返還されることが予定されているため，小切手により支払っておいた上で，選任された後に現金化されなかった小切手がそのまま返還されるのが一般的です。なお，2015年6月改正通達により，非公開会社については，この預け金が要求されなくなりました。

　取締役会決議によって選任される取締役は付加取締役（additional director）と呼ばれ，その任期は次の定時株主総会までとされています。次の定時株主総会において選任されることにより，通常の取締役としての地位を有することになります。付加取締役の権限は通常の取締役の権限と変わらないため，株式譲渡の実行日に取締役を選任する必要があるものの株主総会を開催する予定がない場合には，ひとまず取締役会決議により付加取締役として選任しておくこともよくあります。

(2)　定足数

　株式会社の取締役会を開催するためには，2人又は全取締役の3分の1のいずれか多い方の取締役の出席が必要とされています（第174条1項）。

取締役会が定足数に足りないために開催できない場合は，翌週の同じ場所及び時間又は別途定款に定める方法に従って開催されます。株主総会と異なり，取締役会においては定足数に足りない場合であっても，出席取締役だけで取締役会を開催できるものとはされていません。

(3) 出席方法

取締役会には，取締役自らが出席する必要があり，取締役が代理人（proxy）を通じて出席することは認められていません。もっとも，3か月以上の期間にわたってインドを離れる取締役について，代替取締役（alternate director）を選任できる旨を定款に規定することが可能です（第161条2項）。よって，3か月以上の期間にわたってインド国外に居る取締役は代替取締役を選任することで議決権の行使が可能になります。

(4) 開催方法

新会社法上，取締役会の会議（meeting of the Board）の開催方法としては，実際に開催する方法のほか，ビデオ会議によることが認められていますが，電話会議による方法は認められていません。

ビデオ会議の開催方法の詳細は，Companies（Meeting of Board and its Power）Rules, 2014に定められており，議長による各取締役の出席確認やビデオ会議の録画・保管などの手続きが定められています。ビデオ会議により参加した取締役も定足数に算入されますが（第174条），同Rules上，以下の重要事項については，ビデオ会議により決議することが認められていません。

(5) 書面決議

全ての取締役に対して議案に関する必要書類が配布され，議決権を行使できる取締役の過半数の賛成が得られた場合，取締役会の決議があったものとみなされます（書面決議[15]）。もっとも，3分の1以上の取締役の要求があった場合は，書面決議によることはできず，議長は当該議案を「取締役会の会議

◆ ビデオ会議が認められていない事項 ◆

- Approval of the annual financial statements
- Approval of the Board's report
- Approval of the prospectus
- Audit Committee Meetings for consideration of accounts
- Approval of the matter relating to amalgamation, merger, demerger, acquisition and takeover

◆ 会社法上,書面決議が認められていない事項 ◆

- To make calls on shareholders in respect of money unpaid on their shares
- To authorize the buy-back of securities under section 68
- To issue securities, including debentures, whether in or outside India
- To borrow monies
- To invest the funds of the company
- To grant loans or give guarantee or provide security in respect of loans
- To approve financial statement and the Board's report
- To diversify the business of the company
- To approve amalgamation, merger or reconstruction
- To take over a company or acquire a controlling or substantial stake in another company
- Any other matter which may be prescribed

◆ 会社法施行規則上,書面決議が認められていない事項[16] ◆

- To make political contributions
- To appoint or remove key managerial personnel (KMP)
- To appoint internal auditors or secretarial auditor

---

15 resolution by circulation 又は circular resolution と呼ばれます。

(meeting of the Board)」に付議しなければなりません（第175条１項）。会社法上，前記(4)の「取締役会の会議（meeting of the Board）」の概念と「書面決議」の概念は区別されています。

旧会社法のもとでも，一定の事項については書面決議によることが認められていませんでしたが，新会社法のもとでは，書面決議によることが認められない事項の範囲が拡大されました。

(6) 開催頻度

取締役会は，１年に最低４回開催する必要があります。また，各取締役会の開催日の間隔は120日以下でなければならないとされています[17]。12か月間に開催された全ての取締役会の会議（meeting of the Board）を欠席した取締役は，資格を失うとされていますので（第167条１項(b)），少なくとも１年に１回は物理的に又はビデオ会議の方法により参加する必要があることに注意が必要です。

(7) 決議要件と決議方法

決議要件は，定款によって定められますが，標準附属定款（前記第３章Ｉ４(2)参照）においては，過半数の賛成が要件とされています。また，可否同数の場合において，議長が最終決定権（casting vote）を有する旨を定款に規定することが認められています。

(8) 招集通知

株式会社は，取締役会の開催日の７日前までに，取締役に対して通知します。

---

[16] Companies (Meeting of Board and its Power) Rules, 2014上は，前記のほかにも書面決議が認められない事項が規定されていましたが，2015年３月18日から発効したCompanies (Meeting of Board and its Powers) Amendment Rules, 2015により，書面決議が認められない事項の範囲が限定されました。
[17] なお，旧会社法のもとでは，各四半期に最低１回は開催する必要があるとされていました。

ただし,議題が緊急の事項[18]に関するものである場合は,7日未満の通知によって開催することも可能とされています。その場合,招集通知を短縮して開催することに取締役が同意していることを取締役会議事録に記載するのが一般的です。

3　各種委員会に関する規制

(1) 概　要

前記第5章Iの図表「公開会社と非公開会社の比較」に記載のとおり,所定の要件を満たす会社は,会社法上に定められた委員会を設置する義務があります。各委員会の設置が義務付けられる会社の基準,各委員会の役割及び構成は,以下のとおりです。

委員会の名称	役割	構成	設置義務がある会社
指名報酬委員会（第178条）	・取締役及び経営幹部の任命・解任についての推薦 ・取締役・主要役職者その他従業員の報酬に関する方針の推薦	・3人以上の社外取締役（non-executive director） ・過半数は独立取締役 ・議長を含めて過半数は,財務諸表を理解する能力が必要	上場会社及び以下の非上場公開会社 ・資本金 Rs. 1億以上 ・売上高 Rs. 10億以上 又は ・借入金・社債・預託金の総額が Rs. 5億超
監査委員会（第177条）	・監査人の任命・報酬・任命条件等についての助言 ・監査人の独立性及びパフォーマンス,監査過程の有効性の監視 ・財務諸表及び監査報告書の検証 ・企業間貸付・投資の精査 ・関連当事者間取引の承認 ・内部財務統制・リスク管理制度の評価	・3人以上の取締役 ・過半数は独立取締役	指名報酬委員会と同様
利害関係委員会（第178条）	・株主,社債権者,出資者その他の有価証券保有者を含む利害関係者からの苦情等の聴取及び処理	・議長は社外取締役(non-executive director) ・その他の構成員は,取締役会が決める	公開会社・非公開会社ともに以下を満たす会社 ・会計年度のいずれかの時点で,1,000人超の株主,債務証書保有者,

---

18　新会社法上は"urgent basis"と規定されていますが,その定義は置かれていないため,ある程度柔軟に解釈する余地があるものと思われます。

			預託者，その他の証券保有者を有する会社
CSR委員会 (第135条)	・CSR方針の策定，CSR活動及び支出額の取締役会への提言 ・CSR方針の遵守状況の監視	・取締役3人以上（うち，独立取締役を1人含む） ・ただし，独立取締役の任命義務がない非公開会社・非上場公開会社は，独立取締役は不要。取締役が2人の非公開会社は，2人で構成すれば足りる	公開会社・非公開会社ともに以下を満たす会社 ・純資産 Rs. 50億以上 ・売上高 Rs. 100億以上 又は ・純利益 Rs. 5,000万以上 ※ 一旦，この基準を満たせば，3会計年度連続して要件を満たさなくなるまで，CSRの義務が存続する[19]

(2) CSRに関する義務

各種委員会のうち，CSR委員会を除く委員会は，通常の非公開会社には適用されませんが，CSR委員会は，規模が大きい非公開会社にも適用があるため，日本企業にとって最も関心が高い委員会です。

ア CSR活動への支出義務

上記表の基準を満たす会社は，直近3会計年度における平均純利益（average net profits）の2％以上をCSR活動に支出しなければなりません（第135条5項）。一旦上記基準を満たした会社は，3年連続して基準を満たさない場合に初めてCSR委員会の設置義務やCSR活動への支出義務から免除されることとなり，単年度において基準を満たさないからといってこれらの義務から直ちに免れるわけではありません。純利益は，インド勅許会計士協会が作成するインドの会計基準（Accounting Standard）に準じて作成された財務諸表における純利益を基準にして，会社法第198条及びCompanies（Corporate Social Responsibility Policy）Rules, 2014が定める純利益の算定方法に従って計算されます。例えば，同Rulesの下では，海外の子会社や支店からの利益は含まれないものとされ，また，CSR活動に服する他のインド法人からの配当は利益に含まないものとされています。

---

19 2014.2.27付 Notification.

イ　CSR活動の内容

　CSR活動として認められる事項は，会社法別紙Ⅶ（Schedule Ⅶ）及びそれを修正した2014年2月27日付通達に列挙されており，貧困・飢餓の撲滅，教育の推進，環境の持続的可能性の確保（ensuring environmental sustainability），スポーツ振興，農村開発プロジェクト等が定められています。さらに，CSR活動の目的事項は不明確であったため，MCAがその内容を明確化する通達を多く公表しているので，注意が必要です[20]。例えば，インド国内で行われた活動のみがCSR活動に拠出された費用として認められます。また，政党への献金や会社の従業員やその家族のみが便益を享受する活動はCSR活動とは認められません。

ウ　CSR活動の報告・公表義務

　会社の取締役会は，CSR委員会の推奨に基づいてCSR方針を承認した上で，株主総会に提出される財務諸表に添付する取締役会の報告書において，その年におけるCSR活動の方針と実施内容の詳細を所定のフォーマットにより記載する必要があります（第134条3項(o)，2014年2月27日付Notification第9条）。仮に法定の金額をCSR活動に拠出しなかった場合，その理由を当該報告書に記載する必要があります（第135条5項）。

　また，会社のウェブサイトがある場合は，当該報告書の内容をウェブサイトにて公表する必要があります（2014年2月27日付Notification第9条）。

　2015年9月現在，CSR活動については，"comply or explain"の方針が採用されており，支出しなかったこと自体に対する罰則は規定されていませんが，この報告義務の違反については，罰則が規定されています（第134条8項）。

4　関連当事者取引に適用される規制

(1)　規制の概要

　会社がその会社の取締役を相手方として取引を行う場合，その取締役は，会

---

[20] 2014年2月27日付Notificationや2014年6月18日付General Circular 21 of 2014など。

社よりも自己の利益を優先する可能性があります。会社が取締役と取引を行わない場合であっても，取締役と一定の関連性を有する個人や法人と取引する場合には，同様のことがいえます。そこで，会社法は，会社が，取締役やその親族，取締役が株主や取締役となっている別の会社など，一定の関連性がある当事者や会社（以下「関連当事者」と総称します）との間で会社法所定の取引（以下「関連当事者取引」といいます）を行うに先立ち，取締役会の承認や株主総会の承認を要するものとしています。これを，関連当事者取引規制といいます。

(2) **取締役会の承認を要する取引**

会社法は，会社が関連当事者（後記(4)の説明参照）との間で以下を含む会社法第188条が定める取引を行うには，予め取締役会の承認を経ることを必要としています。以下にあるように，関連当事者との間の広い範囲の取引が対象とされています。

(i) 商品や材料の販売，購入又は供給
(ii) 種類を問わず資産の販売その他の処分又は購入
(iii) 種類を問わず資産のリース
(iv) 何らかのサービスの利用又は提供
(v) 商品，材料，サービス又は資産の購入又は販売についての代理人の選任

(3) **株主総会の承認を要する取引**

会社法は，会社が関連当事者との間で以下を含む会社法第188条及び規則[21]が定める取引を行うためには，予め株主総会の普通決議による承認を経ることを必要としています。以下にあるように，関連当事者との間の広い範囲の取引が対象とされています。

---

21 Companies (Meeting of Board and its Power) Rules。なお，同 Rule は，Companies (Meeting of Board and its Powers) Second Amendment Rules によって内容が修正されています。

(ⅰ) 前記(2)(ⅰ)(v)に規定する取引のうち，売上高の10％を超える取引
(ⅱ) 前記(2)(ⅱ)(v)に規定する取引のうち，純資産の10％を超える取引
(ⅲ) 前記(2)(ⅲ)に規定する取引のうち，純資産の10％又は売上高の10％を超える取引
(ⅳ) 前記(2)(ⅳ)(v)に規定する取引のうち，売上高の10％を超える取引

新会社法改正法により，形式的に関連当事者取引に該当する場合であっても，親会社と完全子会社間の取引であって，親会社の財務諸表において子会社が連結された上でその財務諸表が株主総会の承認を受けている場合は，例外的に関連当事者取引についての株主総会の承認は不要とされました（改正後の第188条1項但書き）。

(4) 関連当事者の定義

旧会社法のもとでは，関連当事者の定義は置かれていなかったため，どの範囲の関連当事者間取引について承認が必要とされるかが不明確でした。新会社法のもとでは，関連当事者（related party）の定義が新たに置かれたことにより，明確化が図られました。詳細な内容は，会社法第2条76号に規定されていますが，主な関連当事者は以下のとおりです。2015年6月改正通達により，以下の(ⅵ)の類型は非公開会社には適用されなくなりました。実務上は，子会社又は関連会社の取締役を兼務する者が居るために(ⅳ)の類型に該当する関連当事者取引が多く見られます。

(ⅰ) 取締役又はその親族（relative）[22]
(ⅱ) 主要役職員（key managerial personnel）又はその親族
(ⅲ) 取締役，マネージャー又はその親族が組合員となっている組合
(ⅳ) 取締役，マネージャー又はその親族が株主又は取締役となっている非公開会社

---

[22] 親族（relative）の定義は，会社法第2条77号及びCompanies（Specification of definitions details）Rulesに規定されており，配偶者，親，子，兄弟，子の配偶者等が含まれます。

(v) 取締役又はマネージャーが取締役となり，かつ，親族と併せて払込済資本の2％超の持分を有する公開会社
(vi) 親会社，子会社又は関連会社（associate company）[23]，兄弟会社

(5) 承認方法

関連当事者取引を取締役会で承認する際は，関連当事者の名称，契約の性質，期間，内容，対価を含む主要条件等の重要情報を開示した上で，取締役会で承認しなければなりません。かかる取締役会には，利害関係を有する取締役は参加できません。

また，株主総会決議が必要な議案についての決議要件は，以前は特別決議が必要とされていましたが，新会社法改正法により，普通決議で足りることとされました（第188条1項）。もっとも，非公開会社の場合を除き，株主総会に上程される議案に利害関係を有する株主は，決議に参加することができません（第188条1項但書き）[24]。

(6) 適用除外

会社法上，形式的には関連当事者取引に該当する場合であっても，類型的に会社の利益を害するおそれがない場合には，会社における取締役又は株主総会の決議を不要としています。具体的には，対象となる取引が，「通常の業務の過程（in its ordinary course of business）」で行われ，かつ，「独立当事者間取引の条件（on an arm's length basis）」の場合は，関連当事者取引規制が適用されません。

もっとも，「通常の業務」については会社法上定義が置かれていません。また，「独立当事者間取引の条件」については，「取引の当事者に関連性がなく，

---

[23] 関連会社（associate company）の定義は，会社法第2条6号に規定されており，子会社以外で他の会社から重大な影響を受ける会社をいいます。
[24] 従来はこの規制は非公開会社も含めて適用されていましたが，2015年6月改正通達により改正されました。

利益相反がない関連二当事者間の取引」[25]と定義されていますが、具体的な基準は示されていません。よって、実務上は、この適用除外に依拠するには困難が予想されます。

5　取締役に関する規制

(1)　取締役の数

会社に必要とされる取締役の数は、非公開会社については2人以上、公開会社については3人以上とされています。取締役の数の上限は15人とされていますが、株主総会の特別決議により、16人以上とすることも可能です。

(2)　取締役の責任

会社法上、取締役は、忠実義務及び善管注意義務を負っています（第166条）[26]。旧会社法の下でもコモン・ロー（一般慣習法）上の義務としてこれらの義務に服すると解釈されていましたが、新会社法において、それらが明文化されました。

新会社法の下では、新たに"officer who is in default"（有責役員）という概念が盛り込まれ、違反行為の罰則を設ける条項において、その対象者を"officer who is in default"（有責役員）と規定しています。"officer who is in default"（有責役員）は第2条60項に定義される概念で、以下の者が含まれます。

◆ "officer who is in default"（有責役員）に含まれる者の例 ◆

- 常勤取締役（whole-time director）
- 主要役職者（key managerial personnel）※
- 当該事項につき責任ある者で知りながら作為・不作為をした者
- 取締役会の手続き等を通じて違反行為を認識しながら異議を述べなかった取締役

※　主要役職者（key managerial personnel）の定義は、後記(5)参照。

25　"a transaction between two related parties that is conducted as if they were unrelated, so that there is no conflict of interest"

26　具体的には、"act in good faith"及び"exercise his duties with due care and reasonable care"という行為規範が規定されています（第166条）。

ここで注意が必要なのは，日々の業務に積極的に関与していなくても，取締役会の招集通知等によって知る機会があったにもかかわらず異議を述べなかった取締役が "office who is in default"（有責役員）に含まれ，責任を問われうる点です。

前記の改正により，新会社法の下では，旧会社法に比べて取締役の責任が強化されたと評価されています。このような責任を避けるために，インドの企業と合弁会社を運営する際，取締役を派遣するのではなく，オブザーバーを派遣するに留め取締役の責任が課されるのを回避することも考えられますが，今のところ，日本企業の間でそのような傾向は見られないようです。

(3) 居住取締役の選任義務

新会社法の下では，全ての会社に少なくとも1人の居住取締役（前暦年において合計182日以上インドに居住した取締役[27]）が必要とされています。もっとも，居住取締役の規定が2014年4月1日に施行されたことから，2014年については，暦年を2014年4月1日から12月31日までと捉えて，合計で136日超インドに居住していれば，かかる要件を満たすことを明確にしています（2014年6月26日付 General Circular No. 25/2014）。

旧会社法では，Rs. 5,000万以上の払込資本金を有する公開会社のみ，マネージング・ディレクター等の選任が義務付けられており，それらの者の居住性が要求されていましたが，新会社法では，非公開会社も含めて規模を問わずに全ての会社において最低1人の居住取締役が必要とされるようになった点が大きな改正点です。

外国投資家の完全子会社の場合，全ての取締役がインド国外に居住している場合も珍しくありません。そのような会社においては，居住要件を満たす従業員を取締役にしたり，外部の法律事務所やコンサルタントから適切な人を取締役として受け入れる等の方法により，かかる規制に対応することが考えられます。

---

27 "director who has stayed in India for a total period of not less than one hundred and eighty-two days in the previous calendar year"

(4) 取締役の兼任

 ある個人が取締役を兼任できる会社の数は，20社が上限とされています（第165条1項）。ただし，公開会社の取締役の兼任については，10社が上限とされています。なお，常勤の主要役職者は，後記(5)記載のとおり，子会社を除いて同時に2社以上を兼任することができません。

 新会社法のもとでは，最低1人の居住取締役が必要とされていることもあり，複数の子会社の取締役の兼任が検討されることも多いです。しかしながら，取締役を兼任する場合，当該会社は互いに関連当事者となるため（前記4(4)参照），会社法所定の関連当事者間取引を行うたびに，取引規模に応じて取締役会又は株主総会の承認が必要となるなど，手間が生じることになります。

(5) 主要役職者の選任と居住要件

 主要役職者（key managerial personnel：KMP）とは，CEO，マネージング・ディレクター（managing director：MD），マネージャー，会社秘書役，常勤取締役，CFO及び別途下位規則に定める者[28]を指します（第2条51項）。常勤の主要役職者は，子会社を除いて同時に2社以上を兼任することができませんが，取締役会に出席した全取締役の賛成を条件として，マネージング・ディレクターは2社までマネージング・ディレクターの兼任が許されています（第203条3項）。

 上場会社及び1億ルピー以上の払込資本金を有する公開会社は，(1)マネージング・ディレクター，CEOもしくはマネージャー（Manager），又はこれらの者がいない場合は常勤取締役（whole-time director），(2)会社秘書役（company secretary），及び(3)CFOを選任する義務があります（第203条1項）。各役職に付与された会社法上の定義は，以下のとおりです。

---

[28] 2015年9月現在，下位規則は未制定のため，本文記載の者のみが主要役職者に該当します。

役職名	会社法上の定義
マネージング・ディレクター（MD）	実質的な経営権限を付与された取締役[29]
常勤取締役（Whole-time director）	常勤の取締役
マネージャー（Manager）	全て（又は実質的に全ての）会社に関する事項に関する権限を付与された者。Director でない者を含む[30]。
CEO	CEO の名称を付された者
CFO	CFO として選任された者

　主要役職者のうち，マネージング・ディレクター，常勤取締役，マネージャーについては，会社法 Schedule V に定める居住要件や報酬制限等の条件に合致しない場合は，中央政府の承認を得る必要があるとされています（第196条4項）[31]。居住要件については，就任の直前12か月間以上インドに滞在していることが求められます。

　第196条及び Schedule V の適用範囲は特に限定されていなかったため，そもそもマネージング・ディレクター等を置く義務を課されない非公開会社であっても，マネージング・ディレクター等を置いた場合にはこれらの条件が適用されると保守的に考えられていましたが，2015年6月改正通達により，非公開会社には，会社法 Schedule V に定める規制が適用されないことが明確にされました。

---

29 "a director who, by virtue of the articles of a company or an agreement with the company or a resolution passed in its general meeting, or by its Board of Directors, is entrusted with substantial powers of management of the affairs of the company and includes a director occupying the position of managing director, by whatever name called"（第2条54項）

30 "an individual who, subject to the superintendence, control and direction of the Board of Directors, has the management of the whole, or substantially the whole, of the affairs of a company, and includes a director or any other person occupying the position of a manager, by whatever name called, whether under a contract of service or not"（第2条53項）

31 取締役の報酬は，取締役会による承認の後，次回の株主総会においても承認される必要があります。その上で，所定の地位の取締役について，会社法別紙Vに定める報酬制限等に合致しない場合に中央政府の承認が要求されることになります。

なお，これらの役職の選任について中央政府の承認が得られなかった場合であっても，それ以前に行われた行為は引き続き有効であるとされています（第196条5項）。

(6) 独立取締役の選任義務
ア 規制の概要

新会社法においては，新たに独立取締役の概念が導入されました。旧会社法のもとでは，上場会社が取引所と締結する上場契約においてのみ，独立取締役の概念が規定されていたため，適用対象も上場会社のみでした。

新会社法のもとでは，上場の有無に応じて，以下のとおり，公開会社に独立取締役の選任が義務付けられることになりました（第149条4項）。

分類	必要な独立取締役の数
上場会社	全取締役の3分の1以上[32]
以下の要件を満たす非上場の公開会社 ・資本金 Rs. 1億以上 ・売上高 Rs. 10億以上 又は ・借入金・社債・預託金の総額が Rs. 5億超	2人以上

イ 独立取締役の要件

独立取締役の要件は，会社法第149条6項に詳細に規定されますが，以下の要件が含まれます。

- マネージング・ディレクター（managing director），常勤取締役（whole-time director），指名取締役（nominee director）でないこと
- 現在又は過去において，その会社，親会社，子会社又は関連会社（associate company）のプロモーターでないこと

---

[32] 上場会社が締結する Listing Agreement（第5章Ⅷ2参照）においては，取締役会の議長が non-executive Chairman（非経営執行議長）でない場合は，少なくとも半数以上が独立取締役でなければならないとする，より厳しい要件が課せられています。

- その会社，親会社，子会社又は関連会社（associate company）のプロモーター又は取締役の関係者でないこと
- 直前の2会計年度又は当会計年度において，会社，親会社，子会社もしくは関連会社，又はそれらのプロモーターもしくは取締役との間で，金銭的な関係を有していないこと
- 品格を有し関連する専門性と経験を有すると取締役会が判断する者であること

このように，独立取締役の要件は厳しく規定されています。特に，指名取締役（nominee director）でないことという要件により，会社の株主が指名した取締役は独立取締役の要件を満たさないため，日本の会社が現地パートナーと合弁会社を運営する場合において，合弁契約に基づく指名権に基づいていずれかの当事者が派遣した取締役は要件を満たさなくなる点に注意が必要です。

ウ 施行時期

独立取締役の規制は，新会社法の施行から1年間の猶予期間が設けられていましたが，猶予期間の経過により，2015年4月1日から効力を生じています。

(7) 女性取締役の選任義務

旧会社法のもとでは女性取締役の概念は存在しませんでしたが，新会社法において新たに女性取締役が導入されました。新会社法のもとでは，上場会社及び以下の要件を満たす公開会社において，少なくとも1人以上の女性取締役を選任しなければなりません（第149条1項但書き）。

- 資本金がRs.10億以上　又は
- 売上高がRs.30億以上

6 監査役

(1) 監査役の選任資格

監査役には，勅許会計士（chartered accountant）又はパートナーの過半数が会計士である会計事務所が就任することができます（会社法第141条）。会社

の役員や従業員や他の会社のフルタイム従業員となっている者は，監査役に就任することができません。監査役の報酬は，株主総会の決議によって承認されます。マネージング・ディレクターや常勤取締役の場合（前記5⑸参照）と異なり，特に報酬の制限は設けられていません。

(2) 監査役の役割

監査役は，会社の財務書類等を調査した上で，毎年の株主総会に監査報告書を提出し，期末における会社の財務書類が適正であるかについての意見を述べます（第143条）。

監査役が職務の過程において役員又は従業員による不正行為（offence of fraud）を発見した場合には，監査役は所定の期間内に中央政府に報告する義務があります（会社法第143条12項，Companies（Audit and Auditors）Rules, 2014第13条）。

7　会社秘書役

会社秘書役（company secretary）は，会社秘書役協会（Institute of Company Secretaries of India：ICSI）の実施する試験に合格し，同協会に登録された者が担う役職です。この役職は，日本の会社法には置かれない機関ですが，英米法系の国では一般的な会社の機関です。会社秘書役は，会社法その他の会社に適用される規則の遵守状況について取締役会に報告し，会社秘書役協会が制定及び公表する事務準則（secretarial standards）を会社が遵守するように確保する役割を担います（第205条）。具体的には，株主総会及び取締役会に出席し，各種議事録を含む様々な書類を準備し，会社登記局に提出するなどの役割を担います。

このような役割を担うため，インド企業との合弁会社の会社秘書役が事実上インド企業側の意向を汲むような者である場合，日本企業側としては，合弁会社を運営しづらくなります。そのような場合は，会社秘書役が作成する議事録等の書類をきちんと精査することが重要になります。

Ⅳ　合弁会社の運営

1　合弁契約の役割

　合弁契約は，合弁パートナーの間で合弁会社の運営方法を定めるものです。合弁パートナーが協力して合弁会社を運営していく上で，合弁会社の事業目的，意思決定の方法，資金調達の方法，事業の運営方針について意見対立した場合の解決方法などについて予め合意しておくことで，合弁会社の円滑な事業運営が期待できるという点では，合弁パートナーの双方にメリットがあります。

　しかし，マジョリティ株主とマイノリティ株主を比べた場合，合弁契約をより必要とするのは，マイノリティ株主の方です。なぜなら仮に合弁契約が存在しない場合は株主総会における意思決定は，会社法の原則（前記Ⅲ１参照）に従って行われることになり，取締役会における意思決定もマジョリティ株主が選任する取締役のみによって決定されることになるところ，合弁契約においては，株主総会の意思決定，取締役の選任，取締役会における意思決定に関して，マイノリティ株主に対して会社法上で確保されている権利以上の保護が与えられるのが通常だからです[33]。

　合弁契約においては，このように，株主総会や取締役会における意思決定の方法など合弁会社の運営に関する事項に加えて，各合弁パートナーが所有する合弁会社の株式の取扱いについての規定を定めることが一般的です。

　例えば，インド企業の有するノウハウに期待して当該インド企業を合弁パートナーとしてインドに進出した場合に，当該インド企業が何ら通知することなく第三者に株式を売却してしまうような想定外の事態を避ける必要があります。

---

[33] 例えば，60％と40％の出資比率を有する合弁形態の場合，会社法上の原則に従えば，60％の株式を保有する合弁パートナーが全ての取締役を選任することになりますが，合弁契約では，出資比率に応じて，それぞれ３人と２人の選任権を有する旨を規定したり，40％の株式を保有する合弁パートナーが会社法上阻止できない株主総会決議事項について，その同意を要するものとして阻止できるようにすることが多いからです。

また，合弁会社の運営を開始した当初は順調な経営が続いている場合でも，将来において合弁会社の運営方針について意見の相違が生じた場合や一方当事者が契約を遵守しない場合などに備えて，合弁関係の解消方法も規定しておく必要があります。

2　合弁契約の締結時期

合弁契約を締結するのは，次の3つの場合が一般的です（前記第2章Ⅰ2の表の分類参照）。

① グリーンフィールド投資として合弁パートナーと共同で合弁会社を設立する場合（以下「新設会社共同設立型」といいます）

② ブラウンフィールド投資として既存会社の持分の一部を買い取る場合（以下「既存会社持分買取型」といいます）

③ ブラウンフィールド投資として既存会社に対して出資する場合（既存株主からの株式の一部買取りを伴う場合あり）（以下「既存会社出資型」といいます）

①の新設会社共同設立型の場合は，合弁契約の中で合弁会社の名称，会社形態，設立時の資本金，設立時期等を含む合弁会社の設立に必要な事項を合意するため，合弁会社が設立される前に締結されます。②の既存会社持分買取型の場合は，合弁契約は既存会社の持分の買取りが実行された日から効力を生じる必要があるため，株式譲渡の実行日に締結することも可能ですし，株式譲渡契約の締結とともに合弁契約も締結しておき株式譲渡が実行された日から効力が生じるものとしておくことも可能です。③の既存会社出資型の場合も考え方は②の既存会社持分買取型と同様であり，出資の実行日に締結することも可能ですし，出資契約と同時に合弁契約を締結しておき出資が実行された日から効力が生じるものとすることも可能です。

②の既存会社持分買取型と③の既存会社出資型の場合において，実行日に合弁契約を締結する場合でも，合弁契約の内容は両当事者が取引を実行する上での重大な関心事であることから，株式譲渡契約や出資契約を締結する段階で合

弁契約の内容も合意することが一般的ですが，株式譲渡契約や出資契約の締結を急ぐ事情がある場合は，これらの契約の締結段階においては合弁契約の主要条件のみをひとまず合意しておき，実行日までに合弁契約の内容を確定させるやり方も考えられます。その場合，その時点で合意されている主要条件を株式譲渡契約や出資契約の別紙として添付して合意しておくのが一般的です。

3　合弁契約の当事者に合弁会社を含めることの意味

　合弁契約の当事者に合弁パートナーに加えて対象会社を含める場合と含めない場合の両方がありえます。①の新設会社共同設立型の場合は合弁契約を締結する段階では合弁会社は存在しませんので，合弁会社を当事者に加える場合は，合弁会社がその成立後に合弁契約の内容を承認する方法[34]により事後的に当事者に加わる方法をとります。

　合弁会社が合弁契約の当事者に加わることで，合弁会社が直接に合弁契約上の義務を負うことになるため，合弁パートナーは合弁会社に対して直接に合弁契約上の義務の履行を求めることができます。例えば，合弁会社の経営への関与が限定的であるマイノリティ株主の立場からすれば，合弁会社の経営や財務に関する情報にアクセスできる権利が重要な役割を果たします。合弁パートナーのみが合弁契約の当事者である場合は，マジョリティ株主である合弁パートナーに対して，その派遣する取締役を通じて合弁契約上の情報へのアクセス権を尊重するよう求めることができるにとどまりますが，合弁会社が当事者であれば，合弁会社に対して直接に情報提供を求めることができます。

　他方で，合弁契約には，各合弁パートナーが指名権を持つ合弁会社の役職に関する合意，合弁パートナー間における株式の処分に関する合意，合弁パートナー間で合弁会社の運営方針について意見が対立する場合の解決策等が規定される場合も多く，合弁パートナー間の合意内容を合弁会社に知られたくないと

34　具体的には，Deed of Adherenceという書面に元の合弁契約の当事者と新しく当事者として加わる合弁会社が署名をし，以後，合弁契約の各条項の効力が合弁会社にも及ぶ旨を確認する方法が採られます。

考える場合もあります。そのような場合は，合弁会社を当事者に含めないことも考えられます。この場合，契約当事者ではない合弁会社に対して合弁契約を根拠に直接に義務の履行を求めることはできませんが，合弁パートナーに対して契約上の義務の履行を求めることにより，間接的に合弁会社による義務の履行を確保することになります。

　前記第3章Ⅰ4(2)で説明したとおり，合弁契約の内容は会社の附属定款（AoA）に反映されるのが一般的ですので，合弁会社が合弁契約の当事者でない場合であっても，附属定款（AoA）に反映された限度において，合弁会社は当該内容に直接拘束されることになります。

4　合弁契約の構造

　インドの合弁契約は英文で作成されますが，株式譲渡契約と同様，契約書の構成は日本の合弁契約と大きく異なることはありません。前記第7章Ⅰ1で紹介した株式譲渡契約と同様に，本項でもまずは典型的なインドの合弁契約の条項イメージと解説を述べます。

　なお，実際の案件で合弁契約を作成する際は，仮に相手方との合弁関係を解消する際に合弁会社の株式を買い増す方向で検討するのか，売りつける方向で検討するのかなど，案件の個別事情を踏まえた上で盛り込むべき条項を検討することになります。以下の条項イメージは，契約の構造を分かりやすく説明するために，あえて簡素化しています。よって，これらの条項をそのまま実際の案件で利用できる訳ではない点にご留意ください。

(1)　表題，当事者

　表題及びそれに続く契約の冒頭部分には，契約の当事者や締結日等が記載されます。契約書に印紙が必要な場合，収入印紙が印字された用紙に，収入印紙の印字と重ならないように契約書の最初のページを印刷する場合がある点は，株式譲渡契約と同様です（第7章Ⅰ1(1)参照）。

第8章 株式会社の運営実務 　209

条項イメージ

JOINT VENTURE AGREEMENT

This joint venture agreement ("**Agreement**") is made and entered into on the 28th day of May, 2015 (the "**Execution Date**") among **JAPANESE CO., LTD.**, a company incorporated under the laws of Japan and having its registered office at [*address*] (hereinafter referred to as "**JCO**"), **INDIA CO., LTD.**, a company incorporated under the Companies Act, 1956 /2013 and having its registered office at [*address*] (hereinafter referred to as "**ICO**") and **JOINT VENTURE CO., LTD.**, a company incorporated under the Companies Act, 1956 / 2013 and having its registered office at [*address*] (hereinafter referred to as "**JVC**"). Each of JCO, ICO and JVC shall collectively be referred to as the "**Parties**" and individually as a "**Party**".

解　説

契約書の冒頭は，契約の当事者，締結日などの事項が記載されます。合弁契約は合弁会社の運営や株式に関する事項について合意するのが目的ですので，合弁会社の主要な株主は全て契約当事者に含めるのが一般的です。合弁会社を契約当事者に加えるか否かについては，前記3をご参照ください。

(2) 前　文

条項イメージ

WHEREAS:
1. JCO is a major manufacturing company based in Japan with extensive manufacturing knowledge and expertise in the manufacture and sale of [*product details*] and other related fields.
2. ICO is a major manufacturing group based in India with extensive manufacturing facilities, knowledge and expertise in the manufacture and sale of [*product details*] and other related fields.

210

> 3. As of the Execution Date, the authorised share capital of JVC is INR 200,000,000 divided into 20,000,000 Shares (as hereinafter defined), and the issued and paid-up share capital is INR 100,000,000 divided into 10,000,000 Shares.
> 4. JCO and ICO have entered into a share purchase agreement dated May 28, 2015 (the "**SPA**"), pursuant to which JCO has agreed to purchase 6,000,000 Shares from ICO. As of the Closing Date (as hereinafter defined), the shareholding of JVC will be as set out below:
>   JCO: 6,000,000 Shares (constituting 60% of the total issued and paid-up equity share capital of JVC)
>   ICO: 4,000,000 Shares (constituting 40% of the total issued and paid-up equity share capital of JVC)
> 5. JCO and ICO intend, subject to receipt of all applicable approvals and the fulfilment of other conditions precedent, to operate JVC as a joint venture company in India to conduct the Business (as hereinafter defined).
> 6. The Parties desire to enter into this Agreement in order to record the terms and conditions based on which they shall manage and govern JVC, and in order to regulate the future relationship of JCO and ICO as the shareholders of JVC, on the terms and conditions hereinafter specified.
> **NOW, THEREFORE**, in consideration of the mutual agreements, covenants, representations and warranties set forth in this Agreement, and for other good and valuable consideration, the receipt and sufficiency of which is acknowledged by the Parties, the Parties hereby agree as follows:

解説

前文では，契約締結に至った経緯が記載されます。合弁契約においては，その前提となった株式譲渡契約の内容や合弁契約の開始時における各合弁パートナーが保有する株式数を確認的に記載する場合があります。

(3) 第1条（定義）

合弁契約で使用される定義は，契約内で適宜規定するほか，冒頭にまとめて規定することも多いです。契約書を見やすくするために，冒頭に記載せずに契

約書に添付する別紙にまとめて記載する例もあります。

条項イメージ

1. DEFINITIONS

   In addition to the terms defined elsewhere in this Agreement, the following capitalised terms shall have the meanings assigned to them herein below:

   (a) "**Act**" shall mean the Companies Act, 1956 and/or the Companies Act, 2013 (as applicable) together with the rules framed thereunder and any amendment thereto.

   (b) "**Affiliate**" shall mean, with respect to any Person, a Person that directly, or indirectly through one or more intermediaries, Controls, is Controlled by or is under Common Control with that Person.

   (c) "**Articles**" shall mean the Articles of Association of JVC.

   (d) "**Board**" shall mean the board of directors of JVC.

   (e) "**Business**" shall mean the business of [*description of business of JVC*] and such other related activities carried on by JVC from time to time.

   (f) "**Business Day**" shall mean a day on which the commercial banks located in Tokyo and [Mumbai] are open for normal banking business, but excluding a Saturday and Sunday.

   (g) "**Closing Date**" shall have the same meaning ascribed to it under the SPA.

   (h) "**Confidential Information**" shall mean know-how, trade secrets and other information of a confidential nature which relates to, and is made available by one Party to the other Parties in connection with, the proposed joint venture between the Parties, including for the avoidance of doubt: (i) all proprietary technical, industrial and commercial information and techniques, in whatever form such information may be recorded or stored (including computer disks or tapes); and (ii) information relating to the existence or subject matter of this Agreement or the negotiations leading to the execution and performance of this Agreement.

   (i) "**Control**" shall mean, with respect to any Person: (i) the ownership of more than 50% of the equity shares or other voting securities of such

Person, (ii) the possession of the power to direct the management and policies of such Person, or (iii) the power to appoint a majority of the directors, managers, partners or other individuals exercising similar authority with respect to such Person by virtue of ownership of voting securities or management or contract or in any other manner, whether directly or indirectly, including through one or more other Persons; and the term "**Common Control**" and "**Controlled by**" shall be construed accordingly.

(j) "**Deed of Adherence**" shall mean an agreement to be bound by terms and conditions of this Agreement in the form set forth in Schedule 1 hereto.

(k) "**Director**" shall mean a director of JVC.

(l) "**Encumbrance**" shall mean any mortgage, pledge, lien, charge, assignment, hypothecation, security interest, deposit by way of security, bill of sale, option, assignment (contingent or otherwise), title retention, preferential right or trust arrangement, right to acquire, right of pre-emption or an agreement for or any obligation as to any of these, or any other form of right, interest, security, encumbrance or equity of any nature in favour of a third party and any other security agreement or arrangement.

(m) "**Fiscal Year**" shall, in relation to JVC, mean the period from April 1 of a particular calendar year up to March 31 of the following calendar year, inclusive of both days.

(n) "**Government Approvals**" shall mean any consent, approval, authorization, waiver, permit, grant, franchise, concession, agreement, license, certificate, exemption, order, registration, declaration, filing, no-objection certificate, report or notice of, with or to any governmental authority, and in each case given or granted by the governmental authority.

(o) "**Global Accountancy Firms**" shall mean any of Ernst & Young, PricewaterhouseCoopers, Deloitte Touche Tohmatsu or KPMG and/or the affiliates of any of the aforesaid firms in India.

(p) "**Insolvency Event**" in relation to any Person shall mean the occurrence

of any of the following events:
(i) such Person enters into any arrangement or composition for the benefit of such Person's creditors;
(ii) the appointment of an administrator, liquidator, receiver, trustee, custodian or other similar official to manage the business, affairs, or substantial part of the property of such Person in an involuntary winding-up petition, where such petition is not dismissed within a period of [60 days] of such appointment; or
(iii) an adjudication that such Person is bankrupt or insolvent, or the grant of protection against creditors under any applicable Law.

(q) "**Key Employees**" shall mean the key employees of JVC as designated by JCO who carry on key management functions or decision-making in JVC.

(r) "**Law**" shall mean all applicable provisions of all: (i) constitutions, treaties, statutes, laws, codes, rules, regulations, ordinances or orders of any governmental authority, (ii) Governmental Approvals, and (iii) orders, decisions, injunctions, judgments, awards and decrees of or agreements with any governmental authority, or any condition or term imposed pursuant to any Governmental Approvals.

(s) "**Losses**" shall mean any and all losses, costs, claims, damages, liabilities, expenses, interest, awards, judgments, penalties, taxes and diminutions in value, including reasonable attorneys' fees and costs of enforcing any court, arbitral, or other award, or judgment thereon, and regardless of whether or not resulting from a third party claim.

(t) "**Person**" shall include an individual, an association, a corporation, a partnership, a joint venture, a trust, an unincorporated organisation, a joint stock company or other entity or organisation, including a government or political subdivision, or an agency or instrumentality thereof, and any other legal entity.

(u) "**Shares**" shall mean the equity shares of the face value of INR 10 each, in the share capital of JVC.

(v) "**Shareholder**" or "**Shareholders**" shall mean each of JCO and ICO.

(w) "**Shareholder Meeting**" shall mean any annual general meeting or

extraordinary general meeting of the Shareholders.
(x) **"Territory"** shall mean the Republic of India.
(y) **"Transfer"** shall mean any sale, assignment or transfer (including without limitation, any transfer by gift or operation of Law, or any other transfer of an economic interest or voting rights in any equity security), including without limitation, the direct or indirect enforcement or foreclosure of any lien (whether arising by operation of Law or otherwise).

解　説

合弁契約において使用される用語の定義が置かれます。ここでは，規定されることが多い定義の中で，特に重要なものを取り上げることにします。

(a) 「Business」

通常，対象会社の事業内容が規定されます。合弁契約においては，合弁会社の株主（本条項イメージでは，JCO及びICO）が合弁会社を通じて行う事業と競合する事業を独自に行わない旨を規定するのが一般的ですので，競業避止義務の範囲を画する概念として使用されます。

(b) 「Business Day」

合弁契約上に規定する期間や期限を画する概念として使用されます。合弁会社の株主及び対象会社が存するインドの都市及び日本のいずれかの休日を除く日として定義されます。株主に別の国の法人が含まれる場合は，その国の休日を除く場合もあります。

(c) 「Articles」

前記第3章Ⅰ4記載のとおり，インドの定款は，MoA（Memorandum of Association）と呼ばれる基本定款とAoA（Articles of Association）と呼ばれる附属定款の2部構成となっています。このうち，附属定款（AoA）に会社の組織運営に関する事項や株主間の合意内容が規定されるため，合弁契約での合意内容を附属定款（AoA）に反映するのが一般的です。その結果，合弁会社の附属定款（AoA）は分量が多くなるのが一

般的です。

(4) 第2条（契約期間）

> **条項イメージ**
>
> 2. TERM OF THE AGREEMENT
> This Agreement shall be effective from the Closing Date and shall be valid and binding unless terminated in accordance with Clause 8 of this Agreement.

解説

合弁契約には通常は有効期間を設けず，株主が1名になる場合や一方の合弁パートナーの契約違反により他方の合弁パートナーが契約を解約されるまで効力を有する旨を規定することが一般的です。

(5) （参考条項）合弁会社の設立に関する規定

本合弁契約では，買主が売主から既存の会社の株式6,000,000株を購入したことを前提としているため，合弁会社の設立に関する規定は不要ですが，合弁当事者の間で新規に合弁会社を立ち上げる場合（前記2の「①新設会社共同設立型」の場合），合弁会社の設立に関する規定が必要となります。合弁契約締結後に会社を設立する場合，スムーズに設立手続きを行うことができるように，その会社の商号，住所，事業目的，定款の内容等を明確にしておくことが望ましいです。

> **参考条項** Incorporation of JVC
>
> **Incorporation of JVC**
> 1. Promptly after the Execution Date, JCO and ICO shall incorporate JVC with an authorized share capital of [INR 10,000], divided into 1,000 equity shares with a face value of INR 10 each. All equity shares shall rank *pari passu* with each other.

2. Company Details

　　Certain key details for JVC are set out below:
　　(i) Jurisdiction of Incorporation
　　　　India
　　(ii) Company Type
　　　　Private company limited by shares
　　(iii) Company name and principal office
　　　　Name: [*Name*] Pvt. Ltd.
　　　　Registered Principal Office: [*Address*]
　　(iv) Fiscal Year
　　　　Fiscal Year will commence on the 1st day of April of every calendar year and end on the 31st day of March of the following calendar year.
　　(v) Principal business of JVC
　　　　The principal business of JVC shall be as follows:
　　　　(a) manufacture, marketing, sale and distribution of [*product details*]; and
　　　　(b) [*other items*]

(6) 第3.1条（取締役会の構成等）

【条項イメージ】① 取締役の指名権

3.1　Board of Directors of JVC

3.1.1　Nomination of Directors

　The Board shall consist of 5 Directors of which:
　　(i) JCO shall be entitled to nominate 3 persons to be appointed as Directors (the **"JCO Directors"**);
　　(ii) ICO shall be entitled to nominate 2 persons to be appointed as Directors (the **"ICO Directors"**).

★出資比率が変更される場合の見直し規定を置く場合（2パターン）

（パターン①）

　If the shareholding in JVC of JCO exceeds 75% or the shareholding of

ICO in JVC falls below 25%, the right of the Shareholders to appoint Directors on the Board shall be proportionate to their shareholding in JVC.
(パターン②)
In the event of any increase or dilution in the shareholding of the Shareholders, the Shareholders shall, prior to such increase or dilution, negotiate and mutually agree on their revised rights and obligations to accommodate such increased or diluted shareholding.

解説 ① 取締役の指名権

　本条は，取締役会を構成する取締役の総数と取締役の選任に関する規定です。取締役会は，合弁会社の運営方法を決定する重要な意思決定機関であるため，それを構成する取締役の全体の数と各株主が選任できる取締役の数を予め合意しておくことが一般的です。インドの取締役は株主総会における普通決議により選任されるため，このような合意がなければ過半数の議決権を有する株主が全ての取締役を選任できることになってしまいます。よって，少数株主にとって重要な規定といえます。この取締役の選任権については，将来の出資比率の変更を見据えて変更されうる旨の規定を置くこともあります。

条項イメージ ② 取締役，各役職の選任権

3.1.2　Appointment and election of Directors

JVC shall, and each Shareholder shall cause JVC to, appoint Directors in accordance with this Agreement and the Articles. Each of the Shareholders shall exercise their votes in relation to the Shares held by such Shareholder at any Shareholder Meeting to give full effect to the provisions of this Clause 3.1, including taking all such actions as may be necessary to ensure the election to the Board of the nominee Directors of each Shareholder as specified in Clause 3.1.1.

3.1.3　Managing Director, Chief Financial Officer and Other Officers of JVC

　(i)　JCO shall be entitled to nominate the managing director (the "**Managing Director**") of JVC from amongst the JCO Directors.

> ICO shall be entitled to nominate the chief financial officer (the "**Chief Financial Officer**") of JVC from amongst the ICO Directors. The Parties agree that they shall use their respective rights and powers to adopt the necessary resolutions for the appointment of the Managing Director and the Chief Financial Officer.
> (ii) Subject to the overall supervision of the Board and the powers vested by the Board, the Managing Director shall be responsible for the day-to-day operations and management of JVC. The Chief Financial Officer shall be responsible for overseeing the day-to-day finance function of JVC, including all matters relating to the accounting of JVC.

解説 ② 取締役,各役職の選任権

　取締役の選任は,具体的には株主総会における議決権の行使を通じて行われるため,各合弁パートナーが合弁契約における合意内容に従って議決権を行使すべき旨を規定しています。さらに,主要な役職について,いずれの合弁パートナーが選任すべきかを合意することも多いです。

条項イメージ ③ 取締役の解任等

> **3.1.4 Removal/Replacement/Resignation of Directors and Officers**
> Any Shareholder nominating a Director or an officer of JVC may require the removal of such Director or officer, and nominate another individual as a Director or an officer in place of the person so removed. In the event of the resignation, retirement or vacation of office of the Director or the officer nominated by a Shareholder, such Shareholder shall be entitled to nominate another Director or officer in place thereof and the other Parties shall exercise all their rights and powers to give full effect to such appointment.

解説 ③ 取締役の解任等

　各合弁パートナーが選任した取締役や役職者が辞任した場合,その取締役や役職者を選任した合弁パートナー自身が選任権を有するものとすることが一般的です。

条項イメージ ④ 取締役の情報アクセス権

3.1.5　Directors' Access

All Directors shall be entitled to examine the books, accounts and records of JVC and shall have free access, at all reasonable times and with prior written notice, to any and all properties and facilities of JVC. JVC shall provide such information relating to the business, affairs and financial position of JVC, within the limits permissible under the Act, as any Director may require.

解説　④ 取締役の情報アクセス権

　各取締役は，取締役会に上程される事項を通じて合弁会社に関する情報を収集することができますが，日常的な業務運営をインド側パートナーに任せている場合は，インド側パートナーと対立した場合などには情報を受領できない懸念があります。そのため，契約上の権利としてあらゆる取締役が情報へのアクセス権を有する旨を規定しておくことで，取締役会に上程されていない事項についてもアクセスできる権利を有することを明確にすることが考えられます。

(7)　第3.2条（取締役会の開催）

条項イメージ ① 定足数

3.2　Meetings of the Board

3.2.1　Quorum

The quorum for meetings of the Board shall be at least 3 Directors present in person or through any audio-visual means, as permissible under the Act and the Articles (as applicable). If the required quorum is not present within 1 hour from the time appointed for the Board meeting, the meeting shall stand adjourned to the same place, same time and same day of the following week, at which meeting (the "**Adjourned Board Meeting**"), the Directors present shall constitute quorum and, subject to Clause 4 (Veto Rights), take decisions on any or all matters listed in the notice.

解　説　①　定足数

　取締役会を開催するために必要な最低人数についての原則を規定しています。定足数が満たされないことにより取締役会が開催されない場合，延会となりますが，延会後の取締役会においては，出席した取締役の人数にかかわらず，出席取締役をもって定足数を満たすものとしています。ただし，第4条に規定されるVeto Rights（拒否権）については，同条の規定により，各合弁パートナーが選任した取締役がそれぞれ最低1名出席することが必要とされています。

　仮に4名の取締役の出席を定足数とし，その原則を延会後の取締役会においても適用すると，ICO側のいずれかの取締役が欠席した場合には定足数を満たすことができませんので，事実上，ICOがVeto Rights（拒否権）に限らず全ての取締役会決議事項について拒否権を有することになります。このような規定はマイノリティ株主が派遣する取締役の出席を確保するためにマイノリティ株主が求めることがありますが，延会後の取締役会においては適用しないとするのが一般的です。

条項イメージ　②　決議要件

3.2.2　Voting

At any meeting of the Board, each Director shall be entitled to exercise 1 vote. Except as provided in Clause 4 (*Veto Rights*) and the Articles, all decisions shall be made by a simple majority of the Board.

解　説　②　決議要件

　取締役会の決議が過半数の賛成により成立するという原則と，その例外として，一定の重要事項については，第4条（Veto Rights）の規定に従う（つまり，JCO側取締役とICO側取締役のそれぞれ最低1名の賛成がなければ実行できない）という例外を規定しています。

条項イメージ ③ 取締役会議長

3.2.3 Chairman of the Board
(i) JCO will be entitled to nominate the chairman of the Board. The chairman shall have no casting vote.
(ii) In the event that the chairman nominated by JCO is not present at a meeting of the Board or JCO does not nominate the chairman for a particular meeting, ICO may nominate a person to be the chairman for that Board meeting.

解説 ③ 取締役会議長

　取締役会議長についての選任権に関する規定です。通常は，マジョリティ株主が選任権を有することが多いです。取締役会決議において可否同数の場合において，議長が最終決定権（casting vote）を有する旨を定款に規定することが認められているため（前記Ⅲ2(7)参照），その有無を明示することが必要です。特に，合弁パートナー企業が議長選任権を有する場合は，議長の最終決定権を排除しておくことが重要になります。

参考条項 事前調整機関を置く場合

The Parties shall establish an executive committee (the "**Executive Committee**") to be constituted of the Managing Director, the Key Employees, 1 JCO Director and 1 ICO Director. The Executive Committee shall be responsible for conducting preliminary discussions on the matters to be taken up by the Board and other issues pertaining to JVC in order to facilitate communications between the Parties on the Business.

　合弁会社の運営に際しては，取締役会で決議すべき事項について，事実上，各株主を代表する者や会社の担当者の間で事前調整のための議論を行うことが多いように思われます。Executive Committeeと称して，そのような事前調整機関を置く場合，参考条項のような規定を置くことが考えられます。

(8) 第3.3条（株主総会）

> **条項イメージ** ① 定足数
>
> **3.3 Shareholder Meetings**
> **3.3.1 Quorum**
> The quorum for Shareholder Meetings shall be at least 1 authorized representative of each Shareholder, i.e., 1 authorized representative of JCO and 1 authorized representative of ICO. If the required quorum is not present within 1 hour from the time appointed for the Shareholder Meeting, such Shareholder Meeting shall stand adjourned to the same place, same time and same day of the following week, at which meeting the Shareholders present shall constitute the quorum and, subject to Clause 4 (*Veto Rights*), take decisions on any or all matters listed in the notice.

解 説 ① 定足数

　取締役会と同様，株主総会を開催するために必要な最低人数についての原則を規定しています。定足数が満たされないことにより株主総会が開催されない場合，延会となりますが，延会後の株主総会においては，出席した株主の人数にかかわらず，出席株主をもって定足数を満たすものとしています。ただし，第4条に規定される Veto Rights（拒否権）は，マイノリティ株主を保護するための規定ですので，双方の株主の同意がなければ実行できないものとしています。

　仮に定足数を満たすために双方の株主の出席を必要とし，その原則を延会後の株主総会においても適用すると，いずれかの株主が欠席した場合には定足数を満たすことができませんので，事実上，ICO が Veto Rights（拒否権）に限らず全ての株主総会決議事項について拒否権を有することになります。この点は，取締役会の場合（3.2.1条の解説参照）と同様です。

条項イメージ ② 決議要件

3.3.2　Voting

Each Shareholder shall have 1 vote for each Share held by such Shareholder. Except as provided in Clause 4 (*Veto Rights*), the Act and the Articles, all decisions shall be made by the affirmative vote of a majority of the issued and outstanding Shares.

解説 ② 決議要件

インドの会社法において，株主総会決議は，1人1議決権が原則であるため，1株1議決権を原則とする場合には，その旨の規定を置く必要があります。

条項イメージ ③ 株主総会議長

3.3.3　Chairman of Shareholder Meetings
  (i) JCO will be entitled to nominate the chairman for the Shareholders Meeting. The chairman shall carry no casting vote.
  (ii) In the event that the chairman nominated by JCO is not present at the Shareholders Meeting or JCO does not nominate the chairman, ICO may nominate an alternative chairman for that Shareholders Meeting.

解説 ③ 株主総会議長

株主総会議長についての選任権に関する規定です。通常は，マジョリティ株主が選任権を有することが多いです。株主総会決議において可否同数の場合において，議長が最終決定権（casting vote）を有する旨を定款に規定することが認められているため（前記Ⅲ1(6)参照），その有無を明示することが必要です。

(9) 第4条（マイノリティ株主の拒否権）

条項イメージ

4. VETO RIGHTS

4.1 None of the Shareholders, JVC, the Board, or the Managing Director shall take, or cause to be taken, any action in respect of any of the following matters ("**Reserved Matters**"), without the affirmative vote of at least 1 JCO Director and at least 1 ICO Director present and voting (where the decision is taken at a meeting of the Board or committee thereof), or the affirmative vote of both JCO and ICO (where the decision is taken at a Shareholder Meeting), or otherwise in any other manner without the affirmative consent of JCO and ICO:

(i) amendment of the Memorandum of Association or Articles of JVC;

(ii) establishment of a subsidiary or branch office;

(iii) establishment and revision of any internal authorization rules or Board rules;

(iv) investment in or acquisition of the equity interests in or the property, assets or business of another person or entity in excess of INR [50] Million in a single transaction or series of related transactions in aggregate during a Fiscal Year;

(v) appointment or removal of the auditors of JVC;

(vi) issuance of any additional securities (including securities convertible into equity), or redemption, repurchase or other acquisition of any securities of JVC; and

(vii) [*other items*].

4.2 The Parties hereby agree that the Board shall not delegate any powers in relation to any of the Reserved Matters to any committee without the approval of at least 1 JCO Director and 1 ICO Director at a meeting of the Board or by prior written consent of both JCO and ICO.

解説

合弁会社の運営については，過半数の株式を保有し，過半数の取締役の選任

権を有する株主の意見が最終的には反映されることになります。もっとも，合弁会社の運営に関する一定の重要な事項については，マイノリティ株主にとっても重要な関心事であることから，マイノリティ株主が派遣する取締役の最低1名の賛同（取締役会決議事項の場合）やマイノリティ株主の賛同（株主総会決議事項の場合）がなければ合弁会社が実行に移すことができない旨を規定することによって，マイノリティ株主を保護するのが一般的です。

これらの事項は，マイノリティ株主の拒否権事項（Reserved Matter）と呼ばれます。拒否権事項については，取締役会決議事項についての拒否権と株主総会決議事項についての拒否権を分けて記載することも可能ですが，本条項イメージでは，併せて記載しています。

(10) 第5条（株式譲渡制限）

条項イメージ

5.1 General Rule on Transfer
The Parties agree that unless expressly permitted under this Agreement, no Shareholder shall be entitled to Transfer its Shares wholly or in part to any third party. Any purported Transfer in violation of this Agreement shall be null and void.

5.2 Non-registration of Transfer in Violation of this Agreement
Any Transfer of Shares in violation of this Agreement shall not be registered or taken on record by JVC.

解説

合弁契約は，合弁パートナー同士が協力して合弁会社を運営するための合意であるため，各合弁パートナーが保有する株式の第三者への譲渡を自由に認めるのではなく，一定の制限を課すのが一般的です。第5.1条はこの原則を定めた規定です。合弁契約の当事者に合弁会社も含まれる場合，第5.2条のように合弁会社の義務として，合弁契約に反する株式譲渡について記録しない義務を課すことにより，より確実な条項の遵守が期待できます。

⑾ (参考条項) 株式譲渡制限に関連する規定

合弁契約では，株式譲渡制限の原則を規定した上で，後記第5.3条として紹介する優先交渉権や先買権，第9条として紹介するコール・オプション，プット・オプション等の規定を置くことが一般的ですが，それらについては当該項目で説明します。本項目では，株式譲渡制限に関連した規定案をいくつか紹介することにします。

参考条項①　関連会社への譲渡を例外的に許容する場合

Notwithstanding Clause 5.1, each Shareholder may Transfer its Shares to an Affiliate at any time during the term of this Agreement without any restrictions; provided that: (i) such Affiliate shall execute a Deed of Adherence and shall be subject to the terms and conditions of this Agreement; and (ii) the Shareholder undertaking the Transfer continues to be liable for such Affiliate's obligations, jointly and severally with such Affiliate. In the event that any such Affiliate ceases to be an Affiliate of the concerned Shareholder, the Affiliate shall Transfer its Shares back to the Shareholder or to another Affiliate of such Shareholder, prior to ceasing to be an Affiliate of the Shareholder.

1つ目の参考条項は，関連会社への譲渡は許容される旨を規定する例です。いったん関連会社に譲渡した後にその譲渡先が合弁パートナーの関連会社でなくなった場合に元の合弁パートナー又は他の関連会社に株式を譲渡する義務を課しています（第2文目の"In the event that..."以下の規定参照）。

参考条項②　譲渡する場合に，必ず譲受人がJVAに従うことを条件とする場合

No Shareholder shall Transfer any of the Shares (including by the means contemplated under Clauses 5.3 and 5.4) to any Person (including an Affiliate of such Shareholder), unless the transferee has executed a Deed of Adherence and agrees to be subject to the terms and conditions of this Agreement.

2つ目の参考条項は，合弁契約上で許容される手続きにより譲渡を行う場合であっても，譲受人が必ず所定の Deed of Adherence というフォームを差し入れることにより，既存の合弁契約に従う旨を約束する必要があるとするものです。合弁契約の一方当事者が関連会社又は第三者に株式を譲渡することが許容されるとしても，他方当事者からすれば，譲受人が引き続き合弁契約上の義務を履行することを求めたい場合があります。そのような場合には，あらゆる譲渡については，譲受人が事後的に合弁契約の当事者となり，譲渡人と同様の権利・義務を有することを確保することが考えられます。

合弁契約が一般的にはマイノリティ株主の保護のための条項が多いこと（前記1参照）に鑑みれば，マイノリティ株主の立場からは，譲受人による Deed of Adherence の締結を相手方による株式譲渡の条件とすべきことを求める場合が多いように思われます。他方で，マジョリティ株主の立場からは，マイノリティ株主が株式を譲渡することに伴ってマイノリティ保護のための条項（取締役会レベルや株主総会レベルにおける拒否権など）を失効させるため，Deed of Adherence を用いないことも考えられます。

参考条項③ 一定期間の株式譲渡制限期間（ロック・アップ期間）を設ける場合

> No Shareholder shall, without the prior written consent of the other Shareholder, be entitled to Transfer any of its Shares to any Person (including an Affiliate) till the expiry of 3 years from the Closing Date.

3つ目の参考条項は，いかなる場合であっても，合弁契約の発足から3年間は第三者への譲渡を一切許容しない旨の規定です。合弁契約においては，後述のように，一定の手続きに従うことによって第三者への譲渡を認める場合が多いですが，その場合であっても，合弁契約の発足から一定期間は，第三者への譲渡を一切認めない旨の規定を置くことが考えられます。例えば，インド市場に初めて参入する場合において，インド側パートナーの経験値が不可欠な場合，インド側パートナーに一定期間は合弁関係にコミットしてもらいたいと期待する場合も考えられます。その場合に，このような条項を置き，一定割合以上の

株式保有比率を維持する義務を置くことが考えられます。当然ながら，自らも同様の義務に服するよう相手方から求められることが予想されます。

⑿　第5.3条（残存株主の優先権～優先交渉権を与える場合）

一方の合弁パートナー（条項イメージでは "Selling Shareholder"。以下「売却希望株主」といいます）が合弁関係から離脱して第三者に株式を譲渡しようとする場合に，第三者に提案するのに先立って他の合弁パートナー（条項イメージでは "Non-Selling Shareholder"。以下「残存株主」といいます）に株式を購入する意図を有するかを提案しなければならないとする規定です。

───条項イメージ───

5.3　Right of First Offer

5.3.1　In the event that either Shareholder desires to Transfer all or part of the Shares (the "**Offer Shares**") held by it (the "**Selling Shareholder**"), then the Selling Shareholder shall issue a written notice (the "**ROFO Notice**") to the other Shareholder (the "**Non-Selling Shareholder**"), informing it of the Selling Shareholder's intention to sell the Offer Shares and requiring the Non-Selling Shareholder to specify if it would be willing to purchase the Offer Shares and the terms of such purchase, including the price (the "**Right of First Offer**").

5.3.2　Within [20 Business Days] from the receipt of the ROFO Notice (the "**ROFO Period**"), the Non-Selling Shareholder shall have the right to notify the Selling Shareholder in writing, either: (i) of its irrevocable acceptance of the ROFO Notice and specify the terms, including the price, based on which it is willing to purchase <u>all (but not less than all) of the Offer Shares</u> ("**Offer Notice**"); or (ii) its rejection of the ROFO Notice and its refusal to purchase the Offer Shares ("**Rejection Notice**").

5.3.3　Acceptance of ROFO Notice

　If the Non-Selling Shareholder issues the Offer Notice within the ROFO Period and the Selling Shareholder accepts the terms set out by the Non-Selling Shareholder in the Offer Notice, then the Selling Shareholder shall issue a notice in writing, specifying its acceptance of the terms (including price) under the Offer Notice (the "**Acceptance Notice**") within [20 Business Days] of the receipt of the Offer Notice. Pursuant to the issuance of the Acceptance Notice, the sale and purchase of the Offer Shares from the Selling Shareholder to the Non-Selling Shareholder shall be completed within [10 Business Days] after all conditions which are required in order to lawfully effect such Transfer have been satisfied.

5.3.4 Refusal of ROFO Notice

In the event that: (a) the Non-Selling Shareholder issues the Rejection Notice; (b) the Non-Selling Shareholder fails to respond to the ROFO Notice within the ROFO Period; (c) the Selling Shareholder rejects the terms of the Offer Notice; or (d) the Selling Shareholder does not issue the Acceptance Notice within the time period prescribed above, the Selling Shareholder shall be entitled to sell <u>all (but not less than all) of the Offer Shares</u> to a third party; provided that where the Non-Selling Shareholder has issued an Offer Notice, any sale of the Offer Shares by the Selling Shareholder to a third party shall have to be on the same terms and subject to the same conditions as stated in the Offer Notice or on terms less favorable to such third party than those specified in the Offer Notice. In such case, the sale of the Offer Shares to the third party shall be completed within [120 days][35] from the expiry of the ROFO Period or the date of receipt of the Rejection Notice by the Selling Shareholder (as applicable). If the sale of the Offer Shares to the transferee is not completed within such period, then the procedure set out in this Clause 5.3 shall be repeated by the Selling Shareholder with respect to the sale of the Offer Shares.

解説

残存株主に優先交渉権を与える場合，まず，売却希望株主がROFO Noticeにより，株式を売却する意向を有している旨を残存株主に通知します（第5.3.1

---

35 残存株主が優先交渉権を有する場合，売却希望株主は，残存株主とのやり取りが終わった後に売却候補者を探し始めるため，この期間は長めに設定されるのが一般的です。

条)。それを受けた残存株主は，一定期間（条項イメージでは"ROFO Period"）以内に売却希望株主に対して，①その株式を買い取る意向がある旨を対価を含む取引条件と共に通知するか，②買い取る意向を有していない旨を伝えます（第5.3.2条）。残存株主が提示した条件を売却希望株主が受け入れる場合は，その旨を残存株主に対して通知し，一定期間以内に両者間で売買が実行されます（第5.3.3条）。

他方で，前記のいずれにも該当しない場合（例えば，残存株主が買付けを希望しない場合や，残存株主が提示した条件を売却希望株主が受け入れない場合）は，売却希望株主は自らの株式全てを第三者に譲渡することができます。ただし，残存株主が売却株主の株式を買い取る意向とその取引条件を通知している場合は，売却希望株主が第三者に譲渡する条件は，残存株主が通知した取引条件と比べて第三者にとって有利なものであってはなりません。有利な条件の場合は，残存株主が買受けを希望する可能性があるためです。

本条項案では，残存株主が買取りを希望する場合は売却希望株主が提示した全ての株式を買い取らなければならず（5.3.2条の"all (but not less than all) of the Offer Shares"の規定），残存株主が買取りを希望せずに売却希望株主が第三者に株式を処分する場合は，当初提示した全ての株式を処分しなければなら

◆ 優先交渉権のイメージ ◆

※1　②が送付されない場合，Ⓢは第三者に売却可
　2　②が送付されたが，③が送付されない場合（又はⓃの提案条件をⓈが受諾しない場合），Ⓢは Offer Price より高い値段で第三者に売却可
　3　③が送付されたが，Ⓝが第5.3.3条所定の期間内に買い取らない場合にⓈが第三者に自由に売却できる旨，規定することもある。

ないものとしています（5.3.4条の"all（but not less than all）of the Offer Shares"の規定）。これは，一部の株式の買取りや処分を許容すると合弁関係がかなり複雑になるため，その弊害を避けるためですが，どのようなアレンジにするかは案件により異なります。

⒀ 第5.3条（残存株主の優先権～先買権を与える場合）

　優先交渉権は，売却希望株主が第三者との協議に先立ち残存株主と協議する仕組みであるのに対して，先買権は，売却希望株主が先に第三者との間で株式譲渡の主要条件を決めた上で残存株主にその条件を受け入れるかを確認する仕組みです。売却希望株主は第三者との間で条件を合意しても最終的には残存株主が先買権を行使して株式を買い取る可能性があるため，そのような前提での第三者との協議を強いられます。

　結果として，第三者と合意に至るのは困難が予想され，優先交渉権に比べて第三者に対する譲渡の可能性は低くなります。さらに，残存株主が先買権を行使するか否かを判断する場合は，売却先の候補者が既に分かっているため，その判断をしやすいともいえます。これらの点で，残存株主の立場からすれば，一般的には，優先交渉権を確保するよりも先買権を確保する方が望ましい場合が多いといえるでしょう。

条項イメージ

5.3　Right of First Refusal

5.3.1　If any Shareholder (the "**Selling Shareholder**") wishes to Transfer all or a part of its Shares (the "**Offer Shares**"), such Selling Shareholder shall first give the other Shareholder (the "**Non-Selling Shareholder**") a written notice (the "**ROFR Notice**") setting out: (i) the Selling Shareholder's intention to Transfer the Offer Shares, (ii) the number of Offer Shares proposed to be Transferred, (iii) the proposed material terms of the Transfer (including the transfer price) and (iv) the identity of the proposed transferee and a confirmation that such transferee shall be ready, willing and have the financial resources to purchase the proposed Shares in the event the Non-Selling Shareholder does not accept the offer.

5.3.2 Acceptance of ROFR

Upon receipt of the ROFR Notice, the Non-Selling Shareholder shall have the right to buy <u>all (but not less than all) of the Offer Shares</u> at or above the price specified in the ROFR Notice by giving irrevocable acceptance in writing to the Selling Shareholder (the "**Acceptance Notice**") within [30 Business Days] of receiving the ROFR Notice (the "**Right of First Refusal**"). In such case, the sale and purchase of the Offer Shares shall be completed within [10 Business Days] after all conditions which are required in order to lawfully effect such Transfer have been satisfied.

5.3.3 Refusal of ROFR

If the Non-Selling Shareholder fails to exercise its Right of First Refusal by issuing the Acceptance Notice within the time period specified in Clause 5.3.2 or the Non-Selling Shareholder rejects the ROFR Notice, the Selling Shareholder shall be entitled to offer all (but not less than all) of the Offer Shares to the proposed transferee on terms and conditions (including price) which are not more favourable than those offered to the Non-Selling Shareholder under the ROFR Notice within [60 days][36] of the date of the ROFR Notice. Any Transfer of the Offer Shares by the Selling Shareholder to a third party shall be subject to the condition that such third party accedes in writing to become a party and be bound by all of the obligations of the Selling Shareholder under this Agreement. If the sale of the Offer Shares to the transferee is not completed within such period, then the procedure set out in this Clause 5.3 shall be repeated by the Selling Shareholder with respect to the sale of the Offer Shares.

---

36 残存株主が先買権を有する場合，売却希望株主は，残存株主とのやり取りを始める前に売却候補者を探し終わっているため，この期間は短めに設定されるのが一般的です。

第8章 株式会社の運営実務

◆ 先買権のイメージ ◆

* ③が送付されない場合，Ⓢは offer price 以上の値段で売却候補者に売却可

解説

　売却希望株主が合弁関係から離脱して第三者に株式を譲渡しようとする場合に，売却候補である第三者を確保してから，当該売却候補者の名称，売却条件等の詳細を残存株主に通知し，同条件で残存株主が買い受けるか否かの提案を行います（第5.3.1条）。

　提案を受けた残存株主は，一定期間内にその提案を受けるか否かの判断を伝え，提案を受ける場合は一定期間内に売買が実行されます（第5.3.2条）。他方で，残存株主が提案を受けない場合は，売却希望株主は自らの株式全てを第三者に譲渡することができます。ただし，第三者に譲渡する条件は，残存株主に提示した条件より第三者にとって有利なものであってはなりません。

　前記の条項イメージでは，残存株主が買取りを希望する場合は売却希望株主が提示した全ての株式を買い取らなければならないものとしています（第5.3.2条の下線部参照。優先交渉権の規定と同様）。また，売却希望株主から株式を譲り受ける第三者が合弁契約に従うことを条件としています。

　優先交渉権や先買権の規定に従いオファーを受けた残存株主がこれらの権利を行使しない場合，売却希望株主は株式を第三者に処分することができますが，将来にわたっていつまでも処分できることとすると残存株主が不安定な地位に置かれます。そこで，このような第三者への処分を一定期間内に行うべきものとし，期間内に実行されない場合は残存株主への通知も含めて最初から手続きをやり直すこととする規定を置くことが考えられます（それぞれの条項イメージの最後の一文参照）。

(14) 第5.4条（残存株主の売却参加権）

条項イメージ

5.4　Tag-along right

5.4.1　Transfer Notice

In the event that ICO wishes to Transfer all or part of its Shares to any third party (other than its Affiliate), ICO shall give to JCO a notice in writing (the "**Transfer Notice**") specifying: (i) the identity of the third party, (ii) the number of Shares proposed to be transferred, (iii) the price at which the Transfer of the Shares is proposed to be undertaken, and (iv) other material terms and conditions of the proposed Transfer.

5.4.2　Exercise of Tag-along Right

JCO shall have the right, by written notice to be issued to ICO within [30 Business Days] from the date of the receipt of the Transfer Notice, to require ICO to ensure that, as a condition to the Transfer of ICO's Shares, the pospective transferee purchases all (and not less than all) of JCO's Shares simultaneously with, and at the same price, terms and conditions as applicable to, the Transfer of ICO's Shares. In such case, the sale and purchase of JCO's Shares and ICO's Shares to the prospective transferee shall be completed within [10 Business Days] after all conditions which are required in order to lawfully effect such Transfer have been satisfied.

5.4.3　Non-Exercise of Tag-along Right

If JCO does not or fails to exercise its right under Clause 5.4.2 within the period set forth in Clause 5.4.2, ICO shall have the right to Transfer its Shares to the proposed transferee on the same terms and conditions as stated in the Transfer Notice.

解　説

　売却参加権は，一方当事者（売却希望株主）が第三者に株式を売却する場合に，相手方当事者がその売却に参加して，自らが保有する株式の売却も一緒に行うように要求できる権利です。一般的に，売却参加権は，マジョリティ株主に比べて第三者への株式の売却が難しいマイノリティ株主が投資回収を確保す

る手段として確保する場合が多いですが，インド投資の場合における売却参加権は，インド市場を攻略するために不可欠な合弁パートナー（日本企業から見た場合のインド企業）が第三者に株式を売却する際に自らもインド市場から撤退できる余地を残しておくための権利としての側面もあります。

第三者への売却を希望する当事者は相手方当事者に対して，第三者の名称や譲渡対価を含む譲渡の条件を通知します（第5.4.1条）。

通知を受けた相手方当事者は，一定期間内に自らが保有する株式全ても一緒に同条件で第三者に譲渡するよう求めることができ（第5.4.2条），そのような希望がなされない場合は，相手方当事者は通知した条件にて第三者に株式の処分を行うことができます（第5.4.3条）。売却参加権の派生型としては，第三者が買い受けることに合意した株式総数が売却希望株主が売却を予定する株式と売却参加権を有する相手方当事者が保有する株式の合計数を下回る場合に，それぞれが保有する株式数に応じて当該第三者に売却できる株式の数が決定される（結果的に，相手方当事者は必ずしも全ての株式を売却できるとは限らない）方法も考えられます。

売却参加権は，売却希望株主が第三者に株式を売却する場面であるため，優先交渉権や先買権の規定と適用場面が共通します。よって，両方の規定を置く場合は，相手方当事者としては，まず優先交渉権や先買権を行使できるものとしておき，それらを行使しない場合で売却希望株主が第三者に売却する際には，さらに売却参加権を行使できる旨を明確にしておくことが考えられます。

⒂　第5.5条（共同売却請求権）

―― 条項イメージ ――

5.5　Drag-along right
5.5.1　Transfer Notice
　In the event that JCO wishes to Transfer all or any part of its Shares to any

third party (other than its Affiliate), JCO shall have the right to issue a written notice to ICO (the "**Transfer Notice**"), setting out JCO's intention to Transfer its Shares and requiring ICO to Transfer to such third party transferee, all or a part of the Shares held by ICO on the same terms and conditions on which JCO's Shares are proposed to be Transferred. The Transfer Notice shall also prescribe the number of Shares proposed to be Transferred by ICO, the proposed material terms of the Transfer (including the transfer price), and the identity of the proposed third party transferee.

5.5.2 ICO's Obligation to Transfer

In the event that JCO issues a Transfer Notice to ICO, ICO shall have the obligation to Transfer such number of Shares as may be specified in the Transfer Notice to the third party transferee simultaneously with, and at the same price, terms and conditions as applicable to, the Transfer of JCO's Shares to the third party transferee. In such case, the sale and purchase of JCO's Shares and ICO's Shares to the third party transferee shall be completed within [10 Business Days] after all conditions which are required in order to lawfully effect such Transfer have been satisfied.

解説

　共同売却請求権は、一方当事者（売却希望株主）が第三者に株式を売却する場合に、他方当事者に対して、同一条件にて当該第三者に株式を売却することを要求できる権利です。いわゆるプライベート・エクイティファンド（PEファンド）などの一定の投資期間におけるリターンを目的とする投資家の場合、自らの持分に加えて合弁パートナーの持分も含めた全株式を第三者に売却する方が、自らの持分だけを売却する場合より高い対価での売却が期待できることから、共同売却請求権を確保しようとするのが一般的です。しかしながら、インドに進出する日本企業の場合、株式を第三者に売却してリターンを確保することを目的としないため、共同売却請求権を確保すべき必要性は低いと思われます。

(16)　第6条（新株引受権）

> 条項イメージ

6. PRE-EMPTIVE RIGHTS

6.1　Issuance of Shares

In the event that JVC intends to issue any Shares or other security convertible into Shares to any Person (the "**New Issuance**"), the Shareholders shall have the right to subscribe to the New Issuance in proportion to their respective shareholding in JVC (the "**Pre-emptive Right**"). Upon any New Issuance by JVC, JVC shall issue a written notice to the Shareholders (the "**Issuance Notice**"), setting out the detailed terms of the New Issuance, including the issuance price (which shall be a price determined in accordance with applicable Law and approved by the Board).

6.2　Exercise of Pre-emptive Right

6.2.1　In the event that a Shareholder opts to exercise its Pre-emptive Right, it shall issue a notice of acceptance (the "**Acceptance Notice**") to JVC within [15 days] of the date of the Issuance Notice. The closing for the New Issuance, and the subscription to the relevant securities by the Shareholders, shall be completed within [7 Business Days] after all conditions which are required in order to lawfully effect such New Issuance have been satisfied.

6.2.2　If a Shareholder does not exercise its right to subscribe for its full entitlement of the New Issuance within [20 days] from the offer by JVC or in the event a Shareholder fails to pay the price for the New Issuance after exercising its Pre-emptive Right, JVC shall first offer all or the unsubscribed portion of the New Issuance ("**Unsubscribed Portion**") to the other Shareholder.

6.3　Exercise of Pre-emptive Right through Affiliates

In case a Shareholder is restricted from directly subscribing to the Shares or securities under applicable Law, including due to any restrictions under applicable foreign investment Laws, it may exercise such Pre-emptive Right through its Affiliate.

解　説

新株引受権（pre-emptive right）は，合弁会社が新たに株式を発行する場合において，各株主が株式保有比率に応じて新株を引き受けることができる権利です。新株引受権は，各株主（特にマイノリティ株主）が合弁会社の株主総会における一定の議決権比率を維持し合弁会社に対する一定の支配権を維持するために必要な権利であり，合弁契約に規定されるのが一般的です。外資規制によって新株引受権の行使に支障が生じる可能性がある場合は，関連会社や自らが指名する第三者を通じて権利行使できる旨の規定を置くことが考えられます。

⒄　第7.1条（デッド・ロックの発生事由）

条項イメージ

7. DEADLOCK

7.1　Event of Deadlock

For the purposes of this Clause 7, a "**Deadlock**" shall be deemed to have occurred if any resolution on a Reserved Matter fails to be adopted or approved in accordance with the provisions of this Agreement:

 (i) by the Directors in 2 consecutive meetings of the Board, either on account of: (a) any disagreement between the Directors; or (b) the absence of the requisite quorum; or

 (ii) by the Shareholders in 2 consecutive Shareholder Meetings, either on account of: (a) any disagreement between the Shareholders (and/or their authorized representatives); or (b) the absence of the requisite quorum.

7.2　Mediation

Within [20 Business Days] of the occurrence of a Deadlock, a Shareholder may issue a notice in writing (the "**Deadlock Notice**") to the other Shareholders, requesting a mediation between the Shareholders to resolve the Deadlock. Within [5 Business Days] of the date of the Deadlock Notice, the respective representatives of the Shareholders shall meet and consult in good faith for a period of not more than [20 Business Days] (the "**Mediation Period**") from the date of the Deadlock Notice to resolve the Deadlock.

解説

　合弁契約において，株主総会又は取締役会において一定事項（以下「拒否権事項」といいます）を決議する際にマイノリティ株主やその派遣した取締役の同意を必要とする規定（前記(9)参照）を置く場合，一方当事者（通常はマジョリティ株主）が当該事項を上程しても他方当事者が同意しない場合，その事項を実行することができません。このような状態が続く場合，合弁会社の運営に支障が生じます。

　そこで，拒否権事項について，2回連続して株主総会又は取締役会で否決された場合をデッド・ロック状態と定義し，その解決方法を規定することが考えられます。

　デッド・ロック状態に至った場合，後述するとおり，コール・オプションやプット・オプションにより解決を図る場合が多いですが，コール・オプションやプット・オプションを行使するために意図的にデッド・ロック状態を作り上げられる懸念があるため，拒否権事項のうちさらに限定した重要事項について合意に至らない場合のみをデッド・ロック状態と定義したり，デッド・ロック状態の解決方法としては両株主の代表者による協議（条項イメージ第7.2条参照）にとどめ，そもそも後述するコール・オプションやプット・オプションによるデッド・ロックの解消方法に結び付けない場合もあります。

(18)　第7.3条（デッド・ロックの解消方法）

条項イメージ

<u>7.3　Call Option / Put Option</u>
　In the event that the Deadlock is not resolved by the end of the Mediation Period, JCO and ICO (as the case may be) shall be entitled to exercise the following rights:
　　(i)　JCO shall have the right to require ICO to sell to JCO, and upon the exercise of such right, ICO shall have the obligation to sell to JCO, all (but not less than all) of the Shares held by ICO in JVC at a price equal to the Option Price (hereinafter defined); and

(ii) ICO shall have the right to sell to JCO, and upon the exercise of such right, JCO shall be obliged to purchase from ICO, all (but not less than all) of the Shares held by ICO in JVC at a price equal to the Option Price.

7.4　Valuation

For the purposes of Clause 7.3, the "**Option Price**" shall be the fair market value of the Shares as determined by an independent valuer (the "**Valuer**") to be jointly appointed by the Shareholders within [30 days] from the expiration of the Mediation Period. The Shareholders agree that one of the Global Accountancy Firms shall be appointed as the Valuer. For the purposes of this Agreement, the Option Price determined by the Valuer shall be final and binding on the Shareholders. Any costs incurred in relation to the appointment and duties of the Valuer shall be borne by the Shareholders equally.

解　説

　デッド・ロックが発生した場合において，両当事者による協議を行っても対立が解消しない場合に最もよく用いられる手法は，コール・オプションとプット・オプションです。

　コール・オプションは，一方当事者が他方当事者の株式を予め合意した価格と方法により買い取る権利であり，プット・オプションは，一方当事者が自らの株式を予め合意した価格と方法により相手方当事者に買い取らせる権利です。このような権利の行使を通じて合弁会社の株式を一方当事者に集約することにより，意見対立を解消することが可能になります。

　意見対立を解消する方法としては，合弁会社を清算することも考えられますが，インドにおいて会社を清算するには時間がかかる上に，合弁会社の業績自体は順調な場合に合弁会社を解散するのは必ずしも合理的ではありません。そこで，コール・オプション又はプット・オプションの行使によりデッド・ロックを解消する仕組みが用いられます。

　この条項イメージでは，マジョリティ株主がコール・オプションを有しマイ

ノリティ株主がプット・オプションを有することにしています。このような方法以外にも，デッド・ロックの場面において，一方当事者が相手方当事者に対して，自らが提示する価格により，自らの株式を相手方が買い取るか，相手方当事者の株式を自らに売却するかの選択を迫ることができるとした上で，いずれも選択しない場合には自動的にプット・オプション（又はコール・オプション）の効果が生じるものとするなど，様々なアレンジが考えられます。

(19) 第8条（契約終了事由）

条項イメージ

8. TERMINATION

8.1 Termination

This Agreement shall be terminated only in accordance with the provisions of this Clause 8.

8.2 Termination by Mutual Consent

This Agreement may be terminated at any time by the written agreement of the Parties. In such case, this Agreement shall terminate with immediate effect on and from the date on which the termination agreement is executed by the Parties.

8.3 Termination for Default

(a) Either Shareholder (the "**Non-Defaulting Shareholder**") may terminate this Agreement by written notice (the "**Termination Notice**") to the other Shareholder (the "**Defaulting Shareholder**") if:

  (i) the Defaulting Shareholder commits a material breach of its obligations under this Agreement and, if such breach is capable of remedy, fails to remedy such breach within [20 Business Days] of being notified of the breach in writing by the Non-Defaulting Shareholder;

  (ii) the Defaulting Shareholder sells or otherwise Transfers any or all of its Shares in contravention of this Agreement;

  (iii) an Insolvency Event occurs in relation to the Defaulting Shareholder, or if all or substantially all of the assets of the

> Defaulting Shareholder are subject to attachment, sequestration, execution or any similar process and that process is not terminated or discharged within [30 days]; or
>
> (iv) there is a change in Control of the Defaulting Shareholder.
>
> (b) The right to terminate as aforesaid shall be without prejudice to all the rights and remedies under applicable Law available to the Parties, including but not limited to the right to seek specific performance of the obligations under this Agreement or terminate this Agreement and seek Losses for the breach committed during the period prior to such termination.
>
> (c) The termination of this Agreement shall not relieve any Party of any obligation or liability accrued prior to the date of termination.
>
> **8.4 Survival**
>
> Notwithstanding Clauses 8, 9, 11, 13, 14, 15 and 16 shall survive the termination of this Agreement.

解説

合弁契約は，合弁パートナー間の関係が続く限り存続させる必要があります。よって，合意解約や合弁契約上特に規定した解約事由が存しない限り契約期間が存続する旨規定するのが一般的です。契約期間の規定においては，契約が終了した後に存続させるべき条項の有無を検討し，それを明示すること（条項イメージ第8.4条参照）が必要です。

⒇ 第9条（契約違反時のコール・プットオプション）

条項イメージ

> **9. DEFAULT CALL / PUT OPTION**
>
> **9.1 Default Call Option / Default Put Option**
>
> On the termination of this Agreement due to the occurrence of an event of default set forth in Clause 8.3, the Non-Defaulting Shareholder shall, subject to applicable Law, be entitled to either:

> (i) require the Defaulting Shareholder to sell all or part of the Shares then held by it (the "**Default Call Option Shares**") to the Non-Defaulting Shareholder (the "**Default Call Option**") at the Fair Market Value (as hereinafter defined) of the Default Call Option Shares, as determined by the Default Option Valuer (as hereinafter defined) ; or
>
> (ii) require the Defaulting Shareholder to purchase all or part of the Shares then held by the Non-Defaulting Shareholder (the "**Default Put Option Shares**"), at the Fair Market Value of the Default Put Option Shares, as determined by the Default Option Valuer.
>
> **9.2 Valuation**
>
> For the purposes of this Clause 9, the "**Fair Market Value**" shall be the fair market value of the Default Call Option Shares or the Default Put Option Shares (as the case may be) as determined by an independent valuer (the "**Default Option Valuer**") to be appointed by the Non-Defaulting Shareholder from among the Global Accountancy Firms, at its sole and absolute discretion, within [30 days] from the date of the Termination Notice. For the purposes of this Agreement, the Fair Market Value determined by the Default Option Valuer shall be final and binding on both the Shareholders. Any costs incurred in relation to the appointment and duties of the Default Option Valuer shall be borne by the Defaulting Shareholder.

解　説

　一方当事者が合弁契約に違反した場合，相手方当事者はそれによって被った損害を請求することが考えられますが，そもそも違反当事者との間で合弁関係を続けることを望まない場合があります。そのような場合を想定して，契約違反を犯していない相手方当事者が行使できるコール・オプションやプット・オプションを規定する場合があります。

　なお，デッド・ロックの場合，いずれの当事者も契約違反を犯しておらず単に意見が食い違うに過ぎないため，デッド・ロックの解消措置としてのコール・オプションやプット・オプションにおける株式の売買価格は両当事者が選

任する算定人が算定する公正価格とすることが多いですが（条項イメージ第7.4条参照），契約違反の場合は，違反当事者に算定人の選任権を付与する合理性に乏しいことから，非違反当事者が算定人を選任するものとすることが考えられます。この点，違反当事者に対する制裁の意味合いも含めて，違反を犯していない相手方当事者が違反当事者に対して自らの株式を高く売りつける権利（プット・オプションの価格を"120% of the Fair Market Value"と規定する場合）や違反当事者の株式を安く買い受ける権利（コール・オプションの価格を"80% of the Fair Market Value"とする場合）を規定することが考えられますが，これらは価格規制との関係でうまく機能しない可能性があります（前記第5章Ⅲ3(1)参照）。

　なお，軽微な違反の場合にまで相手方当事者が容易にコール・オプションやプット・オプションを行使できるものとすることを避けるために，コール・オプションやプット・オプションを行使できる場面を重大な違反が存した場合に限定することも多いです。

　一方当事者が合弁契約に違反したかそれに準じる場合のコール・オプションやプット・オプションの際に参照される株式の公正価値（Fair Market Value）について，デッドロックの場合（条項イメージ第7.4条参照）と同様の規定を置くことも考えられますが，前記の条項イメージ第9.2条では，契約違反を犯していない当事者が算定人を選定する権利を有し，算定人のコストについては契約違反を犯した当事者が負担する定めにしています。

(21)　第10条（情報アクセス権）

――条項イメージ――

10. INFORMATION, AUDIT RIGHTS AND COVENANTS
10.1　Access
　The Shareholders and their authorised representatives（including employees, lawyers, accountants, auditors and other professional advisors）shall have the right to inspect all properties, assets, corporate, accounting, financial and

other records, reports, books, contracts and commitments of JVC, to make extracts and copies therefrom at its own expense as the Shareholder may reasonably request, during normal business hours with prior written notice of at least [7 Business Days].

10.2 Reporting

JVC shall furnish to the Shareholders, the following information/documents in relation to JVC, as soon as practicable, and in any event, within the time period set out below:

(i) within [90 days] after the end of each Fiscal Year, audited consolidated statements of income, statements of changes in shareholders equity and statements of cash flows for such Fiscal Year and an audited consolidated balance sheet as of the end of such Fiscal Year;

(ii) quarterly consolidated financial statements (including the profit and loss statement, balance sheet and cash flow statement) subject to the following schedule:

(a) quarterly accounting reports in accordance with the accounting standards required to be followed by JVC under applicable Law within [15 days] of expiry of the relevant quarter;

(b) monthly income statements, operational and financial information and balance sheets of JVC within [7 days] of the end of each calendar month, and in each case, in accordance with the accounting standards required to be followed by JVC under applicable Law;

(c) copies of all reports filed by JVC, with any Governmental Authority, as soon as practicable after such filing;

(d) information about any resignation of Key Employees, as soon as practicable after such resignation; and

(e) copies of minutes of Board meetings, meetings of committees of the Board and Shareholder Meetings, within [30 days] of the occurrence of such meetings; and

(iii) details of any events, occurrence or circumstances which may have a material adverse effect on JVC.

解　説

　第10条は，各合弁パートナーの情報アクセス権を定めたものです。日本企業とインド企業が合弁関係を築いてインドにおいてビジネスを展開する場合，日本企業側がマイノリティ株主である場合はもちろん，仮にマジョリティ株主であっても日々の業務運営をインド企業側に任せている場合は，合弁会社の事業や財務状況についての情報がタイムリーに得られない場合があります。特に，合弁パートナー間で経営方針について意見が対立している場合には，インド企業側から意図的に情報提供を制限されることも珍しくありません。そのような場合に備えて，各合弁パートナーが合弁会社に関する情報の提供を要求できる旨の規定を置いておくことが考えられます（条項イメージ第10.1条参照）。

　なお，主体的に合弁会社の情報を取得できる権利も重要ですが，そのような権利だけでは，仮に合弁会社に何らかの重要な事象が生じても情報を求める側が気づかない場合は意味がありません。そこで，合弁会社の財務情報の定期的な報告義務や一定の事象が生じた場合の報告義務などを合弁会社の義務として規定することが考えられます（条項イメージ第10.2条参照）。特に，日本企業の側で合弁会社も含めた連結財務諸表を作成する必要がある場合は，いつまでにどのような情報を提出させる必要があるのかを確認し，合弁会社の方で対応することが現実的に可能であるのかについての検討が必要です。

(22)　第11条（競業避止義務，勧誘禁止義務）

条項イメージ

11. NON COMPETE AND NON-SOLICITATION
During the term of this Agreement and for a period of [2 years] after its termination, the Shareholders shall not and shall cause any Person Controlled by such Shareholder not to: (i) directly or indirectly, invest in, own, manage, operate, finance, control or be concerned in any manner (whether as consultant, agent, franchisee, technology / know-how provider or otherwise) with any entity engaged in any business that competes, directly or indirectly,

> with the Business within the Territory; (ii) induce any material customer, distributor, supplier, agent, franchisee or contractor of JVC to cease to deal with, supply products or deliver services to, or restrict or vary the terms of any contract of any of them with JVC; or (iii) solicit, directly or indirectly, any person who is a director, officer or employee of JVC.

解説

　第11条は，各合弁パートナーの合弁契約有効期間中及び合弁契約終了後2年間の競業避止義務及び勧誘禁止義務を定めたものです。日本企業とインド企業が合弁関係を築いてインドにおいてビジネスを展開する場合，合弁会社の事業と競合する事業をいずれかの合弁パートナーが開始すると合弁会社の利益を害する可能性があります。そこで，合弁契約の有効期間中及び合弁契約の終了後の一定期間，競業避止義務を定めたり，合弁会社の取引先や役員等を勧誘することを禁止したりするのが一般的です。本条項イメージでは，合弁契約が終了した後，一律に2年間は義務が存続する旨を規定していますが，例えば，条項イメージ第8.3条に規定するように，一方当事者の契約違反等を理由として契約を終了させる場合，契約違反等を犯した当事者のみが合弁契約終了後の競業避止義務の対象に服する旨を規定することも考えられます。

　本条項イメージでは，Businessと競合する事業を行ってはならない旨規定しているところ，Businessは，合弁会社がその時々において営む活動と定義されているため（条項イメージ第1条の"Business"の定義参照），理屈上は，合弁会社の事業内容が拡大するのに伴い，競業避止義務の範囲が拡大することになります。そのような不都合を避けるために，"competes, directly or indirectly, with the Business within the Territory as of the date of this Agreement"という限定を付すことも考えられます[37]。また，競業避止義務の地理的範囲をインド国内（"within the Territory"）に限定するのが一般的ですが，必要に応じて，周辺国を含めることも考えられます。

---

[37] 合弁会社の新規事業の開始について，拒否権（(9)第4条のVeto Rights）等の行使を通じてコントロールする方法も考えられます。

なお、インドにおいては、一般的に、合弁契約終了後の競業避止義務の効力は否定される可能性があるといわれています。その理由は、インド契約法第27条が「いかなる契約も、ある者が適法な職業、取引又は事業（その内容を問わない）を行うことを禁止するものである場合は、その限りにおいて無効である」旨規定しており[38]、当事者に合弁契約終了後の競業避止義務を課す規定が同法に反する可能性があると考えられるからです。もっとも、個別条項ではなく合弁契約全体として検討した場合には、一定程度の合理性を有するとも考えられるため、インドの合弁契約においても、ある程度短い年数に限って規定されることが一般的です。

⑳　第12条（表明保証）

条項イメージ

12. REPRESENTATIONS AND WARRANTIES
Each Party represents and warrants as of the date hereof to the other Parties as follows:
  (i) it is duly incorporated, and is validly existing under applicable Law of its jurisdiction, and has all necessary corporate power, authority and capacity to carry its business and to enter into this Agreement;
  (ii) the execution and performance of this Agreement by it does not contravene, violate or constitute a default under, or require any consent or notice under any provision of any agreement or other instrument to which it is a party or by which it may be bound;
  (iii) it has full power and authority to enter into this Agreement and to perform its obligations under this Agreement;
  (iv) the execution of this Agreement and the performance of its obligations hereunder has been duly authorised and constitute valid and binding obligations on its part and does not contravene, violate

---

[38] Section 27 of the Indian Contract Act, 1872: "Every agreement by which anyone is restrained from exercising a lawful profession, trade or business of any kind, is to that extent void."

or constitute a default of, or require any consent or notice under any provision of any agreement or other instrument to which it is a party or by which it may be bound; and

(v) there is no litigation pending against it or, to the best of its knowledge, threatened against it, which questions the validity or enforceability of this Agreement or any of the transactions contemplated herein.

解説

第12条は，各合弁パートナーによる表明保証を規定しています。合弁契約においても，表明保証の規定が置かれることがあります。もっとも，株式譲渡契約と異なり，合弁契約は対象会社の株式の売買を目的とする契約ではないため，各合弁パートナーの契約締結権限や内部の適正な機関決定などの事項に限定した表明保証が置かれるのが一般的です。

(24) **第13条～第16条（準拠法，紛争解決方法，守秘義務，通知，一般条項）**

第13条以下は，前記第7章のⅠで紹介した株式譲渡契約と共通の条項も多いため，説明を割愛し，参考までに＜条項イメージ＞のみを掲載するに留めます。

＜条項イメージ＞

13. GOVERNING LAW AND DISPUTE RESOLUTION

13.1　Governing Law

This Agreement shall be governed by and construed in accordance with the laws of the Republic of India without regard to applicable conflicts of laws principles. Subject to the provisions of Clause 13.2, the courts in New Delhi shall have the exclusive jurisdiction in relation to all matters arising out of this Agreement.

13.2　Arbitration

Any dispute, difference, controversy or claim arising out of or in connection with this Agreement, including any question regarding its existence, validity or termination (a "**Dispute**"), shall be settled, if possible, by good faith mutual negotiation between the Parties. If, however, no such settlement is reached within [30] days of any Party seeking negotiation by notice to the other Parties, then upon written notice from either Party to the other, such Dispute shall be finally resolved by binding arbitration to be held in Singapore, in accordance with the Arbitration Rules of the Singapore International Arbitration Centre ("**SIAC**") for the time being in force, which rules are deemed to be incorporated by reference into this Clause 13. The arbitral tribunal constituted for this purpose shall consist of 3 arbitrators, of which 1 arbitrator each shall be appointed by JCO and ICO, respectively, and the 2 arbitrators so appointed shall appoint the third arbitrator. If the arbitrators nominated by JCO and ICO fail to agree on the third arbitrator, the President of the Court of Arbitration of SIAC shall appoint the third arbitrator. The language of the arbitration shall be English.

14. **CONFIDENTIALITY**

Each Party agrees and undertakes that it shall not (and shall procure that its directors, officers, managers, employees, legal, financial and professional advisors do not) disclose or reveal to any third party/ Person any Confidential Information, and shall protect, and avoid disclosure of, the Confidential Information by using the same degree of care, but no less than a reasonable degree of care, as such Party uses to protect its own Confidential Information.

15. **NOTICES**

Any notice or other communication whatsoever to be made or given under this Agreement shall only be effective if it is in writing and sent to the Party concerned at its address or facsimile number and for the attention of the individual, as set out below:

JCO:

Attention: [◆]

Address: [◆]

Facsimile number: [◆]

ICO:

Attention: [◆]

Address: [◆]

Facsimile number: [◆]
JVC:
Attention: [◆]
Address: [◆]
Facsimile number: [◆]

16. MISCELLANEOUS

16.1 Reservation of rights

No relaxation or inaction by any Party at any time to require performance of any of the provisions of this Agreement shall in any way affect, diminish or prejudice the right of such Party to require performance of that provision. Any waiver or acquiescence by any Party of any breach of the provisions of this Agreement shall not be construed as a waiver or acquiescence of any continuing or succeeding breach of such provisions, a waiver of any right under or arising out of this Agreement or acquiescence to or recognition of rights other than that expressly stipulated in this Agreement.

16.2 Partial invalidity

If any provision of this Agreement or the application thereof to any Party or circumstance shall be invalid or unenforceable to any extent, the remainder of this Agreement and the application of such provision to Parties or circumstances other than those as to which it is held invalid or unenforceable shall not be affected thereby, and each provision of this Agreement shall be valid and enforceable to the fullest extent permitted by applicable Law. Any invalid or unenforceable provision of this Agreement shall be replaced with a provision which is valid and enforceable and most nearly reflects the original intent of the unenforceable provision.

16.3 Assignment

The provisions of this Agreement shall inure to the benefit of, and be binding upon, the Parties, and their respective successors in business. None of the Parties shall assign, or purport to assign, all or any part of their rights or obligations hereunder without the prior written consent of the other Parties.

16.4 Entire agreement

This Agreement constitutes the whole and only agreement between the Parties relating to the management of JVC and the arrangement between the Shareholders and supersedes and cancels any prior oral or written agreement, representation, understanding, arrangement, communication or expression of intent between the Parties (or any of them and/ or any of their representatives) relating to the subject matter of this Agreement.

16.5　Amendment

No modification or amendment of this Agreement shall be valid or binding unless made in writing and duly executed by all the Parties. Any waiver, permit, consent or approval of any provision of, or any breach or default under, this Agreement must be in writing and shall be effective only to the extent specifically set forth in such writing.

第9章
労働法と労務管理

I 労働紛争の概要

1 労働紛争の近時の傾向

インドで事業を行う際の課題として，インフラの未整備や複雑な税制度と並んで必ず挙げられるのが労働問題です。インド労働局が公表する統計資料（http://labourbureau.nic.in/idtab.htm）によれば，近年はストライキ及びロックアウトの数やそれらに伴う労働損失日数は減少傾向にあるようですが，日系企業も含めて，インドで事業を行う企業が大規模な労働問題に遭遇することは珍しくありません。

◆ 近時の主な労働紛争 ◆

2012年夏	マルチ・スズキ（スズキ子会社）
北部ハリヤナ州の工場で一部従業員による暴動が発生し，工場幹部が死亡。約1か月生産停止	
2013年春	印マヒンドラ・アンド・マヒンドラ
西部マハラシュトラ州の工場で賃金改定などをめぐり断続的にスト。エンジン生産などにマイナス影響	
2013年夏	印バジャジ・オート
マハラシュトラ州の工場で賃上げや契約社員の正規雇用を求めるストが発生し，約50日間にわたり長期化	
2013年11月	独ボッシュ
南部バンガロール近郊の工場でスト。会社側が工場を一時閉鎖	

2014年1月	米ゼネラル・モーターズ
西部グジャラート州の工場で正社員との格差是正を求め契約社員がスト	
2014年3月	トヨタ自動車
賃金改定の難航を受けた組合員の生産妨害などに対し，会社側がロックアウト	

(出所：日本経済新聞2014年3月18日)

2　労働紛争の原因と対策

(1)　労働紛争の原因

　労働紛争の原因は，個別の事案ごとに異なりますが，一般論としては，①正規雇用者との待遇格差に不満を持つ請負労働者（後記Ⅲ6参照）による賃上げや正規雇用の要求，及び②伝統的に政治色が強い労働組合による影響等が要因として挙げられることが多いです。

　インドで事業を行う以上，これらの要因を完全に排除することはできませんが，他方で，労働紛争に悩まされることなく，長期間インドで事業を継続できている会社があることも事実です。そのような会社は，辛抱強く，インド人の気質や習慣を理解しようと努めて，日本流のやり方を一方的に押し付けないように努力している印象があります。

　例えば，インド人は，計画性を持たずに場当たり的な行動に走る場合があります。そのような場合に，頭ごなしに日本流のやり方を押し付けてもすぐには成果は上がりません。なぜ計画性が必要かという点に遡って，従業員に一緒に考えさせてから実行に移すことが考えられます。

　また，インド人の性質として，謝罪することやプライドを傷つけられることへの抵抗が強い傾向が見られます。従業員がミスを犯した場合であっても，無理に謝罪を求めるのは，時間の無駄である場合があります。インド人は議論好きの傾向があるため，言い訳を並べられて終わることも珍しくありません。また，インド人を叱責する必要がある場合であっても，他人の前で叱責すると本人のプライドを大きく傷つける可能性があるため，避けるのが得策です[1]。

　さらに，仲間意識の強さや人間関係の濃さも特徴として挙げられます。その

ため，ある従業員が会社に不満を持っている場合に他の従業員を巻き込んだり，ある従業員に対する制裁的措置について，他の従業員が一緒になって抵抗したりする場合があります。そのため，従業員に生じている不満は，それが拡大する前に解消することが重要です。

以上の性質は，あくまで著者の経験や日系企業の担当者から聞いた情報に基づく一般論に過ぎず，高い教育を受けたマネジメント層のインド人には当てはまらないことも多いですが，現地従業員を管理する上では，無視できない特質であると思われます。

(2) 労働紛争の対策

日本人と異なる性質のインド人従業員を日本人がうまく管理することは現実的には難しい場合が多いです。そこで，日常的な問題点や従業員の不満を適時に把握していく仕組みを作ることが必要です。現地語を話す従業員との間に言葉の壁があり，十分なコミュニケーションが取れない場合は，有能なインド人を現場責任者として雇うことも重要です。日系企業の中にも，そのようなインド人を通じて，インド人従業員との距離をうまく保ちつつ円滑に業務を遂行している例が見られます。また，従業員の不満を吸い上げる苦情処理委員会や従業員の相談を日常的に受ける労務担当者を設置したり，労使協議会を定期的に実施したり，従業員やその家族が参加するイベントを実施したりする取組みを行う会社もあります。

このような予防的な取組みにもかかわらず，労働紛争が発生してしまった場合には，その紛争が本来不満を抱いていない従業員に波及するのを阻止するとともに，会社の方針を明確に示すことが重要です。会社の方針が曖昧な場合や揺らぐ場合，従業員が要求をエスカレートさせる可能性があるため，譲歩可能

---

1 不満を持つ従業員が会社や親会社である日本企業に対して送るクレームレターの中で，現地の日本人MD（managing director）から侮辱的な扱いやパワハラを受けた旨の苦情を述べている場合が多いです。日本人にとっては当然の叱責であっても，インド人に過剰な精神的負担を与えることもあるようです。

な範囲を超えた場合は，訴訟手続きも覚悟の上で，会社として毅然とした態度を示すことが必要です。例えば，反抗的な態度をとる従業員に対しては，その者の行動が雇用契約や就業規則に定める従業員の具体的義務にどのように違反するのかを書面によって明確に通知しておくことが考えられます。それにより，従業員が長期的視点で利益衡量した結果，態度を軟化させる場合もあります。

Ⅱ　労働法の概要〜連邦議会と州議会の二層構造

　インドに対する投資に関連する法律の多くはインドの連邦議会が制定しますが，労働法の分野は，連邦議会が制定する法律と州議会が制定する法律の両方が存在します。インドは連邦制を採用しているため，立法権については，インド共和国憲法の定めにより，対象となる法律分野ごとに，連邦議会のみが立法権を有する事項，各州議会のみが立法権を有する事項，並びに連邦議会及び各州議会の双方が立法権を有する事項に分類されており，かかる分類は，インド共和国憲法第246条及び同法別紙7のリストⅠからⅢに規定されています。

　労働法に関する事項は，インド共和国憲法第246条及び同法別紙7のリストⅢにより，連邦議会及び州議会の管轄事項とされており，双方が立法権を有しています。インドにおける労働法制は，連邦議会が制定する法律だけでも50を超えており，その上，各州議会がその内容を修正することが認められている場合があるため，連邦議会が制定した規制内容について，州が変更を加えていないかを確認する必要があります。また，各州は，独自の法律を制定することができるため，その内容も確認する必要があります。

　例えば，日本企業専用工業団地が2つあるラジャスタン州は，2014年10月に投資企業寄りに労働法を改正し，モディ政権が掲げる"Make in India"にいち早く呼応した取組みとして評価されています[2]。

---

[2] 例えば，労働組合の組成に必要な企業内労働者の割合を加重することによって組合組成を困難にしたり，州政府の承認が必要となる解雇の人数基準を引き上げることにより同基準以下の場合に承認を不要としたりする等のラジャスタンモデルと呼ばれる整備を通じて外資誘致を加速させています（JETROの2015年3月6日付通商弘報）。

このように，インドの労働法の構造は複雑になっており，州議会が州の実情を踏まえて独自の法律を制定することにより，労働者の保護を厚くしたり，逆に企業側に配慮した修正をしている場合もあるため，州法の内容及びその最新の情報を確認するためには，その州の法律を専門とする弁護士に対して，適用される州の労働法を確認することが必要になります[3]。

連邦議会が制定する主な法律を分野別に列挙すると，以下のとおりです。なお，州議会が制定する主な労働法としては，後記Ⅲ 3(5)の店舗施設法が挙げられます。

- 労働条件に関する法律
  - 産業雇用法（Industrial Employment（Standing Orders）Act, 1946）
  - 工場法（Factories Act, 1948）
  - プランテーション労働法（Plantations Labour Act, 1951）
  - 強制労働廃止法（Bonded Labour System（Abolition）Act, 1976）
  - 児童労働禁止法（Child Labour（Prohibition and Regulation）Act, 1986）
  - 均等報酬法（Equal Remuneration Act, 1976）
  - セクハラ防止法（Sexual Harassment of Women at Workplace（Prevention, Prohibition and Redressal）Act, 2013）
- 労使関係及び労働組合に関する法律
  - 労働紛争法（Industrial Disputes Act, 1947）
  - 労働組合法（Trade Union Act, 1926）
- 賃金の支払いに関する法律
  - 賃金支払法（Payment of Wages Act, 1936）
  - 最低賃金法（Minimum Wages Act, 1948）
  - 賞与支払法（Payment of Bonus Act, 1965）
  - 退職金支払法（Payment of Gratuity Act, 1972）

---

3 インドの労働法全般の内容については，小山洋平ほか『アジア労働法の実務 Q&A』（商事法務）に詳述しています。

- 社会保障に関する法律
  - 労働者積立基金及び雑則法（Employees Provident Funds and Miscellaneous Provisions Act, 1952）
  - 労働者州保険法（Employees' State Insurance Act, 1948）
  - 従業員補償法（Employee's Compensation Act, 1923）
  - 妊産婦給付法（Maternity Benefit Act, 1961）
- 請負労働者及び派遣労働者に関する法律
  - 請負労働法（Contract Labour（Regulation and Abolition）Act, 1970）

Ⅲ　労働者及び使用者に適用される具体的なルール

1　就業規則の作成義務

(1)　就業規則の作成義務

　インドにおいては，就業規則（インドでは，"Standing Order"と呼ばれます）の作成が常に求められるわけではなく，Industrial Employment（Standing Orders）Act（以下「産業雇用法」といいます）により必要とされる場合にのみ，その作成が義務付けられます。同法上，100名以上のワークマン（ワークマンの定義については，後記4(2)参照）が，現に雇用されているか，又は，過去12か月間のいずれかの日において雇用されていた産業施設において，使用者が就業規則の作成を義務付けられます（同法第1条3項，第3条）。ただし，この要件について，一部の州では変更されており，「100人以上」という要件が「50人以上」に修正されている場合もあるため，個別の州における要件を確認する必要があります。

(2)　就業規則の作成方法

　使用者は，その産業施設が産業雇用法の規定に服することとなった日から6か月以内に就業規則の案文を作成して，政府の認証官（Certifying Officer。労

働監督官（Labour Commissioner）又は地方労働監督官（Regional Labour Commissioner）その他政府が指名する担当官を指します）に提出しなければなりません（産業雇用法第3条1項）。

　就業規則には，労働者の種類，就業時間，休日，賃金支払いに関する事項，雇用の終了，使用者及びワークマンによる雇用の終了の通知に関する事項，懲戒事由等，法定の項目を盛り込む必要があります。また，就業規則の内容は，可能な限り，産業雇用規則（Industrial Employment（Standing Orders）Central Rules）の別紙に定められているモデル就業規則と呼ばれる就業規則の見本に従うべき旨が規定されています（同条2項）。実務上は，モデル就業規則の基本的な内容は盛り込みつつ，それ以外にも会社側が必要と考える事項を盛り込み，認証官によって不合理と判断された事項が削除された上で，内容が確定することになります。例えば，後記5(1)記載のとおり，解雇規制が厳しいインドでは試用期間を定めて従業員を採用することが一般的ですが，仮採用される従業員（probationerと呼ばれます）についての試用期間の定めやその間の労務内容が満足な水準でなかった場合に契約を終了させる旨を明確にしたり，雇用期間中に他の会社等の業務に従事するには会社の承認が必要である旨を規定したり，懲戒事由を具体的に列挙したりすることが考えられます。

　就業規則案の提出を受けた認証官は，使用者及び労働組合（もしあれば）又はワークマンの代表者の意見を踏まえた上で，必要に応じて就業規則案に修正を加えて，最終的な就業規則を認証します。認証官は，就業規則が適法か否かの判断に加えて，その内容が公平かつ合理的か否かも判断した上で認証を行います（同法第4条）。

　認証官が認証印を押した就業規則を使用者及び労働組合又はワークマンの代表者に送付してから30日後に就業規則の内容が確定します（同法第7条）。使用者は，確定した就業規則の内容を英語及びワークマンの過半数が理解する言語により，掲示板に表示し，ワークマンの過半数が利用する入口付近及び各部署に目立つように掲示しなければなりません（同法第9条）。

　就業規則の作成を怠っている場合は，モデル就業規則の内容がその施設に適

用されると規定されています (同法第12A 条)。

2　労働組合

(1)　概　要

労働組合について定める法律は, 労働組合法 (Trade Union Act, 1926) です。労働組合法は, 労働組合の登録及び登録された労働組合 (以下「登録労働組合」といいます) に認められる権利等を規定しています。

労働組合法上, 労働組合を組成するに際しての特段の要件はないため, いかなる労働者も労働組合を組成することができますが, 労働組合法の下, 労働争議に関して一定の刑事免責及び民事免責を与えられるためには, 同法に従って, 中央労働組合登録機関 (Registrar of Central Trade Unions) に登録することが必要であり, 登録を行うためには, 同法所定の要件を満たすことが必要となります。

労働者は, 自由に労働組合を組成することができます。使用者が, 労働者が労働組合に加入することを妨げたり, 労働組合への加入の有無によって差別することは, 不当労働行為であると考えられています。

労働組合の成立要件として, 労働組合を登録することは不要ですが, 後述の要件のもと労働組合を登録しようとする場合は, 労働組合規則 (Central Trade Union Regulations, 1938) 所定のフォーム A を用いてニューデリーにある中央労働組合登録機関 (Registrar of Central Trade Unions) に登録する必要があります (労働組合規則第 3 条)。

(2)　労働組合を登録するための要件

労働組合を登録するためには, 労働組合の登録申請を行う時点において, その労働組合に関係する施設又は産業に従事するワークマンのうち10％又は100人のうちいずれか少ない方の人数が組合員であり, かつ, 少なくともその施設又は産業に従事するワークマン 7 人が組合員であることが必要です (同法第 4 条 1 項)。登録労働組合は, 登録後もかかる人数を維持する義務を負い (同法

第9A条),かかる人数を下回ることは登録喪失事由の一つとされています(同法第10条)。

(3) 登録労働組合に認められる免責

登録労働組合に認められる免責には,刑事上のものと民事上のものに分類されます。

刑事上の免責については,登録労働組合の組合員は,労働組合の所定の目的を達成するために組合員間で行う合意について,インド刑法(Indian Penal Code)第120B条2項に規定される共謀罪に問われない旨の刑事免責を与えられています(労働組合法第17条)。インド刑法第120B条は,共謀罪について規定しており,同条1項は,死刑,終身刑及び2年以上の懲役刑に処せられる犯罪行為について共謀を行った場合,その犯罪行為の教唆を行ったものとして罰せられる旨規定し,同条2項は,その他の犯罪行為について共謀を行った場合,6か月以下の懲役もしくは禁固,及び／又は罰金刑[4]に処せられる旨規定します。このうち,登録労働組合に認められている刑事免責は,第120B条2項に規定される共謀罪のみであり,より深刻な犯罪である同条1項については,免責の対象とはされていません。

民事上の免責については,登録労働組合の組合員は,労働争議を企図して行われたいかなる行為も,他人の労働契約の違反を誘発したことや他人の事業や雇用を妨害したことを理由とした民事責任を問われません(労働組合法第18条)。

なお,前記のとおり,これらの刑事免責及び民事免責に関する規定は,未登録の労働組合には適用されません。

(4) 留意点

インドにおいては,政治運動の影響を受けて労働組合の活動も活発化してきた背景があるため,多くの労働組合が,インド国内の労働組合を統括する中央

---

[4] インド刑法上,罰金刑について金額の上限が設けられていない場合は,上限なし(ただし,過度であってはならない旨規定される)とされます(同法第63条)。

組織に属しており，かかる中央組織のそれぞれが，異なる政治思想を支持している場合が多いです。地域によって，労働組合の活動が活発な場合があるので（共産党系の労働組合が強い場合など），新たに進出する際の検討要素の一つに挙げられることもあります。

3 労働者の労働条件（工場法と店舗施設法）

(1) 概　要

インドの連邦議会は，労働者全般に適用される，労働者の労働時間，賃金，休暇等に関する法律を制定していません。工場の労働者に適用される労働条件については，連邦法である工場法が定められていますが，その他の施設の労働者の労働条件については，各州が，それぞれ，独自に店舗施設法（Shops and Establishments Act）という名称の法律を制定しています。通常，店舗施設法には，工場以外の施設に適用される旨が規定されているため，銀行，商業施設，店舗，劇場，ホテル及びレストランなど，工場以外の広範囲の施設に適用されます。

(2) 工場法の適用範囲

工場法（Factories Act, 1948）は，工場における労働者の安全を確保するために，工場の登録義務，工場が遵守すべき安全・衛生措置，労働者の労働時間に関する事項等を規定する法律です。工場法において，工場とは，(i) 製造工程のいずれかにおいて動力（power）を使用する場合は，10人以上の労働者が現に労働しているか過去12か月間のいずれかの日において労働していた施設を指し，(ii) 製造工程のいずれにおいても動力を使用していない場合は，20人以上の労働者が現に労働しているか過去12か月間のいずれかの日において労働していた施設を指します（同法第2条(m)）。

よって，かかる要件を満たさない結果，工場の定義に該当しない施設については，工場法は適用されません。

(3) 工場法の規制内容

工場法が適用される場合，会社は，工場責任者（occupier of factory）を選任する必要があります。工場責任者は，工場に関する事項について最終的な監督権限を有する者です。会社が工場を所有する場合，工場責任者は，会社の取締役のうちいずれかの者が担当すべきものとされており，労働者を工場責任者に指名することはできません。よって，日本の会社の現地子会社において，全ての取締役が日本人の場合は，日本人が工場責任者に就任する必要があることになるため，州の担当者との折衝を行う等のために現地のインド人を工場責任者に就任させようとする場合は，そのインド人をまず取締役（必ずしも業務執行に携わる必要はありません）として選任する必要があります。

工場責任者は，その施設を工場として使用する15日前までに法定事項を記載した届出書を主任検査官（chief inspector）に提出する必要があり，労働者の健康，安全，福祉に関する様々な措置を講じるべき義務を負います。

以上のほか，工場法は，労働時間（18歳以上の労働者の法定の労働時間は，1週間に48時間，1日に9時間です）や休憩に関する規定（連続して5時間以上働くことはできず，5時間の労働の後，少なくとも30分間の休憩を与えられる必要があります），女性や若年者の保護に関する規定を置いています。さらに，時間外労働の割増賃金に関する規定（労働者が1日に9時間以上又は1週間に48時間以上労働した場合，労働者は，時間外労働について，通常の賃金の2倍の割増賃金を受領する権利を有します），年次有給休暇に関する規定（前暦年において240日以上労働した者は，翌暦年において，成人は労働日数20日ごとに1日，若年者は労働日数15日ごとに1日が付与されます）も定めます。

(4) 工場法の州政府による修正

工場法上，一定の事項に関しては，州政府がその州の事情を踏まえて独自に工場法の一部の規定が適用されない旨やその他の規定を定める権限が付与されています。州が独自に定める規則は，州によってその内容が異なるため，その工場が存在する州が工場法に基づいて定める規制の有無とその規制内容を確認

することが不可欠です。

　例えば，工場法は，州政府に対して，工場の労働者のうち，監督的立場，経営的立場又は秘密情報を扱う立場にある者について，労働時間に関する規定や時間外労働の割増賃金に関する規定を含む工場法第6編の規定が適用されない旨定める権限を付与しています（同法第64条1項）。また，州政府に対して，工場の労働者のうち，緊急の修理や特殊な作業に就く者その他州政府が定める者について，労働時間に関する規制が適用されない旨定める権限（同法第64条2項）や，工場において例外的に作業量が増大した場合において，労働時間に関する規制が適用されない旨定める権限を付与しています（同法第65条2項）。

(5) 店舗施設法

　店舗施設法（Shops and Establishments Act）は，州ごとに定められる法律であり，工場法と同様に，労働者の保護を目的として，使用者が法定の期間内に施設に関する届出を行う義務，労働者の労働時間及び賃金に関する事項，休日に関する事項，若年労働者及び女性の労働制限に関する事項等，労働条件に関する内容を規定します。

　各州ごとに定められるため，どのような規制が適用されるかについては，その施設が存在する州の店舗施設法の内容を確認する必要があります。基本的には，各州のウェブサイトにおいて，英語の法律の内容を確認することができますが，州によっては入手困難な場合もあります。実務上，オフィスなどの施設について，店舗施設法に基づく届出を行っていない例が散見されます。

4　労働者の解雇に関する規制

(1) 概　要

　インドの労働法においては，ワークマンに該当する労働者の保護が強化されており，ワークマンの解雇を行うに際しては，法定の手続を履践するとともに，法定の補償金を支払う義務があります。他方で，ノンワークマンの解雇については，使用者とノンワークマンの契約の定めにより定まります。よって，ワー

クマンという概念を確認する必要があります。

(2) ワークマンの定義

ワークマン（Workman）は，インドにおける労使紛争に関する事項を規定する Industrial Disputes Act, 1947（労働紛争法）に規定される概念であり，同法第2条s項において，「ワークマン」とは，「肉体的，非熟練的，熟練的，技術的，機械作業的，事務的又は監督業務的な作業に従事する者（見習工を含む）」と定義されていますが，以下の者は明示的に含まれないと定められています。

(i) 空軍，陸軍又は海軍関係者
(ii) 警察官又は刑務所で雇用されている者
(iii) 主に経営的立場又は管理的立場で雇用されている者
(iv) 監督業務的立場で雇用されている者で，賃金月額が1万ルピーを超えるか又は（職務の性質上もしくは付与された権限により）主に経営的な役割を果たす者

(i)及び(ii)のように判断が容易な労働者は別として，実際の場面では，この定義の(iii)又は(iv)に該当するか否かで，ワークマンかワークマンに該当しない労働者（便宜上，「ノンワークマン」と呼ぶことがあります）かを区別することが多いです。ただし，前記の経営的立場，管理的立場，監督業務的立場，という概念は必ずしも明確でないにもかかわらず，労働紛争法にそれらの判断基準は示されていません。よって，その労働者の任務の内容や役割に照らして，個別に判断するしかありません。

裁判所が，ある労働者について，経営的立場，管理的立場又は監督業務的立場にあるためノンワークマンに該当する旨判断するに際して考慮した具体的な事実としては，①労働者を様々な職種に配置する立場にあること，②労働者の出勤を確認する立場にあること，③労働者に対して説明を求める立場にあること，④労働者に仕事を割り振る立場にあること，⑤労働者に対して休暇を許可する立場にあること等が挙げられます。さらに，ワークマンへの該当性を判断するに際して，以下の判断をした裁判例が存します。

- 労働者のワークマンへの該当性を判断するためには，肩書や役職ではなく，その労働者の職務の性質に着目すべきである。
- 労働者が多様な任務を任されている場合において，ワークマンへの該当性が問題となった場合，その労働者の基本的かつ主要な作業内容を検討する必要があり，付随的な作業内容は，労働者の性質を変更するものではない。したがって，監督業務的な作業を行う労働者が，付随的に又は部分的に，事務的，肉体的又は技術的作業に従事したとしても，その労働者は監督業務的立場で雇用されたと判断すべきである。
- 経営的立場にあるというためには，必ずしもその労働者が階層組織の頂点に位置したり全ての事項について絶対的な権限を有していたりする必要はない。さらに，その労働者が組織や組織内の部門を単独で管理する立場にいる必要もない。
- 単に小規模部門の責任者であることは，ワークマンへの該当性を否定するものではない。

ワークマンへの該当性は，個別の事情に基づいて判断する必要があるため，これらの判断基準をそのまま個別の事案に当てはめることはできませんが，過去に裁判所によって示された考え方が一応の参考になるものと思われます。

(3) 普通解雇の定義

労働紛争法上，普通解雇とは，懲戒処分以外の理由に基づく使用者によるワークマンの雇用の終了を意味しますが，①ワークマンによる自主退職，②労働契約に定年退職の定めがある場合における定年退職，③契約期間が満了し更新されないこと又は契約の規定に従い契約が終了したことによる雇用の終了，④継続的な健康不良を理由とする雇用の終了は含まないとされます（同法第2条（oo））。労働紛争法上，1年以上の継続的雇用関係にあるワークマンを普通解雇するには，以下の手続きを履践する必要があります（同法第25F条）。なお，原則として，普通解雇に先立つ12か月間に240日以上の労働を行っている場合，「継続的雇用関係」にあったものとみなされます（同法第25B条）。

(i) ワークマンに対する通知

　　使用者は，ワークマンに対して，普通解雇の理由を示した書面により1か月前に通知を行う必要があります。使用者は，かかる通知に代えて，その期間に相当する賃金を支払うことも認められます。なお，普通解雇の理由は，余剰の労働力を解消する等，合理的な理由である必要があり，かかる理由が存しない限り，普通解雇を行うことはできません。

(ii) 解雇補償金の支払い

　　使用者は，普通解雇の時点までに，解雇補償金を支払う必要があります。言い換えれば，解雇補償金の支払いは，解雇の前提条件です。解雇補償金は，継続的雇用関係にあった各年又は6か月を超える継続的雇用関係があった年ごとに，平均賃金の15日分を支払うものとされます。

(iii) 行政機関に対する通知

　　使用者は，地方労働監督官（Regional Labour Commissioner）その他所定の政府機関に対して，所定の通知を行う必要があります（同条c項）。

(iv) 普通解雇に政府の承認が必要となる場合

　　労働紛争法上，一定の産業施設におけるワークマンについては，保護が強化されており，工場法に定義される「工場」，鉱山法（Mines Act, 1952）に定義される「鉱山」又はプランテーション労働法（Plantations Labour Act, 1951）に定義される「プランテーション」に該当する産業施設であって，過去12か月間の各就業日における平均のワークマンの数が100人以上[5]に達する場合，普通解雇を行うためには，ワークマンに対する通知が1か月前ではなく3か月前に行う必要があるとされる上，解雇補償金の支払いに加えて，政府の特別の許可も必要とされます（同法第25N条，25L条）。

(v) 実務上の対応

　　上述のとおり，労働法上，ワークマンの解雇はかなり制限されています。

5　州によっては，基準を「300人以上」に緩和している場合もあります。

実務上は，普通解雇の対象となる者との話し合いを通じて，（必ずしも法定の金額によらない）補償金を支払った上で，普通解雇ではなく，自主退職を促すことにより穏便に済ませることが望ましいです。なぜなら，仮に労働者が普通解雇の効力について異議を唱え，労使紛争に持ち込まれた場合，裁判所は労働者に有利な判断を下すことが多く，かかる紛争に要する費用と時間を考慮すれば，ワークマンに自主的に退職してもらうことが望ましいためです。

(4) みなし解雇規制

労働紛争法上，事業体の経営主体が従来の使用者から新しい使用者に移転した場合，その事業の移転の直前において1年以上の継続的雇用関係にあるワークマンは，普通解雇された場合と同様の事前通知及び解雇補償金の支払いを受ける権利を有します。例えば，事業譲渡，合併，会社分割が行われた場合や，一定の資産（工場等）がワークマンと共に新しい経営者に承継された場合，使用者が変更されることになるため，労働者を保護する観点からこのような規制が置かれており，これを「みなし解雇規制」と呼びます。なお，インドの会社を株式を譲り受ける方法により取得する場合のように，労働者の使用者に変更がなく，株主が変更されるに過ぎない場合は，みなし解雇規制の適用対象外です。

みなし解雇規制には，例外が設けられており，①その事業移転によってワークマンの雇用が中断されないこと，②その事業移転後にワークマンに適用される雇用条件が，その事業移転の直前に適用されていた雇用条件に比べて，いかなる点においても不利なものではないこと，③その事業移転の条件その他により，そのワークマンが普通解雇される場合には，そのワークマンの雇用が継続しておりその移転によって中断されていない前提で算定した補償金をそのワークマンに支払う法的義務を，新たな使用者が負うことの3つの要件がいずれも充足される場合，みなし解雇規制は適用されません。この場合，既に労働者の保護が図られているからです。

5 解雇規制を踏まえた対策

(1) 試用期間の活用

前記のとおり，インドにおいて労働者を解雇することは困難であるため，採用対象となる労働者の質を慎重に見極める必要があります。そのための方策として，試用期間を利用する手段があります。試用期間とは，一般的には，正式雇用に先立ち，一定期間の間，労働者に対する訓練・教育を通じてその労働者の能力を判定し，正式雇用を行うかを判断するための期間として位置付けられています。

使用者と労働者の間において，試用期間を明示した上で，その期間中は何ら理由を要さずに使用者が試用期間を終了して労働者を採用しない旨決定することができ，試用期間を満了した際に正式雇用するか否かを検討する旨合意されることが多くあります。どの程度の試用期間が認められるかについては，法律上規定がなく，判例上も必ずしも明確ではありませんが，実務上は，3か月から6か月程度の期間を設定することが一般的で，場合によっては，採否の判定のために必要な場合さらに3か月から6か月程度の期間を上限として延長できる旨を定める場合もあります。労働紛争法上，普通解雇に先立つ12か月間に240日以上の労働を行っている場合，「継続的雇用関係」にあったものとみなされ，解雇規制の適用がありますが，試用期間は，それより短い期間であるため，労働紛争法上の解雇規制の適用はないものと考えられます。

しかし，各州ごとに定められている店舗施設法上，一定期間（3か月や6か月間）以上採用した労働者を解雇する場合に所定の通知及び正当理由の告知を行う義務が課されている場合があるため，そのような規制がある州においては，たとえ試用期間中であったとしても，その州の店舗施設法に定める規定に従った対応が必要になるため，注意が必要です。

(2) 短期の契約を更新する方法

労働紛争法上，契約期間が満了し更新されないこと又は契約の規定に従い契

約が終了したことによる雇用の終了が普通解雇の定義に含まれないことから，理論上は，使用者との契約期間を比較的短く設定しておき，更新を拒絶する方法により雇用関係を終了することが考えられます。しかし，判例上，労働紛争法上のこの規定は，ワークマン保護のために厳格に解釈されており，ワークマンの労働の性質が継続的なものであるにもかかわらず，解雇規制を逃れるためにあえて短期の契約期間を設定しておき，その契約を更新しないことにより解雇と同様の目的を達成することは認められないと考えるべきです。

6 請負労働に関する法律

(1) 概　要

インドにおいては，日系企業も含めて，請負労働者（contract labour。契約労働者と呼ぶこともあります）が活用されています。主な理由としては，①正社員に比べて低賃金の請負労働者を起用することによりコスト削減を達成する，②正社員として雇用した労働者については解雇が困難であるため，請負業者との有期の契約を更新する方法により（人員余剰の場合には更新しないことにより）労働力を調整することなどが挙げられます。

請負労働に関する事項を規定するのは，請負労働法（Contract Labour (Regulation and Abolition) Act。なお，契約労働法と訳す場合もあります）です。請負労働は，労働力を必要とする使用者（principal employer。以下「主たる使用者」といいます）が直接労働者を雇用せずに，一定の成果又は労務の提供を約束する事業者（contractor。以下「請負業者」といいます。なお，契約業者と訳す場合もあります）によって雇用され，その指揮監督に服する労働者（contract labour。以下「請負労働者」といいます。なお，契約労働者と訳す場合もあります）の労働力を使用するという仕組みです。

(2) 適用範囲

請負労働法は，(i) 20人以上のワークマン[6]が，請負労働者として，現在雇用されているか又は過去12か月間のいずれかの日において雇用されていた施設，

及び (ii) 20人以上のワークマンを現在雇用しているか又は過去12か月間のいずれかの日において雇用していた請負業者に適用されます（同法第1条4項）。また，「請負業者」とは，(i) 請負労働者を用いてその施設のために一定の成果を生み出すことを引き受ける者（ただし，その施設に対して単に商品や製造品を納入することは含みません）（成果提供型）又は (ii) その施設における労働のために請負労働者を提供する者（労務提供型）をいうとされており（同法第2条1項c号），請負型のみならず，日本の労働者派遣の形態も含むものです。

請負労働法における労働者には，主たる労働者から材料等を提供された上で，主たる労働者の事業のために加工等し，その作業が主たる労働者の管理や支配が及ばないところで行われる態様のものを含まないとされています（同法第2条1項(i)(C)）。よって，このような態様で行われる請負契約の履行には，請負労働法は適用されません。

(3) 請負業者の義務

請負労働法の適用がある請負業者は，所定の様式により，その施設が存する地域における担当官（licensing officer）に対してライセンスの取得を申請し，そのライセンスを取得した後でなければ，請負労働者を用いた業務を請け負うことができません（同法第12条，請負労働法規則第21条）。当該ライセンスは請負労働法所定の Form VI により付与されます。請負労働者を受け入れる場合は，請負業者がライセンスを取得しているかを書面により確認することが望ましいです。

請負業者は，請負労働者に対する賃金の支払義務を負い（同法第21条1項），請負労働者のための福利・衛星設備の設置について一次的な責任を負います。

---

6 請負労働法は，ワークマン（workman）につき独自の定義を置いていますが，基本的な内容は，労働紛争法上のワークマンの定義と共通しており，経営的立場又は管理的立場で雇用されている者，監督業務的立場で雇用されている者（一定賃金を超える者），経営的な役割を果たす者等は含まないとされています（同法第2条1項(i)）。

(4) 主たる使用者の義務

　主たる使用者は，担当官（registering officer）に対して，請負労働法の適用がある施設の登録を申請しなければなりません（同法第7条）。施設の登録が完了すると，担当官から，請負労働法所定のFormⅡの形式によって登録証明書（certificate of registration）が発行されます。

　登録証明書には，請負業者から受け入れることのできる請負労働者の最大人数が記載されるので，実際に受け入れる人数がその制限を超えないようにする必要があります。

　主たる使用者は，請負業者が請負労働者に対して賃金を支払わない場合には，自ら請負労働者に対して賃金を支払う義務を負い（同法第21条4項），請負業者が請負労働者のための福利・衛生設備を設置しない場合，主たる使用者がこれらの設備を設置する義務を負います（同法第20条）。主たる使用者が，請負業者に代わって賃金の支払いや福利・衛生設備の設置を行った場合，それらに要した費用は，請負契約に基づき請負業者に対して支払うべき金銭から控除する方法等により，請負業者から回収することができます（同法第20条2項，第21条4項）。

(5) 留意すべき事項

　過去の判例上，請負労働者として雇用されていた者が，主たる使用者との間に直接の労働関係が存するとして，主たる使用者の他の労働者と同様の賃金及び福利厚生を得る権利があるとして争った事例が多く存在します。このような事案において，請負労働者が，その労働実態に照らして主たる使用者の労働者と同視される場合，請負労働が偽装されているに過ぎないとして，主たる使用者と請負労働者の間に直接の雇用関係が認定される場合があります。主たる使用者が，請負労働者の賃金，解雇又は懲戒処分に関する事項を決定する等の指揮監督権を及ぼしている場合，主たる使用者と請負労働者の間に直接の雇用関係が存在するとして，前記の請負労働者の主張が認められる可能性があるため，注意が必要です。

7 セクハラ防止法

(1) 概　要
セクハラ防止法（Sexual Harassment of Women at Workplace（Prevention, Prohibition and Redressal）Act, 2013）は，女性労働者に対するセクシャル・ハラスメントを防止するために2013年4月に成立した法律です。男性労働者は保護の対象とはされていません。

(2) 雇用者の義務
10名以上の労働者を雇用する場合，雇用者は，内部苦情委員会（internal complaints committee）を設置する義務があります。同委員会は，少なくとも半数は女性メンバーから構成される必要があります。その他の雇用者の義務としては，①安全な職務環境の提供，②セクハラ行為のペナルティについての周知義務（目立つ所に掲示する義務），③従業員に対する定期的な教育義務，④内部苦情委員会の運営・調査への協力義務，⑤法的措置を講じる女性労働者への協力義務，⑥セクハラ行為を従業員の非行行為として捉え，それに対する処分を講じる義務等が規定されています（同法第19条）。

かかる規定を受けて，会社の就業規則に内部苦情委員会その他セクシャル・ハラスメントを防止するための措置が規定されるのが一般的です。

(3) 罰　則
セクハラ防止法は，比較的新しい法律であるため，インド企業の間に深く浸透しているとは言い難く，遵守されていない場合も散見されます。セクハラ防止法上，内部苦情委員会の設置義務違反その他のセクハラ防止法違反に対しては，5万ルピー以下の罰則が科されます（同法第26条）。

Ⅳ　インドにおける労働契約

　インドにおいて労働者を雇用する場合，その者がマネージャー等の特殊な職務に就く者を採用する場合には，正式な Employment Agreement を作成し，労働者と個別に交渉した上で締結する場合もありますが，工場やオフィスにおいて労働するワークマンの場合，会社が Appointment Letter を用意し，労働者がそれに署名して返送する方法を採る場合も多くあります。

　Appointment Letter に記載すべき事項は，法定されているわけではありませんが，通常は，①賃金に関する事項，②（必要に応じて）試用期間に関する定め，③福利厚生に関する事項，④税務に関する事項（会社が控除すべき金額等に関する事項），⑤勤務場所及び勤務時間に関する事項，⑥有給休暇に関する事項，⑦職務に専念すべき義務（雇用期間中の競業避止義務に関する事項），⑧雇用期間中の守秘義務に関する事項，⑨雇用期間終了後の競業避止義務及び守秘義務に関する事項，⑩（必要に応じて）職務発明に関する事項，⑪契約終了に関する事項，⑫契約終了に際しての書類等の返還等を含むその他の一般的事項が規定されることが多いようです。ただし，Appointment Letter に全ての内容を規定することは現実的ではないため，Appointment Letter の内容としては2～3ページ程度の簡素なものとし，詳細については，社内規則が適用される旨規定することも多くあります。

　Employment Agreement や Appointment Letter を作成するに際しては，当該労働者について，工場法又は店舗施設法のいずれが適用されるのか，また，いずれの州のルールが適用されるのかについて確認しつつ作業を進める必要があります。

　なお，労働契約において，雇用期間終了後にも労働者に対して競業避止義務を課す場合，その有効性が問題となります。インド契約法第27条は，「いかなる契約も，ある者が適法な職業，取引又は事業（その内容を問わない）を行うことを禁止するものである場合は，その限りにおいて無効である。」旨規定し

ており，同法は，労働契約にも適用されます。

　裁判上は，労働者に対して労働契約の有効期間中の競業を禁止する旨の規定は有効と判断されることが多いですが，労働契約の終了後も競業避止義務を課す旨の規定は，前記規定に照らして，労働契約の終了後に適用される部分については無効と判断されることが多いため，労働者により効力を争われた場合は，当該部分について無効とされる可能性があります。もっとも，労働者に対する心理的な抑止効果を期待して，あえて，労働契約の終了後も一定期間，労働者に競業避止義務を課す旨の規定を置く例も多くあります。

　他方で，雇用期間終了後にも守秘義務を負う旨の契約は，一般的に有効と考えられています。

第10章
個人情報保護法制

Ⅰ 個人情報保護法制の概観

1 2011年個人情報保護規則

　インドにおける個人情報の保護に関する法令は，IT 法（Information Technology Act, 2000）第43A 条，及び同条に基づきインド通信情報技術省情報技術局[1]が制定した，2011年個人情報保護規則（Information Technology (Reasonable security practices and procedures and sensitive personal data or information) Rules, 2011）です。

　2011年個人情報保護規則は，2011年4月11日から効力を生じています。同規則は，全部で8条からなる規則で，具体的には，表題（第1条），定義（第2条），センシティブ個人情報の定義（第3条），プライバシーポリシーの作成・公表義務（第4条），センシティブ個人情報を取得する際の本人からの同意取得義務（第5条），センシティブ個人情報の第三者への開示についての本人からの同意取得義務（第6条），センシティブ個人情報を移転する場合の規制（第7条），合理的安全措置の内容（第8条）をその内容とします。

---

[1] Department of Electronics and Information Technology, Ministry of Communications and Information Technology.

2 2011年8月通達

2011年個人情報保護規則は、当初から、その適用範囲や文言が曖昧であるとして、明確化を求められていました。特に、センシティブ個人情報を取得する際や第三者に開示する際の本人からの同意取得義務が、当該情報を本人から直接取得する法人等に限らず、インドでBPO事業などアウトソーシング事業を営む法人等にも適用される可能性が存したため、NASSCOM[2]などを中心とする業界団体から、業務に著しい支障を与えるとして強い反発が提起されていました（後記Ⅱ5参照）。そこで、2011年8月に、かかる点も含む同規則の内容を明確化するための通達（Press Note）（以下「2011年8月通達」といいます）が公表されました。

3 個人情報保護法制の遵守状況

2011年個人情報保護規則は、適用対象を一定数以上の個人情報を保有する法人等に限定していないため、理屈上は、少しでも個人情報を保有している場合は、2011年個人情報保護規則の適用を免れないことになります。もっとも、同規則が比較的新しい規制であるため、グローバル企業を除いて、インド企業の間に深く浸透しているとは言い難く、遵守されていない場合も散見されます。

Ⅱ 2011年個人情報保護規則の内容

1 個人情報とセンシティブ個人情報

個人情報とは、自然人に関する情報であって、直接又は間接に、法人等にとって入手可能か又は入手可能性のある情報と相まって、当該個人を特定できる情報をいいます（2011年個人情報保護規則第2条1項(i)）。

---

[2] National Association of Software and Services Companies（http://www.nasscom.org/）。インドのIT業界及びBPO業界を代表する団体。

センシティブ個人情報は，同規則第3条に列挙されており，具体的には以下の情報を指します。

◆ センシティブ個人情報 ◆

① パスワード
② 銀行口座，クレジットカード，デビットカードその他の支払方法の詳細などの金融情報
③ 肉体的状態，生理的状態，精神衛生状態
④ 性的指向
⑤ 診療記録・診療履歴
⑥ 生体情報
⑦ サービス提供のため，法人等に対して提供された上記各項目に関する詳細情報
⑧ 法人等が加工目的で取得した上記各項目に掲げる情報で，適法な契約等に基づいて保管又は加工されたもの

2 プライバシーポリシーの作成・公表義務

センシティブ個人情報を含む個人情報を収集，受領，保有，保管，又は取り扱う法人等は，以下の内容を含むプライバシーポリシーを作成の上，個人情報の提供者に分かるようにし，かつ，当該法人等のウェブサイトに掲載しなければなりません（同規則第4条）。

◆ プライバシーポリシーに含まれるべき内容 ◆

① 明確かつ参照容易な，個人情報の取扱い及び方針に関する記述
② 収集される個人情報及びセンシティブ個人情報の類型
③ 当該情報の収集及び使用の目的
④ センシティブ個人情報を含む情報の開示に関する事項
⑤ 合理的安全措置に関する事項

3 個人情報を取得する際の義務

(1) 取得時の本人からの使用目的に関する同意

法人等がセンシティブ個人情報を取得する場合，かかる取得に先立ち，当該

情報の提供者から使用目的について同意を得なければなりません。同意を得る手段として、2011年個人情報保護規則においては、書面、ファクシミリ又は電子メールによるべき旨が規定されていましたが（同規則第5条1項）、2011年8月通達により、電気通信（"electronic communication"）の方法が含まれることが明らかにされました。その具体的な内容は必ずしも明らかではありませんが、例えば、インターネットの画面上で同意を取得する態様が想定されるでしょう。

(2) 取得の制限

法人等は、本人から使用目的についての同意を取得すれば無限定にセンシティブ個人情報を取得できるわけではなく、①当該情報が当該法人等の機能又は活動に関連する適法な目的のために取得され、かつ、②当該目的のために当該情報の取得が必要と考えられる場合にのみ、取得できるとされています（同条2項）。

(3) 取得の際に講じるべき措置

個人からセンシティブ個人情報を取得する法人等は、取得に際して、当該個人に、①当該情報が取得されている事実、②当該情報の取得目的、③当該情報の受領予定者、及び、④当該情報を収集する機関及び当該情報を保有する機関の名称及び住所を認識させるために、合理的措置を講じる義務を負います（同条3項）。

(4) 保持期間及び目的の制限

センシティブ個人情報を保有する法人等は、当該情報の適法な使用目的に必要な期間その他法律上要求される期間を超えて保持してはなりません（同条4項）。また、取得された情報は、当該情報が取得された目的のためにのみ使用することができます（同条5項）。

(5) 取得した情報の正確性の確保

　法人等は，情報提供者の要求に応じて，提供した情報の内容を検討する機会を提供すると共に，個人情報及びセンシティブ個人情報が正確でないか又は不完全であることが判明した場合，実現可能な範囲で，訂正又は修正しなければなりません（同条6項）。

(6) 情報提供者による同意を撤回する権利

　法人等は，センシティブ個人情報を含む情報を取得するに先立ち，情報提供者に対して，当該情報を提供しない選択肢を与える必要があります。また，情報提供者は，サービスを利用する過程において，既に行った同意を書面により撤回する権利があります（同条7項）。

(7) 苦情担当役員の設置等

　法人等は，個人情報の処理に関して個人情報の提供者が有する不満に早急に対処しなければなりません（同条9項）。この目的のため，法人等は，苦情担当役員（grievance officer）を配置し，その氏名及び連絡先をウェブサイトに公表しなければなりません。苦情担当役員は，当該苦情を迅速に（ただし1か月以内に）対処しなければなりません。

4　センシティブ個人情報の第三者への開示についての同意取得

　法人等がセンシティブ個人情報を第三者に開示する場合，当該開示が予め当該情報の提供者との間で合意されている場合や法律上の義務に基づく場合を除き，提供者から事前の同意を得る必要があります（同規則第6条1項）。かかる規定によりセンシティブ個人情報を受領した第三者は，さらにそれを第三者に開示してはなりません（同条4項）。なお，センシティブ個人情報の公表は，一切禁止されています（同条3項）。

5　法人等へのサービス提供者に対する同意取得義務の適用

　センシティブ個人情報を取得する際や第三者に開示する際の本人からの同意取得義務等を定める規定（前記3及び4参照）が，インドでBPO事業やコールセンター事業などのアウトソーシング事業を営む法人等（以下「アウトソーシング事業者」といいます）にも適用されるか否かについては，必ずしも明確ではありませんでした。仮に適用される場合，アウトソーシング事業者は，個人情報の提供者と直接の契約関係等を有するわけではないため，同意の取得に困難が予想され，業務に支障を及ぼすとして，業界団体から強い反発が寄せられていました。

　この点，2011年8月通達により，第5条及び第6条の規定は，アウトソーシング事業者には適用されないこととされ，かかる義務を負うのは，個人情報の提供者に対して契約に基づき直接サービスを提供する法人等に限定される旨が明確化されました。

　通常，アウトソーシング事業者に業務を委託する法人等が，個人情報の提供者に対して第5条及び第6条の義務を負うことになるため，かかる義務に違反しないために必要となる事項をアウトソーシング事業者との間の契約に規定し，アウトソーシング事業者がその契約上の義務を遵守することになるものと思われます。

6　センシティブ個人情報を第三者へ移転する場合の規制

　法人等は，センシティブ個人情報を，2011年個人情報保護規則の規定に従って当該法人等が講じるのと同程度の保護を講じるインド又は他の国に所在する法人等に移転することができます（第7条）。

7　合理的安全措置の内容

　法人等は，当該法人等が行う事業の性質上保護されるべき情報資産にふさわしい管理的，技術的，機能的かつ物理的な安全管理措置を備えた安全措置基準

を講じており,包括的かつ文書化された情報保護プログラム及び情報保護方針を有する場合は,合理的安全措置を講じているとみなされると規定されています(同規則第8条1項)。個人情報の保護義務に違反した場合,法人等は,文書化された情報保護プログラム及び情報保護方針により安全管理措置を講じていたことを立証しなければなりません(同項)。

第11章
贈賄規制

I　贈賄規制の動向

　インドにおいては，会社設立など手続きがオンライン化されている場面では贈収賄行為は見られませんが，例えば工場の操業を開始するために州政府から許認可を得る場面など，行政手続きが不透明な場面においては，しばしば贈収賄行為が行われてきました。国際的なNGO機関であるトランスペアレンシー・インターナショナル（Transparency International）が公表する腐敗認識指数においても，直近のランキングにおいてインドは175の地域・国の中で85位にランクされる[1]など，必ずしも高い評価を受けているわけではありません。

　もっとも，インドでは，通信業界における2G周波数帯の割当てに関する贈収賄問題で元通信情報技術相が2011年2月に逮捕されたり，コモンウェルスゲームの実行委員長を務めた人物が同年4月に逮捕されるなどの事件を背景に同年頃から汚職撲滅の機運が高まり，近時，法制度化が進んでいます。さらに，モディ新政権下で汚職対策が進められ，中央政府レベルでは贈収賄が行われることが少なくなったと言われています。

　このような背景により，今後，処罰の対象が賄賂を受領した公務員の側から賄賂を提供した民間企業の側に移る可能性もあるため，現地子会社のガバナンスが重要になってきています。

1　同機関が公表するCorruption Perceptions Index 2014によります。

II 贈賄規制の概要

1 汚職防止法

　汚職防止法（Prevention of Corruption Act, 1988）において，"public servant"と定義される一定類型の者（公務員等）が，職務の遂行に際して何らかの便宜を図る見返りとして何らかの利益（gratification）を受領した場合，6か月以上5年以下の禁固及び罰金（上限なし）が科されます（同法第7条）。公務員等に対して贈賄した者については，それ自体を直接罰する旨の規定はありませんが，公務員等のかかる行為を教唆・幇助（abet）した者にも同様の刑罰が科されるため（同法第12条），この規定によって処罰される可能性があります。

　さらに，2015年9月の時点でインド連邦議会の上院で審議中の2013年汚職防止法案（Prevention of Corruption (Amendment) Bill, 2013）は，賄賂を提供する側の行為を積極的に処罰する旨の規定を盛り込むとともに，刑罰を3年以上7年以下の禁固及び罰金（上限なし）に引き上げています（同法案によって改正予定の汚職防止法第8条）。加えて，このような賄賂の提供が直接行われるか間接的に行われるかに関係なく処罰される旨も規定されています。

　現在はインドにおいて賄賂を提供した者が厳しく罰せられているわけではありませんが，今後はそのような傾向が見られる可能性もあるため，子会社の従業員がインド政府（州政府を含みます）の職員に対して，自ら又はコンサルタントに対する支払いを通じて違法な支払いを行わないような体制を確保しておくことが重要です。

2 ロクパル・ロカユクタ法

　2013年ロクパル・ロカユクタ法（Lokpal and Lokayuktas Act, 2013）は，贈収賄が疑われる行為が存した場合に，政府から独立したロクパル（Lokpal）と呼ばれる機関に調査権限を付与する法律です。同法律が2014年1月1日から施

行され，各州は施行から1年以内にロクパル又はそれに代わる機関を設立する必要があるとされていますが，2015年9月現在，必ずしも全ての州でロクパルが設立されているわけではないようです。

索　引

＜英文索引＞

AD Category-I Bank ················ 22, 175
additional director ························ 188
alternate director ························· 189
amalgamation ······························ 77
AoA（Articles of Association）··· 16, 17, 214
Application Form ·························· 22
Appointment Letter ······················ 274
associate company ························ 197
Automatic Route ·························· 63
Bharat Aluminum 判決 ···················· 37
BOIN（Beneficial Owner Identification Number）································ 168
CA（Confidentiality Agreement）········ 31
capital account transaction ·············· 154
casting vote ·························· 186, 191
CCD（Compulsorily and Mandatorily Convertible Debentures）··········· 24, 26
CCEA（Cabinet Committee on Economic Affairs）······························ 61, 63
CCPS（Compulsorily and Mandatorily Convertible Preference Shares）···· 24, 28
CDSL（Central Depository Services（India）Ltd.）································ 167
CEO ······································ 201
Certificate of Incorporation ··············· 18
CFO ······································ 201
change of control 条項 ···················· 144
chartered accountant ················ 52, 203
Companies Act, 1956 ····················· 179
Companies Act, 2013 ····················· 179
Companies（Amendment）Act, 2015 ··· 180
Company Law Board ····················· 180
Competition Act, 2002 ····················· 92

Conditions Precedent ····················· 119
Consolidated FDI Policy ··················· 61
contract labour ··························· 270
contractor ································· 270
Corporate Identity Number ··············· 18
CP ·· 119
CSR 委員会 ··························· 45, 193
CSR 活動 ·································· 193
Delivery Instruction ················ 170, 171
demat account（Demat 口座）
 ······················· 102, 142, 167, 170
demerger ·································· 77
deposit ···································· 188
detailed public statement ·················· 85
DIN ······························ 15, 18, 177
DIPP（Department of Industrial Policy and Promotion）···························· 61
Disclosure Letter ···················· 127, 147
DP（Depositary Participant）············ 167
DPS ·· 85
DSC（Digital Signature Certificate）······ 13
ECB 規制 ······························ 51, 66
External Commercial Borrowings ········ 66
Factories Act ······························ 262
FC-GPR Registration Number（FC-GPR 登録番号）······························· 23
FC-TRS ··································· 172
FDI（Foreign Direct Investment）········ 24
FDI ポリシー ······························ 62
FIPB ······································ 166
FIRC（Foreign Inward Remittance Certificate）····························· 175
Foreign Exchange Management Act, 1999
 ·· 60
Form DIR-2 ······························· 177
Form FC-GPR ························ 13, 22

Form FC-TRS ················· 23, 174
FORM INC-1 ····················· 15
FORM INC-7 ····················· 18
FORM INC-27 ·················· 143
FORM INC-29 ···················· 18
Form ODI ······················· 76
Form PAS-3 ················· 21, 22
Form PAS-4 ····················· 21
Government Route ·············· 63
ICA ····························· 35
ICC (International Chamber of Commerce)
  ······························ 36
Income Tax Act, 1961 ············ 77
Indian Contract Act, 1872 ······· 149
Information Technology Act, 2000 ····· 277
insider ·························· 89
irrevocable remittance instruction ······ 174
ISIN (International Securities Identification
  Number) ···················· 171
IT 法 ·························· 277
Key Managerial Personnel ······ 46, 198
LCIA India ····················· 35
Listing Agreement ········ 80, 81, 202
LOI ····························· 31
Lokpal ························· 286
Lok Sabha ····················· 179
LRN (Loan Registration Number) ····· 73
MAC ··························· 114
MAE ··························· 114
Manager ······················· 201
Material Adverse Effect ········ 114
MCA (Ministry of Corporate Affairs) ··· 14
MD (Managing Director) ······ 19, 201
MoA (Memorandum of Association) ···· 16
MOU ···························· 31
NCLT (National Company Law Tribunal)
  ··························· 76, 181
NDA ···························· 31
nil tax withholding order ······· 157
NOC レター ···················· 176
No Objection Certificate ······· 176

NRI ···························· 101
NSDL (National Securities Depository Ltd.)
  ······························ 167
occupier of factory ············· 263
OCPS (Optionally Convertible Preference
  Shares) ······················· 24
ODI 規制 ························ 75
officer who is in default ········ 198
one person company ············· 43
Open Offer ····················· 82
PAC ···························· 82
PAN ··························· 143
persons acting in concert ········ 82
PE ファンド ················ 149, 157
poll ···························· 186
postal ballot ··················· 185
Preferential Allotment ··········· 21
Press Note ····················· 61
Pricing Guideline ················ 52
principal employer ············· 270
Private Placement Offer Letter ········ 21
public annoucement ············· 83
public shareholding ············· 80
Rajya Sabha ··················· 179
RBI ······················ 24, 60, 166
RBI acknowledge number ········ 23
Receipt Instruction ············ 170
registered office ········· 103, 125, 178
Register of Members ··········· 169
Registrar of Central Trade Unions ····· 260
relative ························ 196
Rights Issue ···················· 20
ROC (Registrar of Companies)
  ······················· 13, 100, 176
Scheme of Arangement ·········· 77
SEBI ······················· 78, 80
SEBI registered Category-I Merchant
  Banker ···················· 22, 52
Securities and Exchange Board of India
  ······························· 78
Securities Transfer Form ······· 169

Share Transfer Form	169
Shops and Establishments Act	262, 264
show of hands	186
Shri Lal Mahal 判決	37
SIAC（Singapore International Arbitration Centre）	36
Small company	43
Standing Order	258
Statement of Holdings	172
trade credit	74
UIN（Unique Identification Number）	76
UPSI（Unpublished Price Sensitive Information）	89
Valuation Report	172
VDR	99
whole-time director	198, 201
Workman	265

＜和文索引＞

あ 行

預け金	188
アドホック仲裁	34
アポスティーユ	19
一人会社	43
インサイダー取引規制	88
印紙	162
インド外国為替管理法	60
インド企業省	14
インド契約法	149, 248, 274
インド準備銀行	13, 60
インド証券取引委員会	80
インドの裁判所	34
請負業者	270
請負労働者	270
エスクロー口座	84

か 行

会計士	203
外国為替法	60
外国仲裁判断の承認及び執行に関する条約	36
外国投資促進委員会	63
会社識別番号	18
会社登記局	13, 100, 176
会社秘書役	45, 204
会社秘書役協会	204
会社分割	76
買付価格	83
買付申出書	85
価格感応情報	89
価格規制	52, 56
価格算定書	172
合併	76
カテゴリーⅠマーチャント・バンカー	52
株式交換	51
株主名簿	169
株主割当増資	20

監査委員会	45, 192	主要役職者	46, 198
監査報告書	204	純粋間接取得	87
監査役	45, 203	小規模会社	43
勧誘禁止義務	134	常勤取締役	198, 201
関連会社	197	証券移転フォーム	169
関連当事者	195, 196	証券預託機関	171
機関仲裁	35	証券預託制度参加機関	167
基本合意書	31	詳細買付公告	85
基本定款	16	上場契約	80
競業避止義務	134, 247	情報伝達禁止規定	89, 90
強制転換社債	24, 26	女性取締役	44, 203
強制転換優先株式	24, 28	所得税法	77
競争法	92	書面決議	189
共同保有者	82	政府ルート	62
居住取締役	44, 199	製薬業	65
グリーンフィールド投資	5	設立証明書	18
クロージング	48	センシティブ個人情報	279
クロージング・チェックリスト	163	前提条件	119
クロージング調整	48		
源泉徴収	155	**た 行**	
公開会社	44	第三者割当増資	21
公開買付け	82	代替取締役	189
公開買付規則	82	ダウンストリーム・インベストメント	54, 57
公開買付公告	83	中央労働組合登録機関	260
公証	19	仲裁調停法	37
工場責任者	263	勅許会計士	52
工場法	262	デッド・ロック	243
合弁契約	205	デューディリジェンス	97
小売業	63	電子化株式口座	102, 142, 167
コール・オプション	240	電子署名認証	13
個人情報保護規則	277	店舗施設法	262, 264
		統合版 FDI ポリシー	61
さ 行		投票	186
サイニング	48	登録事務所	125, 178
産業政策促進局	61	特別補償	130
自動ルート	63	独立取締役	44, 202
資本勘定取引	60, 154	取締役識別番号	15, 18
指名報酬委員会	45, 192	取引禁止規定	88, 89
就業規則	258		
主たる使用者	270		
守秘義務契約	31		

な 行

内閣経済対策委員会 ················· 61, 63
内部監査役 ····························· 45
内部者 ································· 89
二重課税回避協定 ····················· 155
ニューヨーク条約 ······················ 36
認証 ··································· 19
ノンワークマン ······················· 265

は 行

バーチャル・データルーム ············· 99
バスケット条項 ······················· 152
非公開会社 ···························· 44
ビデオ会議 ······················ 185, 189
フィナンシャル・アドバイザー ·········· 7
付加取締役 ··························· 188
附属定款 ························· 17, 214
プット・オプション ·············· 54, 240
プライバシーポリシー ················ 279
プライベート・エクイティ・ファンド ·· 149
ブラウンフィールド投資 ················ 5
プレスノート ·························· 61

プロモーター ·························· 80
貿易信用取引 ·························· 74
保険業 ································ 64

ま 行

マネージャー ························· 201
マネージング・ディレクター ·········· 201
みなし公開会社 ······················· 182
みなし直接取得 ························ 87
持株会社 ······························ 50

や 行

有責役員 ····························· 198
優先株式 ····························· 142
郵便投票 ····························· 185

ら 行

利害関係委員会 ··················· 45, 192
労働組合 ····························· 260
ロクパル ····························· 286

わ 行

ワークマン ··························· 265

≪著者略歴≫

小山　洋平（こやま　ようへい）

森・濱田松本法律事務所パートナー弁護士。インド・ベトナム・米国の法律事務所での勤務経験をもとに海外案件を多く手掛ける。国内M&A，一般企業法務に加えて，IT関連法務を得意とする。

＜主な経歴＞
2001年　京都大学法学部卒業
2002年　弁護士登録。森綜合法律事務所（現在の森・濱田松本法律事務所）入所
2008年　コーネル大学法科大学院卒業
2009年　ニューヨーク州弁護士登録
2009年　米国ジョージア州アトランタ市 Alston & Bird 法律事務所で執務
2011年　インド共和国デリー市 AZB & Partners 法律事務所で執務
2011年　ベトナム社会主義共和国ハノイ市 VILAF-Hong Duc 法律事務所で執務
2012年　森・濱田松本法律事務所に復帰し，インド及びベトナムを含むアジア地域におけるJV 案件や M&A 案件に加えて，アジア進出後の日系企業の労務，会社法，紛争案件等も多く担当する。

インド企業法務　実践の手引──設立からM&A・合弁契約，運営まで

2016年1月10日　第1版第1刷発行

著　者　小　山　洋　平
発行者　山　本　　　継
発行所　㈱中　央　経　済　社
発売元　㈱中央経済グループ
　　　　パブリッシング

〒101-0051　東京都千代田区神田神保町1-31-2
電話　03（3293）3371（編集代表）
　　　03（3293）3381（営業代表）
http://www.chuokeizai.co.jp/
印刷／文唱堂印刷㈱
製本／誠製本㈱

©2016
Printed in Japan

＊頁の「欠落」や「順序違い」などがありましたらお取り替えいたしますので発売元までご送付ください。（送料小社負担）
ISBN978-4-502-16521-4　C3032

JCOPY〈出版者著作権管理機構委託出版物〉本書を無断で複写複製（コピー）することは，著作権法上の例外を除き，禁じられています。本書をコピーされる場合は事前に出版者著作権管理機構（JCOPY）の許諾を受けてください。
JCOPY〈http://www.jcopy.or.jp　eメール：info@jcopy.or.jp　電話：03-3513-6969〉